TRAITE'
DES ORDRES
ET SIMPLES
DIGNITEZ,

PAR

CHARLES LOYSEAV,

PARISIEN.

QVATRIESME EDITION.

A PARIS,

M. DC. LXV.

AVEC PRIVILEGE DV ROY.

A

A MONSEIGNEVR, MESSIRE IEAN FORGET, CHEVALIER, CONSEILLER DV ROY EN SES CONSEILS D'ESTAT ET PRIVE', ET PRESIDENT EN SA COVR DE PARLEMENT.

ONSEIGNEVR

S'il eſt ainſi des écrits donnez au public, comme des tableaux de plate peinture, dont l'excellence & la grace n'eſt bien connuë, s'ils ne ſont poſez à leur jour, où pourrois-je mieux placer ce Traité *DES ORDRES ET DIGNITEZ*, qu'en le mettant entre vos mains, pour le faire voir à la France, ſous le luſtre de voſtre merite? Et certes, MONSEIGNEVR, la matiere que i'y traite, m'a découuert, qu'il vous deuoit eſtre addreſſé, comme à celuy qui en auez plus parfaite connoiſſance. Car on a veu paſſer voſtre vertu par les principales Charges & degrez d'honneur, pour monter & paruenir à l'illuſtre Dignité, que vous exercez ſi dignement. Et d'ailleurs, quand il ſe parle d'apporter quelque Ordre & bon reglement à la confuſion & deſordre, qui peruertit aujourd'huy l'eutaxie & bonne diſpoſition de cét Eſtat, on jette auſſi-toſt les yeux ſur vous, comme l'vn de ceux, qui eſtes reconnu des plus capables d'y mettre la main, ſous les auguſtes deſſeins de noſtre grand Roy. Voilà pourquoy ayant employé ſi peu d'heures de relaſche qui me reſtent des occupations ordinaires de ma charge, à la continuation des eſtudes, que i'ay reſeruées & voüées à mon pays, comme ce petit diſcours s'en eſt trouué éclos, il s'eſt enhardy de prendre ſa volée ſous les auſpices de voſtre faueur, afin que mes compatriotes voyent, que ſi ie n'ay la dexterité d'amener l'ouurage à perfection, au moins i'en ébauche la matiere, pour ceux qui plus experts y voudront déployer & employer pour le public, le talent de leur induſtrie. Auſſi, MONSEIGNEVR, ie n'en attends la recommandation & honneur, que pourroit meriter vn œuure parfait; mais il me ſuffit que ce mien eſſay & projet, plein d'honneſte deſir, vous ſoit agreable, & qu'il ſerue de témoignage à la poſterité, que ie ſuis & ſeray toute ma vie,

MONSEIGNEVR,

Voſtre tres-humble & tres-obeïſſant
ſeruiteur, C. LOYSEAV.

TABLE DES CHAPITRES DV LIVRE DES ORDRES.

A MONSIEVR LOYSEAV,

SVR SES LIVRES DES OFFICES, SEIGNEVRIES, ET ORDRES.

Lors, diuin Oyseau, que ton docte ramage
Nous chanta les secrets du Déguerpissement,
Vn chacun admiroit auec étonnement
L'Art, le sçauoir, & l'heur d'vn si parfait Ouurage:
Mais lors que plus hardy, tu ouures le passage,
Pour du Droict des Seigneurs parler si grauement,
Ensemble des Estats, & des Ordres, vrayement.
On te peut bien nommer le Phenix de nostre âge.
Aussi comme l'on void, que cét vnique Oyseau,
Mourant renaist bruslé du celeste flambeau,
Qui luy donne en sa fin vne nouuelle vie:
De mesme qu'en la Parque aura tranché le cours.
De tes ans mesurez, tous ces riches discours
Te feront viure encore, en dépit de l'enuie.

LAMBERDIERE,

LIVRE DES ORDRES

Et simples Dignitez.

AVANT-PROPOS.

1 Ordre necessaire à toutes choses.

IL faut qu'il y ait de l'Ordre en toutes choses, & pour la bien-seance, & pour la direction d'icelles. Le monde mesme est ainsi appellé en Latin, à cause de l'ornement & la grace prouenant de son admirable disposition, & en Grec κόσμος à cause de son bel ordre & agencement, pource que le parfait Ouurier εἰς τάξιν αὐτὸν ἐκ τῆς ἀταξίας ἤγαγεν, dit Platon en son Timée, que Ciceron au 5. des loix, tourne, *ex inordinato ordinem constituit.*

2 Ordre general du monde.

Les creatures inanimées y sont toutes placées selon leur haut ou bas degré de perfection : leurs temps & saisons sont certaines, leurs proprietez sont reglées, leurs effets sont asseurez. Quant aux animées, les Intelligences celestes ont leurs Ordres hierarchiques, qui sont immuables. Et pour le regard des hommes qui sont ordonnez de Dieu, pour commander aux autres creatures animées de ce bas monde, bien que leur ordre soit muable & sujet à vicissitude, à cause de la franchise & liberté particuliere, que Dieu leur a donné au bien & au mal ; si est-ce qu'ils ne peuuent subsister sans ordre.

3 Ordre necessaire parmy les hommes.

Car nous ne pourrions pas viure ensemble en égalité de condition, mais il faut par necessité, que les vns commandent, & que les autres obeïssent. Ceux qui commandent ont plusieurs Ordres, rangs, ou degrez : les Souuerains Seigneurs commandent à tous ceux de leur Estat, addressans leur commandement aux grands, les grands aux mediocres, les mediocres aux petits, & les petits au peuple. Et le peuple, qui obeyt à tous ceux-là, est encore separé en plusieurs Ordres & rangs, afin que sur chacun d'iceux, il y ait des Superieurs, qui rendent raison de tout leur Ordre aux Magistrats, & les Magistrats aux Seigneurs Souuerains. Ainsi par le moyen de ces diuisions & subdiuisions multipliées il se fait de plusieurs Ordres vn Ordre General, & de plusieurs Estats vn Estat bien reglé, auquel il y a vne bonne harmonie & consonance, & vne correspondance & rapport du plus bas au plus haut: de sorte qu'enfin par l'Ordre vn nombre innombrable aboutit à l'vnité. *Ad hoc summi dispensatoris prouisio gradus diuersos, & ordines constituit esse distinctos, vt dum reuerentiam minores potioribus exhiberent, & potiores minoribus dilectionem impenderent, vera concordia fieret, & ex diuersitate contextio. Non enim vniuersitas poterat alia ratione subsistere, nisi magnus eam differentiæ ordo seruaret; quia queque creatura in vna eademque qualitate gubernari non potest. Quod nos cælestium militiarum exemplar instruit: quia dum sunt Angeli & Archangeli, liquet quod non sunt æquales, sed in potestate & ordine differunt alter ab altero*, dit le Canon dernier de la distinction 89. *4. Effet de l'Ordre.*

5 Ordre d'vne armée.

Comment pourroit vn General d'armée estre obey en vn moment par tous les Soldats d'icelle, si l'Armée n'estoit diuisée par Regimens, les Regimens par Compagnies, les Compagnies par escoüades ? que si le commandement du General estant incontinent porté aux Maistres de Camp, puis par eux aux Capitaines, par les Capitaines aux Caporaux, & par ceux-cy aux simples Soldats, le moindre Soldat de l'Armée en est aduerty en fort peu de temps. Mais l'effet de l'Ordre est encore plus admirable en vn Estat, qu'en vne Armée. *6 Ordre d'vn Estat.*

Car l'Armée eſt ſerrée en peu de lieu, & l'Eſtat en étendu ordinairement en vn grand païs. L'Armée dure peu de temps en ſon entier, & l'Eſtat dure quaſi touſiours. Et cela ſe fait par la vertu de l'Ordre. Car le Souuerain a ſes Officiers Generaux prés de luy, qui enuoyent ſes mandemens aux Magiſtrats des Prouinces, ceux-là à ceux des villes, & ceux des villes les font executer par le peuple.

7 *Ordres diuers de France.* Voilà quant à ceux qui commandent, & quant au peuple qui obeyt; pource que c'eſt vn corps à pluſieurs teſtes, on le diuiſe par Ordres, Eſtats, ou vacations particulieres. Les vns ſont dediez particulierement au Seruice de Dieu: les autres à conſeruer l'Eſtat par les armes: les autres à le nourrir & maintenir par les exercices de la paix. Ce ſont nos trois Ordres ou Eſtats Generaux de France, le Clergé, la Nobleſſe, & le tiers-Eſtat.

8 *Degrez ſubordonnez en chacun Ordre.* Mais chacun de ces trois Ordres eſt encore ſubdiuiſé en degrez ſubordonnez, ou Ordres ſubalternes, à l'exemple de la Hierarchie Celeſte, dont traittant ſaint Denys l'Areopagite, il dit elegamment, Ἐν τοῖς ὁμοταγέσιν οὕτος ὁ θεσμὸς ὡρίσθη παρὰ τῆς πάντων ὑπερουσίου ταξιαρχίας, τὸ καθ' ἑκάστην ἱεραρχίαν πρώτας, καὶ μέσας, καὶ τελευταίας εἶναι τάξεις τε καὶ δυνάμεις, τῶν ὑφειμένων εἶναι τοὺς θειοτέρους μυστὰς, καὶ χειραγωγοὺς, ἐπὶ τὴν θείαν προσαγωγὴν καὶ ἔλλαμψιν κοινωνίαν.

9 *De même.* Les degrez ou Ordres ſubalternes du Clergé ſont aſſez notoires: car, outre les quatre Mineurs, & celuy de Tonſure, il y a les Ordres ſacrez de Soudiacre, Diacre, Preſtre, Eueſque, & enfin on a adiouſté celuy de Cardinal, & ſi il y a encore les diuers Ordres des Moines. Ceux de la Nobleſſe ſont la ſimple Nobleſſe, la haute Nobleſſe & les Princes. Finalement au Tiers-Eſtat, qui eſt le plus ample, il y a pluſieurs Ordres; à ſçauoir des gens de Lettres, de Finance, de Marchandiſe, de Meſtier, de Labour & de Bras: dont toutefois la pluſpart ſont pluſtoſt ſimples vacations, qu'Ordres formez.

10 *Continuation de ce Liure aux precedens.* Ayant dont traité par cy-deuant de ceux qui ont le commandement ou puiſſance publique, ſoit par eux-meſmes & par fonction, qui ſont les Officiers, ſoit par autruy, & en ſimple proprieté, qui ſont les Seigneurs: il reſte maintenant d'expliquer les Ordres & rangs diuers de ceux qui obeyſſent, qui eſt la troiſiéme eſpece de Dignité, outre les Offices & Seigneuries, qu'il eſtoit neceſſaire de traiter apres les deux autres, afin que toutes les 3. eſpeces fuſſent expliquées. Et parmy les Ordres, ie traitteray encore des ſimples Dignitez, qui ne ſont vrayement ny Offices, ny Seigneuries, ny Ordres:

11 *Diuiſions des ſimples dignitez.* don i'en poſeray pareillement trois eſpeces; à ſçauoir, les Offices, Seigneuries, ou Ordres honoraires, les Epithetes, & les Auant-noms: matiere qui n'eſt pas moins vtile & agreable, que les precedentes.

SOMMAIRE DV PREMIER CHAPITRE.

1 *Si le Senat Romain eſtoit Ordre, ou Office.*
2 *Et les Decurions.*
3 *Que c'eſt qu'Ordre.*
4 Τάξις.
5 *Eſtat.*
6 *Definitions des trois eſpeces de Dignité.*
7 *Preuue de la definition de l'Ordre.*
8 *Reſolution de la queſtion des Decurions.*
9 *Et des Senateurs.*
10 *Autre difference entre l'Ordre & l'Office.*
11 *Preuue.*
12 *Belle deſcription de l'Ordre.*
13 *Faut plus de ſolemnité à conferer l'Ordre, que l'Office.*
14 *Solemnitez de la collation de l'Ordre.*
15 *Habits particuliers, ou autres enſeignes des Ordres Romains.*
16 *Baudrier.*
17 *Robe longue.*
18 *Tonſure.*
19 *Habits des Ordres Eccleſiaſtiques.*
20 *Enſeignes des Ordres de Nobleſſe.*
21 *Et de ceux du Tiers-Eſtat.*
22 *Difference d'habits.*
23 *Titres prouenans des Ordres.*
24 *Epithetes.*
25 *Auant-noms.*
26 *Du rang des Ordres.*
27 *Rangs du theatre à Rome.*
28 *Qu'il n'en faut point de loix.*
29 *Loix Theatrales de Rome.*
30 *Rang doit eſtre gagné & maintenu par douceur.*
31 *Rang des Eccleſiaſtiques auec les Nobles.*
32 *De meſme.*
33 *Rang des Gentils-hommes auec les Officiers.*
34 *De meſme.*
35 *De meſme encore.*
36 *Quel rang les Ordres ont entr'eux.*
37 *Degrez des Ordres.*
38 *Degrez ſubalternes.*
39 *Ordres du Tiers-Eſtat.*
40 *Du pouuoir des Ordres.*
41 *Des profits des Ordres.*
42 De ordinariis & extraordinariis cognitionibus.
43 *Explication de la loy* 1. §. 1. D. De Decur.
44 *Deniers d'entrée aux Ordres.*
45 *Simonie a lieu proprement aux Ordres.*
46 *De la perte de l'Ordre.*
47 *De la reſignation de l'Ordre.*
48 *Demiſſion.*
49 *Son effet.*
50 *Exemple*

DE L'ORDRE EN GENERAL.

CHAPITRE I.

C'EST vne grande dispute entre deux Iurisconsultes modernes, si le Senat Romain estoit vn Ordre, ou bien vne compagnie d'Officiers. *1 Si le Senat Romain estoit Ordre ou Office.* Car Budée sur la loy derniere *De Senat.* dit que c'estoit vn ordre, attendu qu'au droict, & dans les autres bons Liures, il est tousiours appellé *Ordo amplissimus*, & les Senateurs n'y sont iamais qualifiez Officiers, ou Magistrats. Cagnole l'en reprend, & soutient Accurse & les anciens Docteurs de sa note, qui abusez par l'vsage de leur temps, ont dit tous d'vne voix que le Senat Romain estoit vn corps d'Officiers. La difficulté est encore toute semblable *2 Et les Decurions.* en la dignité des Decurions, c'est à dire, des Conseillers des villes de l'Empire Romain: veu qu'au droit elle est tantost appellée *Ordre*, & tantost *Honneur*, qui est à dire Office de Ville ou Republique: *Honor enim est administratio Reipublicæ cum dignitatis gradu*, dit Calistrate en la loy 14. *De muner. & Honor.*

Or ie n'ay plus qu'à traiter de l'Ordre. Car la nature de l'Office a esté assez expliquée *3 Que c'est qu'Ordre.* aux cinq Liures des Offices. l'Ordre donc, auquel ce Liure est dedié, est vne espece de dignité, ou qualité honorable, qui d'vne mesme sorte, & d'vn mesme nom appartient à plusieurs personnes: ne leur attribuant de soy aucune puissance publique en particulier; mais outre le rang qu'elle leur donne, elle leur apporte vne aptitude & capacité particuliere pour paruenir ou aux Offices, ou aux Seigneuries: & est appellée *Ordre*, soit pource qu'elle n'attribuë par effet à la personne que le rang d'honneur, soit pource qu'elle met celuy qui l'a, en ordre & en rang de paruenir à la puissance publique. Elle est appellée en Grec τάξις, *4 Τάξις.* comme qui diroit vne classe & condition certaine de personnes: & en François on la nomme particulierement *Estat*; comme estant la dignité & qualité la plus stable & la plus insepa- *5 Estat.* rable de l'homme: ainsi qu'il sera prouué en son lieu. Et quant à sa definition, l'Ordre peut estre definy, *Dignité auec aptitude à la puissance publique.*

Car comme i'ay dit au commencement du 1. Liure *Des Offices*, il y a trois especes de dignité, l'Office, la Seigneurie, & l'ordre: lesquelles ont non seulement leur genre commun, *6 Definitiõs des trois especes de dignité.* qui est la dignité, mais aussi beaucoup de conuenance en leur difference, qui est la puissance publique, à laquelle chacune de ces trois especes participe differemment. Car l'Office en a la fonction ou exercice: & partant ie l'ay definy *Dignité auec fonction publique*: la Seigneurie en a la proprieté, aussi l'ay-je definie *Dignité auec puissance publique en proprieté*: & finalement l'Ordre n'en a que l'aptitude, c'est pourquoy i'ay dit pour sa definition, que c'est *Dignité auec aptitude à la puissance publique.*

Par exemple, la Clericature est vn Ordre, qui de soy n'apporte aucune puissance pu- *7 Preuue de la definition de l'Ordre.* blique, mais qui neantmoins rend celuy qui en est honoré capable des Benefices & Offices Ecclesiastiques. Pareillement la Noblesse est vn Ordre, qui de soy n'est point vne Charge publique, mais qui donne à celuy qui est noble vne aptitude à plusieurs beaux Offices & Seigneuries affectées aux Nobles. De mesme estre Docteur ou Licentié és Loix n'est point vn Office, mais c'est vn Ordre necessaire pour paruenir aux Offices de Iudicature. D'où il s'ensuit, que l'Office suit l'Ordre, & est conferé à celuy qui est de l'Ordre, auquel il est affecté. Que s'il y a quelques Ordres qui ayent fonction publique, encore ne l'ont-ils qu'en corps, & non en particulier, & lors on peut dire, qu'ils participent de la nature des Offices.

Ainsi donc la difficulté qui vient d'estre proposée touchant les Decurions est aisée à re- *8 Resolution de la question des Decurions.* soudre. Car c'est la verité qu'ils participoient de l'Ordre & de l'Office. De l'Ordre, entant que c'estoit vn rang honorable de personnes, separé du surplus du peuple, & vne qualité requise pour paruenir aux Offices de la ville, esquels principalement residoit l'administration de l'Office aussi, entant qu'ils participoient en quelque façon à cette administration, mesme estoient tous responsables en leurs biens des affaires des villes. Ainsi donc participant de l'vn & de l'autre, il ne faut pas trouuer étrange, que le Decurionat soit quelquefois appellé *Honor*, & communement *Ordo*. De mesme le Senat Romain de sa premiere Institution estoit vn pur Ordre, n'ayans les Senateurs aucun commandement ny administration, au moins en particulier. *9 Et des Senateurs.* Mais ayant esté reduit sous les Empereurs comme en vne Iustice ordinaire, ainsi qu'il sera traité au Chapitre suiuant, il a deslors participé à la nature de l'Office.

10. Autre difference entre l'Ordre & l'Office. Il y a encore vne autre difference bien signalée entre l'Ordre & l'Office, à sçauoir que l'Office *est quid positiuum*, qui peut subsister à part, sans qu'aucun en soit pourueu, & qui passe d'vne personne à vne autre, sans se perdre & aneantir tout à fait : bref l'Office semble estre sous la categorie de substance. Au contraire l'Ordre n'est rien de positif, & n'est point vne subsistance qui puisse subsister de soy mesme, mais est vn simple accident, & est sous la categorie de qualité; estant aussi vne simple qualité inseparable de la personne, qui perit auec elle, & qui n'est point transmissible à vn autre, au moins, *in indiuiduo, & ipsomet numero*, mais seulement vne semblable qualité.

11. Preuue Par exemple, l'Office de Baillif, Lieutenant & Procureur du Roy subsiste, sans que personne en soit pourueu, & ne perit pas quand l'Officier meurt, ou qu'il le resigne, mais ne fait que changer de maistre : mais la qualité de Prestre, de Cheualier, de Licencié és loix, naist & perit auec la personne, comme c'est le propre de l'accident de perir auec son subjet. Et bien qu'apres la mort d'vn Cheualier, vn autre soit mis en sa place, ce n'est pas pourtant la mesme qualité indiuiduellement qui luy est baillée, mais vne autre toute semblable.

12. Belle description de l'Ordre. Pour conclusion il y a vn beau passage dans Cassiodore, *lib. 6. Variarum epist. 2.* qui rapporte fort bien les qualitez de l'Ordre, où parlant du Patriciat, qui estoit vne espece d'Ordre, *Honorille*, dit-il, *cinctus est & tamen vacat, nihil iurisdictionis habens, & indicantis cingulum non deponens. In quo perpetua fœlicitas nascitur, dum successoris ambitio non timetur. Nam mox, vt datus fuerit, homini fit coæuus, ornatus indiuiduus, cingulum fidele, quod nescit antè deserere, quam de mundo hominem contingat exire.*

13. Faut plus de solemnité à conferer l'Ordre, que l'Office. Donc afin de parcourir icy en general la nature de l'Ordre, il faut considerer en premier lieu, que comme il est plus inherent & inseparable de la personne que l'Office, pource qu'il luy forme son Estat, & luy imprime vn caractere perpetuel, il faut aussi ordinairement plus de solemnité à le conferer, & plus de façon à l'oster que l'Office. Car l'Office est conferé par la simple volonté & parole ou du collateur, ou des electeurs, *solo verbo fit gratia*, disent les Canonistes : & pour la preuue de cette grace, on prend prouision des Offices collatifs, mais non pas des electifs, au moins quand l'election est notoire & publique : quoy qu'il en soit dés lors de cette collation ou election, on est fait Seigneur de l'Office, puis faisant le serment on est fait Officier. Car il ne faut pas considerer les ceremonies vsitées à present en la reception des Officiers, qui n'ont esté introduites sinon depuis que sans choix ny distinction on a commencé de conferer les Offices au plus offrant & dernier encherisseur.

14. Solemnitez de la collation de l'Ordre. Mais c'est de tout temps, qu'on a examiné, ou autrement éprouué la capacité de ceux qu'on vouloit admettre aux Ordres, soit entre les Romains par les Censeurs, & depuis par les Empereurs mesme, *Admittendos in Senatum examinare cogit sollicitus honor Senatus*, dit Theodoric dans Cassiodore, & Lampride nous rapporte l'exacte enqueste que faisoit ce sage Empereur Alexandre Seuere en la reception des Senateurs. Soit en l'Eglise ancienne, *tit. De scrutinio in Ordine faciendo*, comme il a esté prouué au 1. liu. Et outre cela nous voyons, qu'il y a encore certaines ceremonies en grand nombre en l'acte mesme de conferer toutes sortes d'Ordres, soit Ecclesiastiques, sacrez, ou non sacrez & mesme à conferer les Ordres de Religion, à sçauoir le Nouiciat & la Profession : A faire des Cheualiers il y en a d'autres toutes differentes : & ce qu'il n'y en a point à faire les Princes & les Gentils-hommes, est que ces Ordres sont heteroclites, entant qu'ils viennent de race & non de concession particuliere. Bref à faire des Licentiez & des Docteurs, des Aduocats & Procureurs, & iusques à des maistres des métiers, on void qu'il y a de certaines solemnitez.

15. Habits particuliers, ou autres enseignes des Ordres Romains. Outre plus, chacun Ordre a ordinairement sa marque particuliere, enseigne, ou ornement visible, dont il est orné solemnellement dés l'entrée d'iceluy : comme par exemple les Senateurs Romains auoient *tunicam lati claui, & calceos lunatos*, les Cheualiers Romains auoient *tunicam angusti claui, & annulum* : les simples Citoyens auoient *tunicam rectam, seu sine clauis* : & la marque generale du Citoyen Romain estoit la robe de dessus appellée *toga*, ce qui sera expliqué au chap. suiuant. Finalement la marque du gendarme estoit *cingulum militare*, *16. Baudrier* appellé en vn mot *balteus*, que nous auons tourné *baudrier*.

17. Robe longue. Et comme les anciens Citoyens Romains auoient la toge, aussi maintenant tous ceux du Clergé portent indifferemment la robe longue, laquelle, selon le Ceremonial Romain (comme il est dit au chap. 2. *De pœnis, in 6.*) doit estre vestuë publiquement à celuy qui reçoit tonsure, qui est l'entrée des Ordres Ecclesiastiques. Et pource que cette marque est commune aux Ecclesiastiques & aux gens de lettres, les Ecclesiastiques (au moins ceux qui sont constituez aux Ordres sacrez) portent pour marque particuliere, la tonsure de leur teste, *18. Tonsure.* autrement appellée *couronne*, qui anciennement estoit la marque commune & generale de tous ceux du Clergé, qui estoient tous Clercs tonsurez, estant mesme portée par ceux qui n'auoient que le simple Ordre de tonsure, ainsi qu'on void encore à present, que les enfans de chœur la portent : mesme du temps que les Clercs mariez ioüyssoient des priuileges de clericature, il falloit qu'ils fussent trouuez *in habitu & tonsura*, comme i'ay dit au penult. chapitre *Des Seigneuries.*

19. *Habit des Ordres Ecclesiastiques.* Outre cette marque generale, les Acolytes, & les autres Clercs des quatre Ordres Mineurs portent le surplis, ou l'Aube, c'est à dire, la robe blanche, qui à Rome aux derniers temps estoit vne marque de Dignité, comme à nous la robe, ce qui meriteroit vn discours à part: les Soudiacres ont pour marque de leur Ordre le Phanon, les Diacres l'Etole, les Prestres la Chasuble: les Euesques ont la Mitre, la Crosse, les gands, & l'Anneau: les Cardinaux ont le chapeau ou bonnet & la robe d'écarlatte. De partie desquels ornemens Ecclesiastiques est fait mention au Canon. *Episcopus* 11. *quæst.* 3. Bref les Religieux ont la Couronne ou Tonsure plus large que les Clercs Seculiers: mesme les Iesuites, qui sont demy-Seculiers & demy-Religieux, ont leur Couronne de moyenne grandeur entre celle des Seculiers & des Religieux: & outre chacun Ordre de Religieux a son habit distinct, ie dy distinct non seulement d'vn Ordre à autre, mais aussi du Nouice au profez de mesme Ordre de Religion.

20. *Enseigne des Ordres de Noblesse.* Entre les Nobles, les simples Gentils-hommes ont leurs armoiries tymbrées: les Cheualiers ont les éperons & harnois dorez (au moins c'estoit anciennement leur marque particuliere, mais maintenant en a qui en veut acheter) les Cheualiers de l'Ordre ont le collier, ou autre marque de leur Ordre: bref les Princes ont le manteau de Prince, qu'il seroit bien seant qu'ils portassent tousiours.

21. *Et de ceux du Tiers-Estat.* Entre roturiers, les Docteurs, Licentiez, & Bacheliers ont le chapperon de diuerse sorte, selon les diuerses Facultez, outre la longue robe, qui leur est commune auec les Ecclesiastiques: les Aduocats ont la cornette, les procureurs n'ont que la longue robe, qui les rend differents des simples praticiens, qui n'ont serment à Iustice: & ont mal à propos vsurpé aux Cours Souueraines le chapperon à bourlet, non fourré, lors que les gens de lettres le portoient fourré, mais il ne se faut pas étonner, que de tout temps les Aduocats l'ayent porté semblable aux Presidens & Conseillers, dautant que le chaperon n'est pas l'ornement de l'Office, mais de l'Ordre de Licentié és Loix, qui leur est commun à tous.

22. *Differen ce d'habits.* Voilà pour les marques & ornemens de chacun Ordre, dont il y a vn tres-beau passage dans Lampride *in Alex. Seu. In animo habuit omnibus Officiarijs genus vestium proprium dare, & omnibus dignitatibus vt à vestitu dignoscerentur. Sed hoc Vlpiano Pauloque displicuit, dicentibus, plurimum rixarum fore, si faciles homines essent ad iniurias. Tum satis esse constituit, vt Equites Romani à Senatoribus claui qualitate discernerentur.*

23. *Titres prouenans des Ordres.* Mais outre cét ornement externe, il prouient des Ordres deux autres prerogatiues d'honneur, à sçauoir le titre & le rang. Pour le regard du titre, il est notoire que chacun se peut titrer & qualifier du titre de son Ordre, & en accompagner son nom, encore plustost que de celuy de son Office: pource que l'Ordre est encore plus inherent à la personne que l'Office, qui est cause que le titre de l'Ordre demeure apres la demission, comme il sera dit incontinent: bien que le titre de l'Office ne demeure plus apres la resignation. Aussi le titre de l'Ordre doit tousiours estre mis immediatement apres le nom, & deuant le titre de l'Office, pource que l'Office est le plus souuent conferé en consequence de l'Ordre, auquel il est affecté, comme il vient d'estre dit.

24. *Epithetes.* Mesme l'Ordre, aussi bien que l'Office, produit encore certains Epithetes, ou titres, d'honneur, vsitez à Rome & en France: comme à Rome les titres de *Illustres, Spectabiles, Clarissimi, Perfectissimi, Egregij*: en France ceux de *Cheualier, Conseiller du Roy, Escuyer*, & plusieurs autres Titres, qui ne sont pas directement attribuez aux personnes, comme ceux des Ordres & Offices, mais concernent immediatement les Ordres & Offices mesme, *suntque Epitheta siue attributa certorum Ordinum & Officiorum.* Et neantmoins à cause de la ressemblance qu'ils ont aux vrays Ordres, ils sont reputez comme Ordres honoraires & imaginaires: c'est pourquoy ils sont adioustez immediatement apres le nom, ainsi que les vrays Ordres, mesme aucuns d'iceux sont mis deuant le nom.

25. *Auant-nom.* Comme aussi l'Ordre produit encore, aussi bien que l'Office, cette autre qualité, qui nous est particuliere en France, que i'appelle *l'auant-nom*, de laquelle, ainsi que des Ordres ou Offices honoraires, & encore des Epithetes (qui sont les trois titres que i'appelle *simples Dignitez* en l'inscription de ce Liure) ie traitteray aux deux derniers Chapitres.

26. *Du rang des Ordres.* Quant au rang, qui est la prerogatiue de seoir, ou de marcher, il est certain que les Ordres la produisent principalement, & encore plustost que les Offices, comme le nom mesme *d'Ordre* le denote & signifie. Aussi est-il notoire, qu'à Rome les Senateurs auoient rang deuant les Cheualiers, & les Cheualiers deuant le menu peuple: ce qui paroissoit principalement au theatre, ou jeux publics, où journellement le peuple Romain s'assembloit. Car il y eut plusieurs Loix faites exprés, pour regler les places du theatre, & par icelles les plus honorables places, qui estoient celles d'embas, *in cauea, seu orchestra ad theatri radices*, tout proche les joüeurs, estoient attribuées aux Senateurs: celles des quatorze degrez plus bas aux Cheualiers: & les autres rangs ou degrez plus hauts, & par consequent plus éloignez & incommodes, estoient laissez au menu peuple, comme Sigonius a traité fort doctement au second Liure, *de antiquo iure ciuium Rom. cap.* 19. *(27. Rangs de theatre à Rome.)*

[28. *Qu'il n'en fait point de loix.*] De mesme en France, les trois Estats ont leur ordre & rang l'vn apres l'autre, sçauoir est l'Ordre Ecclesiastique le premier, celuy de la Noblesse apres, & le tiers Estat le dernier: bien qu'il n'y en ait point d'Ordonnance, pource qu'il ne se fait gueres de loix, pour ce qui concerne simplement l'honneur; mais les rangs d'honneur s'obseruent volontiers par honneur: [29. *Loix theatrales de Rome.*] & certainement ils sont plus honorables, quand ils prouiennent d'vn respect volontaire. Ainsi Valere dit, que la premiere loy de Rome, qui distingua les places du theatre, ne fut faite que six cent cinquante six ans apres Rome bastie, & neantmoins, qu'auparauant on n'auoit veu personne prendre la place deuant les Senateurs: mais quand cette loy fut faite, le peuple (dit Tite-liue, liure 33.) s'en offensa, disant, *omnia talia discrimina, quibus ordines discernerentur, & concordiæ & æquæ libertatis minuendæ esse: nouam & superbam libidinem, ab nulla antè gente, neque desideratam, neque institutam.* Et apres que Roscius eut fait faire la loy, qui donna rang à part aux Cheualiers dans le theatre, qui fut pendant le Consulat de Ciceron, il en arriua vne grande sedition au theatre, que Ciceron appaisa incontinent par son eloquence, dont Plutarque le louë grandement.

[30. *Rang doit estre gagné & maintenu par douceur.*] Ce que ie dy pour monstrer que ce rang doit plutost estre maintenu doucement & par courtoisie, que par arrogance & de haute lute. Car l'honneur & l'amour sont deux choses si sublimes & si hautes, qu'elles ne peuuent estre commandées, ny obtenuës de bonne grace par force, aussi n'y a-t'il point d'action produite pour les obtenir: si on les pense auoir de force, ce n'est pas amour, mais crainte & subietion; ce n'est pas honneur, mais tyrannie & oppression: comme i'ay déja dit au premier liure *Des Offices*. Toutefois, comme l'amour est necessaire au monde, aussi est l'honneur & le rang, autrement ce ne seroit que confusion parmy nous: mais il faut gagner par merite, & maintenir par douceur l'vn & l'autre.

[31. *Rang des Ecclesiastiques auec les Nobles.*] Donc puisque l'Ordre Ecclesiastique est le premier parmy nous, il y a apparence que le moindre Prestre; mesme le moindre Clerc tonsuré, deuroit preceder le plus grand des simples Gentilshommes de la Cour (i'entens entre personnes priuées: car c'est autre chose des Officiers, ausquels l'Office attribuë vn rang particulier) non pour son merite particulier, mais à cause de son Ordre, & encore pour mieux dire, à cause de Dieu, duquel il est ministre, *non illi, sed Religioni.* Et anciennement pendant la deuotion de nos Ancestres on en vsoit ainsi, & on voyoit le Seigneur faire seoir son Curé, ou qu'elqu'autre homme d'Eglise que ce fût, au haut de sa table: & n'y a point de doute que cét honneur ne soit agreable à Dieu, qui en est jaloux à bon droict, comme celuy en qui le vray honneur reside parfaitement, *& cui soli honor & gloria in sæcula sæculorum.*

[32. *De mesme.*] Mais pource que l'Ordre Ecclesiastique est consideré, comme vn Ordre exorbitant & extraordinaire en la police temporelle, nostre Redempteur ayant luy mesme dit, que son Royaume n'estoit pas de ce monde, mesme que le dernier commandement, qu'il a fait à ses Apostres, a esté de se rendre les plus petits parmy le monde, on obserue communément à present, que ceux qui sont en quelque dignité seculiere ne veulent ceder aux Prestres, s'ils n'ont quelque dignité Ecclesiastique.

[33. *Rang des Gentils hommes auec les Officiers.*] Pareillement ie dy que le moindre Gentil-homme doit preceder le plus riche & honorable du tiers Estat: ce que i'entens aussi entre personnes priuées, & quand il n'est question que du rang des Ordres: mais comme la dignité de l'Office est plus grande, mesme qu'elle rehausse celle de l'Ordre, entant qu'il faut ordinairement auoir l'Ordre auant qu'estre Officier, c'est vne grande difficulté quand vn roturier estant pourueu d'Office, debat la seance [34. *De mesme.*] contre vn Gentil-homme non Officier.

Pour s'en éclaircir, il faut prendre garde à ce que nous venons de dire, qu'il y a deux, mesme trois degrez de Noblesse; à sçauoir la simple Noblesse, la haute Noblesse & les Princes. Ceux de la haute Noblesse à sçauoir les Cheualiers, & à plus forte raison les Princes, ayans vn rehaussement de dignité par dessus leur Noblesse, ne cedent à aucuns Officiers, si ce n'est que les Cheualiers cedent à certains Officiers, qui sont aussi Cheualiers à cause de leurs Offices, comme ceux cy ayans le mesme Ordre qu'eux, & l'Office dauantage. Mais quant aux Princes ils ne cedent à aucuns Officiers, quels qu'ils soient, si ce n'est au principal acte de leur exercice: iusques là que hors ce cas quand ils sont eux-mesmes Officiers, ils gardent le rang de Princes comme plus grand, & non celuy d'Officier comme plus [35. *De mesme encore.*] petit, & ne cedent qu'aux Roys & princes souuerains.

Mais la simple Noblesse cede quelquefois aux Officiers, encore qu'ils soient d'extraction roturiere: ce qui n'est pas pourtant à l'égard de toute sorte d'Officiers, mais seulement des Magistrats en leur détroit & étenduë de leur puissance. Car il n'y a que les Magistrats (à sçauoir les principaux Officiers du Gouuernement & de la Iustice) qui ayent rang étably, & non pas les Officiers de finance, ny les menus Officiers de la guerre & de la Iustice.

[36. *Quel rang les ordres ont entr'eux.*] Voila le rang que ces trois Ordres ou Estats generaux doiuent auoir l'vn sur l'autre: & pour traitter quel rang ils gardent entr'eux particulierement, il faut considerer qu'en [37. *Degrez des Ordres.*] chacun de ces trois Ordres generaux, il y a des degrez particuliers plus dignes les vns, que les autres: comme au Clergé, la tonsure, les Ordres mineurs, les Ordres de Soudiacre,

38. *Degrez subalternes.*

Prestre, Euesque, Cardinal. En la Noblesse l'Escuyer, le Cheualier, le Prince. Et en ces deux Estats il n'y a point de difficulté au rang de ces Ordres particuliers; pource que nul n'a le plus haut, qu'il n'ait aussi les plus bas. Pareillement il y a aussi des troisiémes Ordres, ou degrez subalternes en ces Ordres particuliers, comme entre ceux de l'Ordre Episcopal il y a des simples Euesques, des Archeuesques, des Primats & des Patriarches, qui marchent ensemble, selon le rang que ie viens de nommer, sauf que dautant que l'Euesché est Ordre & Office Ecclesiastique tout ensemble, celuy qui est en son propre territoire, ou en celuy auquel il a superiorité, doit en ce cas, comme Officier, preceder tous les autres de l'Ordre Episcopal, bien qu'il ait moindre dignité qu'eux, comme par exemple dans Paris, l'Archeuesque de Paris doit preceder tous Archeuesques, Primats & Patriarches. Pareillement entre Princes il y a les Princes estrangers, les Princes François, & les Princes de la Couronne qui sont degrez subordonnez, dont les rangs seront expliquez cy-apres en leur lieu.

39. *Ordres du tier Estat.*

Mais au tiers Estat il y a tant de diuerses sortes d'Ordres particuliers, & aussi tant de menus Offices, qu'il est bien mal-aisé de particulariser le rang de chacun d'iceux, & encore le rang des Ordres parmy les Offices, tant ils sont embarassez les vns dans les autres. Et bien que le President Chassanée, l'vn des grands personnages de son temps, en ait fait vn gros volume intitulé *Catalogus gloriæ mundi*, si est-ce qu'il en a encore plus laissé qu'il n'en a dit.

40. *Du pouuoir des Ordres.*

Quant à la puissance des Ordres, ils n'en ont regulierement aucune, principalement en particulier, estant le poinct qui les rend differents des Offices, de n'auoir aucune administration publique. Et toutefois il y a des Ordres qui ont corps & college certain, lequel a quelquefois ce priuilege de pouuoir faire des Statuts, & élire des Officiers superieurs, qui ont correction sur tout le corps, comme les corps des métiers: ainsi qu'il a esté dit au dernier ch. du liure *Des Seigneuries*.

41. *Des profits des Ordres.*

Pareillement les Ordres n'ont regulierement aucuns gages, ainsi qu'ont les Offices, ny mesme aucuns salaires, ou émolumens casuels, au moins par forme de taxe, & comme pour administration publique, mais quelques-vns ont des gains legitimes pour leur labeur priué, *sua enim ars cuique proviatico est*. Toutefois les Prestres, pour la sublimité & excellence de leur fonction, n'ont point d'action directe, mesme ne peuuent conclure apertement afin de payement du diuin seruice par eux celebré, mais ont seulement la voye de requeste, pour implorer l'Office du Iuge, afin de l'entretien de la loüable coustume, qui est le terme accoustumé en pratique.

42. De ordinariis & extraordinariis cognitionibus.

Mais les Aduocats, les Medecins, Maistres és arts, peuuent licitement demander leur salaire honoraire, pour lequel en droict auoit lieu *extraordinaria cognitio*, qui est à dire, que *Prætor ipse, non Pedaneus iudex à Pretore datus, de iis causis cognoscebat, idque extra ordinem, summatim, & sine figura iudicij*, comme il se void au tit. *De var. & extraord. cognit.* Et quant aux artisans, *ordinaria actio illis competebat, nimirum actio locati, vel ex empto, vel præscriptis verbis*, selon la difference des marchez qu'on auoit fait auec eux.

43. *Explication de la loy 1. paragr. 1.* D. De Decur.

Toutefois la loy 1. §. 1. *De Decurionibus*, fait mention des sportules, ou épices des Decurions, disant que *minores 25. annis, Decuriones facti, sportulas Decurionum accipiunt, quamuis interim sententiam ferre non possint*. Ce qui semble contraire à ce que nous venons de dire, que les Ordres n'ont aucun salaire d'administration publique: mais il faut sçauoir, que ces sportules estoient le droict d'entrée, que les nouueaux Decurions payoient aux anciens en deniers, par coustume ancienne, au lieu du festin qu'on fait volontiers par honneur à la compagnie, comme remarque tres-bien Cujas sur le tit. *De sport. iudicum*.

44. *Deniers d'entrée aux* Ordres.

Aussi est-ce chose commune en droict, qu'à l'entrée de certains Ordres (aussi bien qu'il a esté dit cy-deuant des Offices & milices) on payât à ceux de l'Ordre quelque petite somme de deniers pour droict d'entrée, mesme és Ordres Ecclesiastiques, bien que la vente d'iceux soit encore plus prohibée, que des Benefices, comme celle en qui se commet la plus directe

45. *Simonie a lieu proprement aux* Ordres.

& vraye simonie. Car la faute de Simon Magus, dont la simonie a pris, & son nom, & son origine, n'estoit pas qu'il voulût achepter vn Benefice, mais bien l'Ordre Ecclesiastique. Il est vray que parce que l'Ordre & le Benefice estoient vnis alors, on a étendu à bon droict la simonie en la vente des Benefices, & neantmoins on void en la Nou. 123. chap. 3. que mesme les Euesques sont taxez à payer certaine petite somme, lors de leur consecration: somme qui est appellée ἐνθρονιαστικόν; & ce que payoient les simples Prestres lors de la reception en leur Ordre, est appellé ἐμφανιστικόν, Nou. 56.

46. *De la perte de* l'Ordre.

Reste de parler de la perte ou priuation de l'Ordre, qui ne peut pas estre proprement appellée *vacation*, pource que l'Ordre, au moins la qualité indiuiduelle de celuy qui en est priué, se perd tout à fait, & ne demeure pas vacante, comme vn Office, ou vn Benefice, pour estre transferée *in indiuiduo* à vn autre: c'est pourquoy aussi elle est plus mal-aisée à perdre que l'Office, soit par resignation, soit par forfaiture: car le cas de la mort, qui tranche tout, n'y admet aucune difference.

47. *De la resignation de l'Ordre.*

Pour le regard de la resignation, il est notoire que regulierement l'Ordre n'est resignable: & de fait vn Prestre ne resigne pas son Ordre à vn autre, ny vn Cheualier, ny vn Licencié és loix, ny vn Aduocat. Il est veritable qu'il y a certains Ordres, dont le nombre est limité

48 *Démiſſiō* ainſi que des Offices, & en ceux-là, celuy qui deſire faire place à vn autre, ſe demet de ſon ordre, & le quitte, ou pour mieux dire, ſa place dans le nombre limité, afin d'oſter l'obſtacle, qui empeſchoit l'admiſſion de celuy qu'il deſire faire promouuoir en l'Ordre: ce qui s'appelle proprement *demiſſion*, & non pas reſignation. Ainſi qu'il ſe pratique à l'égard des Procureurs, és lieux où le Roy ne vend point leurs Charges, & où on obſerue l'Ordonnance, qui veut que leur nombre ſoit limité, comme eſt au droict celuy des Aduocats, *l. 3. De Aduocat. diuerſ. iud.* & l'eſtoit auſſi celuy des Decurions, *l. 2. D. De Decur.* laquelle loy nous apprend, que l'Ordre & la place d'ordinaire ſont ſeparables: ce qui eſt fort remarquable.

49. *Son effet* C'eſt pourquoy ie dy, que cette démiſſion n'opere que le quittement de la place & exercice & non celle de l'Ordre, qui en ſoy eſt tellement affectée à la perſonne, qu'elle ne le peut reſigner, ny autrement perdre que par forfait. Et à ce propos fait la deciſion de la loy 1. *De Aduoc. diuerſ. Iud.* & la loy vnique *Quibus muneribus excuſantur hi qui poſt impletam Militiam aut Aduocationem per prouincias commodis ſuis vacantes commorantur, lib.* 10. *Cod.* Ainſi ie dy que le Procureur apres ſa démiſſion, garde le titre & le rang de Procureur, meſme garderoit les priuileges, s'il y en auoit, bien qu'il ne puiſſe plus poſtuler: car comme il ſera dit en ſon lieu cy-apres, il y a des Ordres & Offices actuels, ordinaires, & exerçans, & d'autres qui ſont ſimplement honoraires & ſans exercice.

50. *Exemple* Et pour vn exemple notoire, comme l'Ordre ne ſe perd pas par la demiſſion, ou reſignation, ne void-on pas que l'Eueſque, apres auoir reſigné ſon Eueſché, retient neantmoins ſon Ordre Epiſcopal, lequel il ne peut en façon quelconque reſigner, ny autrement ſeparer de ſa perſonne? Et afin qu'il ne ſemble point que cela ſoit particulier aux Ordres ſacrez, il a eſté prouué au 1. liure chap. 9. que ceux qui ont eſté receus aux Offices annobliſſans, demeurent nobles apres la reſignation de leurs Offices.

51. *Epithetes des Offices demeurent apres la reſignation.* Meſme les epithetes attribuez à chacun Office, bien que ce ne ſoient vrais Ordres, mais ſoient ſeulement comme Ordres honoraires, demeurent à la perſonne apres la reſignation des Offices: & ainſi ſe pratique notoirement en France, comme il a eſté dit au meſme endroict. Et à Rome, où les Offices n'eſtoient perpetuels, il eſt tout certain, qu'apres leur temps expiré, ceux qui les auoient eus, retenoient l'epithete & qualité d'honneur attribuée à leur Office: qualité qui dans le droict eſt particulierement appellée *dignité*, comme il ſe void en infinis paſſages des trois derniers liures du Code.

52. *De la forfaiture de l'Ordre.* Quant à la priuation pour forfaiture, elle n'eſt pareillement ſi ordinaire, ny meſme ſi facile en l'Ordre, comme en l'Office ou Benefice: ie dy ſi ordinaire, ſoit quant à la cauſe, ſoit quand au genre d'Ordre: quant à la cauſe, pource que les cauſes qui induiſent priuation de l'Office, ou Benefice, n'induiſent pas priuation de l'Ordre, bien meſme que l'Ordre ſoit vny auec le Benefice: comme quand l'Eueſque eſt priué de ſon Eueſché, ou le Preſtre de ſes Benefices, ils ne ſont pas pourtant priuez de leur Ordre: quand le Gentil-homme eſt priué de ſon Office, il ne perd pas pourtant ſa Nobleſſe: quand le Iuge forfait ſon Office, il demeure neantmoins Aduocat licentié és Loix, ſauf qu'és Cours ſouueraines il ne peut faire l'exercice d'Aduocat, à cauſe de l'infamie par luy encouruë.

53. *Quand l'Ordre ſe perd auec l'Office.* Toutefois i'eſtime qu'en ce poinct icy il y a vne exception bien notable; à ſçauoir en l'Ordre qui eſt ſeulement prouenu à cauſe de l'Office: comme en l'Officier roturier de race, qui auroit eſté priué de l'Office annobliſſant, il y a apparence de tenir, qu'il doit perdre la Nobleſſe, n'eſtant raiſonnable, qu'apres la forfaiture de l'Office arriuée pour ſon crime, il retienne les dignitez ou priuileges, qu'il n'auoit qu'à cauſe de l'Office: & à plus forte raiſon doit-il perdre les Epithetes & Ordres honoraires, qu'il auoit à cauſe de l'Office: ce qui ſemble decidé par la loy 12. *De Dignit. lib.* 12. *Cod. Iudices, ſi furtis & ſceleribus fuerint ſe commaculaſſe conuicti, ablatis codicillorum inſignibus, & honore exuti, inter peſſimos quoſque & plebeios habeantur, nec ſibi poſthac de eo Honore blandiantur, quo ſeipſos indignos effecerunt.* Et en la loy *Curiales. D. De Decurionib. eod. lib.* il eſt dit, que *Honore, quem prodiderint, ſpoliandi ſunt.*

54. *Quels Ordres ſe perdent par l'infamie.* Pareillement quant aux eſpeces d'Ordres, la priuation d'iceux n'écher pas en tous Ordres à cauſe de l'infamie, comme il a eſté dit au 1. liu. que l'infamie induit priuation de toute ſorte d'Offices: mais c'eſt la verité, qu'il n'y a autres Ordres, qui ſe perdent pour l'infamie, ſinon ceux qui participent aucunement de l'Office, comme l'Ordre de Senateur, en la loy 2. *De Dignit.* celuy de Decurion, *l. 2. D. De Decur. & l. Diuus. D. iniur.* En France l'Ordre de Cheualerie ſe perd par l'infamie, pource que toute tache y eſt formellement contraire. Aucuns auſſi tiennent, que l'Ordre d'Aduocat és Parlemens ſe perd par l'infamie, ce que ie n'eſtime pas, il eſt bien vray que l'exercice d'iceluy ſe perd, pource que l'infame n'y peut poſtuler.

55 *Comment l'Ordre ſe perd ex genere pœnæ.* Mais quant aux autres Ordres, ſoit Eccleſiaſtiques, ſoit de Nobleſſe ou du tiers Eſtat, au moins qu'il m'en ſouuienne à preſent, ils ne ſe perdent point par la ſeule infamie, ny meſme en cōſequence d'autre peine: mais faut qu'on en ſoit priué expreſſément par la ſentence: encore és Ordres ſacrez de l'Egliſe, eſt-il requis outre la priuation expreſſe, vne degradation actuelle. Mais aux autres Ordres elle n'eſt point requiſe, mais la depoſition verbale y ſuffit:

ce

ce qui se collige de ce que la mission ignominieuse du soldat Romain, se faisoit en deux façons; l'vne par la detraction solemnelle des armes ou enseignes militaires, l'autre par la simple declaration verbale du Chef, quand il le chassoit pour cause d'ignominie, comme dit la loy 2. §. *Ignominiæ. D. De his qui not. infam.* ainsi que dit fort bien le President Faber au premier liure Des Semestres, chap. 17. 56 *Degradation actuelle, ou verbale.*

Si donc quelquefois, apres la Sentence contenant la priuation de l'Ordre, on vient à oster publiquement les ornemens d'icceluy, cela se fait lors, ou pour vne plus grande ignominie, ou plutost afin de ne faire iniure à l'Ordre, quand apres cette exauctoration on procede à l'execution de mort du condamné : comme quand on fait mourir par Iustice vn Cheualier de l'Ordre, on luy oste son collier auparauant, afin qu'il ne soit reputé auoir esté executé en qualité de Cheualier : ainsi qu'il fut pratiqué en l'execution du Maréchal de Biron. Ce qui sera amplement examiné cy-apres au 10. chapitre où i'ay reserué de traitter pleinement de cette degradation. 57 *Pourquoy se fait la degradation actuelle.*

SOMMAIRE DV DEVXIESME CHAPITRE.

1 *Trois Ordres de Rome.*
2 *Qui les a inuentez.*
3 *Origine de l'Ordre des Cheualiers de Rome.*
4 *Ces Ordres furent du commencement distinguez par les merites des hommes.*
5 *Puis par les moyens.*
6 Census Senatorius.
7 Census Equester.
8 Attrito censu amittebatur Ordo.
9 Census Decurionum,
10 *Cela se garde en Angleterre.*
11 *Censeurs donnoient & ostoient l'Ordre.*
12 *Comment s'obtenoient les Ordres de Rome.*
13 *Senateurs pris des Cheualiers.*
14 *Et des nouueaux Officiers.*
15 *Enfans des Senateurs auoient entrée au Senat.*
16 *Euesques ont entrée au Parlement.*
17 *Flamines Diales entroient au Senat Romain.*
18 *Que nostre Senat a esté autrefois Ordre.*
19 *Comme le Consistoire des Cardinaux de Rome.*
20 *Le Senat auoit Iurisdiction contentieuse.*
21 *Comment ce Senat se mesloit de la Iustice pendant la Republique.*
22 *De mesme.*
23 *Comment sous les Empereurs.*
24 *Conseil Priué des Empereurs.*
25 *Causes d'appel attribuées au Senat.*
26 *Parlement de France reduit en Cour ordinaire de Iustice.*
27 *Et le grand Conseil.*
28 *Conseil d'Estat diuisé en trois chambres.*
29 *Puissance de l'ancien Senat Romain.*
30 *Nombre des Senateurs Romains.*
31 Patres maiorum & minorum gentium.
32 Patres conscripti.
33 Orcini Senatores.
34 Senatusconsulta per discessionem.
35 *Nombre requis pour faire Arrest.*
36 *Iours ordinaires & extraordinaires du Senat.*
37 *Religion du Senat Romain.*
38 *Si les Tribuns du peuple y auoient entrée.*
39 Auctoritas perscripta.
40 *Ages des Senateurs.*
41 *Habit, ou ornemens des Senateurs.*
42 Latus clauus.
43 Πλατύσημος ἐσθής.
44 *Habit de Cheualiers.*
45 Angustus clauus.
46 Recta, seu pura tunicā.
47 Tunicæ albæ.
48 *Robe des enfans des Senateurs, & Cheualiers.*
49 De annulo equestri.
50 *Anneaux d'or par qui portez anciennement.*
51 *De mesme.*
52 *Harnois doré des Cheualiers.*
53 *Quand les Cheualiers eurent les anneaux d'or.*
54 Equus publicus.
55 *Difference* inter Equites vrbis & militiæ.
56 *Droict d'anneaux d'or concedé aux Cheualiers.*
57 *Puis aux affranchis.*
58 *Ce qu'il leur seruoit.*
59 Natalium restitutio.
60 *Ce que le droit d'anneaux d'or seruoit aux ingenus.*
61 *De l'Ordre de Citoyen Romain.*
62 *Les droicts particuliers des Citoyens Romains.*
63 *Diuisions des Citoyens Romains.*
64 *1. Par tribus, ou quartiers.*
65 Tribus vrbanæ.
66 Tribus rusticæ.
67 *Tribus composées à la volonté des Censeurs.*
68 Curiæ.
69 *2. Diuision des Citoyens Romains* per censum.
70 Classes.
71 *Meslange des premieres diuisions.*
72 *Diuision 3. par les races.*
73 Nobiles.
74 Noui.
75 Ignobiles.
76 Ingenui.
77 Libertini.
78 *Mutation suruenuë.*
79 *Diuision 4. des Cit. Rom. par les Ordres.*
80 *Ordres du menu peuple de Rome.*

81 Tribuni seu Quæstores ærarij.
82 Publicani, *partisans.*
83 Scribæ.
84 Mercatores.
85 Argentarij, *Banquiers.*
86 Negotiatores.
87 Apparitores Magistratuum.
88 Turba forensis.
89 *Les Censeurs auoient toute puissance sur les Ordres.*
90 In Ceritum tabulas referre.
91 Ærarios facere.

DES ORDRES ROMAINS.

CHAPITRE II.

1 *Trois Ordres de Rome.*

A Rome, aussi-bien qu'en France, il y auoit trois Ordres, ou Estats, qui comprenoient tout le peuple : mais ils estoient differents des nostres. Car au lieu que nous auons le Clergé, la Noblesse, & le tiers Estat, ils auoient le Senat, les Cheualiers, & le menu peuple,

Martia Roma triplex, Equitatu, Plebe, Senatu.

dit Ausone. Le Senat estoit pour le Conseil, les Cheualiers pour la force, & le menu peuple, pour fournir aux Charges de la Republique.

2 *Qui les a inuentez.*

Aucuns attribuent cette distinction du peuple à Romulus, qui, comme disent Saluste & Denis d'Halycarnasse, entre les plus Nobles de son peuple choisit cent anciens pour son Conseil, qu'il appella *Peres*, & trois cent ieunes pour sa garde, qu'il nomma *Celeres*, soit à cause de la celerité, ou du nom de leur premier Capitaine, qui à la verité estoit la seconde personne du Royaume, ainsi que par apres en l'Estat populaire le *Magister Equitũ* estoit la seconde personne apres le Dictateur, & en l'Empire le *Præfectus Prætorio*, apres l'Empereur.

3 *Origine des Cheualiers de Rome.*

Mais Pline au 2. chap. du liu. 33. de son histoire nous témoigne que les Cheualiers Romains ne firent point vn Ordre à part, iusques au temps des Gracches, & lors qu'iceux Cheualiers firent trãsferer à eux l'autorité & charge de iuger les procez, & que sous ce nom de *Iuges* ils commencerent de faire vn Ordre separé du menu peuple. *Iudicium appellatione separari eum Ordinem primi omnium instituere Gracchi, discordi popularitate in contumeliam Senatus : mox ea debellata, auctoritas nominis, vario seditionum euentu, circa Publicanos substitit, & aliquandiu tertiæ partes Publicani fuerunt : M. Cicero demum stabiliuit Equestre nomen in consulatu suo, ei Senatum concilians, ex eo se Ordine profectum celebrans, eiusque vires peculiari popularitate quærens. Ab illo tempore planè hoc tertium corpus in Republica factum est, cœpitque adijci Senatui Populoque Rom. Equester Ordo. Qua de causa & nunc post populum scribitur, quia nouissimè cœptum est adjci.*

4 *Ces Ordres furent du commencement distinguez par le merite des hommes.*

Quoy qu'il en soit, il faut remarquer que bien que ces dignitez de Senateur & Cheualier, selon l'institution de Romulus eussent premierement esté deferées à la vertu & capacité, à sçauoir celle de Senateur aux plus prudens, & aux plus gens de bien, & celle de Cheualier aux plus vaillans, cõme nous témoigne ce mesme Autheur, si est-ce qu'enfin elles furent deferées à la richesse. Et veritablement si en vne Republique populaire le peuple estoit distingué par la vertu, chacun pensant estre, ou du moins desirãt étre reputé vertueux, voudroit estre du premier Ordre, & tiendroit à grande iniure d'estre mis au dernier. C'est pourquoy à l'égard des Ordres generaux, il y faut établir vne autre distinction, mais ce sont les principaux Offices qu'il faut deferer aux plus vertueux, si faire se peut, encore est-il toûjours expedient, qu'ils soient baillez à gens qui ne soient pas necessiteux, *l. Rescripto D. De muner. & honorib.* pource que la pauureté diminue l'autorité, & tente la prud'hõmie des hommes. C'est pourquoy dans Isaïe chap. 3. il est dit, *In domo mea non est panis, neque vestimentum, nolite me constituere Principem populi.* Et Aristote liu. 3. des Polit. chap. 9. reprend les Lacedemoniens, de ce que leurs Ephores pouuoient estre pris du nombre des pauures. En vn mot,

5 *Puis par les moyens.*

si faire se peut, il faut mettre aux Charges publiques ceux qui ont la vertu & les moyẽs tout ensemble, *dignos meritis, & facultatibus*, comme dit la loy, *Ad subeunda. De Decur. lib. 10. Cod.*

Ce n'est donc pas sans raison, que le bien des Senateurs, & des Cheualiers estoit taxé à

6 Census Senatorius.

certaine somme, qu'il falloit qu'on eût autant vaillant pour estre, ou Senateur, ou Cheualier, *ne videlicet splendor Ordinum angustiâ rei familiaris vilesceret*, dit Seneque en ses Declamations, & au second *De Beneficijs*, il en parle ainsi, *Senatorum gradum census ascendere facit, census Romanum Equitem à Plebe discernit, census in castris ordinem promouet, censu denique in foro Iudex legitur. Erat autem census Senatorius ante Augustum octingenta millia sestertium, quem Augustus duplicauit*, dit Suetone : *Equester verò census erat quadringenta millia sestertium, ideoque dimidio minor Senatorio.*

7 Census Equester.

Ce qui paroist clairement de ce que rapporte Suetone *in Iulio*, qu'apres auoir passé le Rubicon, comme il exhortoit son armée, & luy disoit, en éleuant & touchant (par vne viuacité d'action) le doigt où estoit son anneau, qu'il le vendroit plutost, qu'il ne mist à son aise tous ceux qui l'auroient assisté, les soldats plus éloignez, qui auoient veu [illegible] geste, & entr'ouy ces paroles, estimerent qu'il leur promettoit à tous de les faire Cheualiers, & leur faire porter l'anneau d'or, & pour cét effect leur fournir à chacun, *quadringenta [illegible]*, dit Suetone. Cela paroist aussi du passage d'Horace,

Si quadringentis sex, septem millia desunt,
Plebs eris. ------

[illegible] dire (car ces mots sont embarrassez, & partant malaisez à entendre) si à quatre cens [illegible] vaillant, il te manque sept, & par ainsi que tu n'aye que trois cens quatre-vingts dix [illegible] mil, tu seras du rang du menu peuple, & [illegible] point Cheualier : d'où il resulte clairement, que le vaillant des Cheualiers Romains estoit taxé à quatre cens mil sesterces.

Et non seulement ces taux estoit [illegible] pour estre Senateur & Cheualier, mais encore [illegible] qui ayant esté éleué en l'vn [illegible] Ordres, venoit par aprés à diminuer son bien, en [illegible] qu'il n'eust plus vaillant le [illegible] qui estoit requis pour son Ordre, il en estoit chassé, [illegible] il appert de ce que Cicero [illegible] *Ad [illegible]*, dit que Curtius, ayant perdu sa [illegible], ne put pas garder l'Ordre de Senateur, & de ce que Dion dit, qu'aprés qu'Auguste eut doublé le vaillant [illegible] aux Senateurs, quelques vns d'entr'eux, sçachant [illegible] qu'ils ne l'auoient pas, quitterent d'eux mesmes l'Ordre. Ainsi faut-il entendre ce que dit Ciceron *pro Sestio*, [illegible] & Suetone *in Augusto*, [illegible] *sc. XIV.* [illegible] (qui estoit la plus apparente marque des Cheualiers Romains) *Augustus id permisit iis, quibus ipsis [illegible]*. 8 Attrito censu, [illegible] Ordo.

Mesme les simples Decurions ou Conseillers des villes deuoient, en quelques-vnes, auoir certaine quantité de bien, comme nous apprend ce passage de Pline, lib. 1. epist. 19. *[illegible] non Decurione [illegible], [illegible] trecenta millia [illegible]* ce qui est encore le taux des Cheualiers Romains. Et pour le regard des Decurions, cela paroist en outre par [illegible] *[illegible] 4. [illegible] Const. [illegible], dos non [illegible]*. 9 Census Decurionum.

[illegible] encore auiourd'huy en Angleterre, où il faut auoir vn certain reuenu pour [illegible], ou perd la Noblesse. Il est vray [illegible] se fournir. Aussi n'y a-il [illegible], sinon de [illegible] de son reuenu [illegible] le Roy [illegible], en [illegible] Angleterre, & prendre de luy vne deuise ou blasonnoirie, comme [illegible] la Republique d'Angleterre. 10 Cela se garde en Angleterre.

[illegible] qu'il n'y auoit autre chose à faire, pour [illegible] Senateur ou Cheualier, que [illegible] se faisoit par les Censeurs des biens des Citoyens [illegible] auoir le vaillant requis, se faisoit mettre au nombre des Senateurs [illegible]. 11 Censeurs donnoient & ostoient l'Ordre.

[illegible] és Ordres de Rome, que comme par leur [illegible] Cheualiers, aussi par leur seule rature du rolle [illegible] l'Ordre : dont il y a plusieurs exemples & [illegible] priuation, bien que faite sans connoissance de [illegible] qu'elle fut faite pour sujet ignominieux, [illegible] aprés. Ignominie qui duroit iusques [illegible] Censeurs : ce qui se pouuoit [illegible].

[illegible] l'enrollement [illegible] qui se faisoit par les Censeurs regulierement [illegible] par les Consuls [illegible], c'estoit vne regle, que sans luy [illegible] Senateur, quelques grands Offices ou Magistrats qu'il eust eu, dit Varon : [illegible] qu'il fust éleu [illegible] au nombre des Senateurs, il deuenoit tout à [illegible] Senateur, sans qu'il fust besoin [illegible] d'examen, ny d'installation, ny mesme, comme ie [illegible] encore qu'il en falloit, pour estre de l'Ordre des gensdarmes. [illegible] ce qui est dit [illegible] *Senatus*, [illegible] que les [illegible] estoient choisis par celuy qui les eslisoit, cóme la suitte [illegible], aprés estre éleus & enrollez, on les examinât sur leur [illegible]. 12 Comment s'obtenoient les Ordres de Rome.

Or ils estoient [illegible] choisis parmy les Cheualiers, à raison dequoy dans T. Liue [illegible] 43. les [illegible] *[illegible] du Senat*, ou bien d'entre ceux qui auoient eu des principaux [illegible] quoy Ciceron dit au 3 *De [illegible] ex Magistr[illegible] Se-[illegible]* [illegible] commencement les Magistrats estoient pris du nombre des Sen[illegible] le Senat est appellé *[illegible]* tout au [illegible] Offices eurent esté communiquez au menu peuple, les Senateurs [illegible] ceux qui auoient esté Magistrats. [illegible] Senateurs pris des Cheualiers.

Et de [illegible] principaux Offices de Rome, anciennement affectez

14. Et des nouueaux Officiers.

aux Senateurs, portoient desormais la robe de Senateur, & auoient entrée & voix deliberatiue au Senat. *Qui nondum à Censoribus in Senatum lecti erant, Senatores quidem non erant: sed quia Honoribus populi Rom. vsi fuerant, in Senatum veniebant, & sententiæ jus habebant. Sed quia in postremis erant, non rogabantur sententias, sed quas Principes dixerant, in eas descendebant, & inde Pedarÿ appellabantur*, dit Varon dans A. Gelle, liu. 3. chap. 18. Autant en dit Festus, *Qui Magistratum cœperunt in Senatu sententiam dicunt, non tamen vocantur Senatores antequam censi.* Et de là vient, dit-il, qu'aux mandemens qu'on decernoit pour conuoquer le Senat *edici solebat, vt Senatores adessent, quibusque in Senatu sententiam dicere liceret.* Ce que dit Fenestella, *lib. de Magist. Rom. cap. 1.*

15. Enfans des Senateurs auoient entrée au Senat.

Pareillement les fils des Senateurs auoient l'habit de Senateurs & entrée au Senat, apres l'âge de 17. ans, auquel *deposita pretexta, virilem togam induebant*: ce qui leur fut permis par Auguste, *Liberis Senatorum*, dit Suetone, *quò celerius Reipublicæ assuescerent, protinus à virili toga latum clauum induere, & Curiæ interesse permisit.* Il est vray que d'ancienneté ils y entroient dés leur ieunesse, mais cela fut défendu lors du fait arriué à Pretextatus, rapporté par Macrobe, liure 1. chap. 6. où il dit, *Mos antea Senatoribus fuit in Curiam cum prætextatis filiis introire.*

16. Euesques ont entrée aux Parlemens de France.

Aussi voit-on qu'autrefois en France tous ceux qui auoient la dignité d'Euesque, auoient & entrée, & voix au Parlement, & qu'encore à present ils ont entrée en l'audience d'iceluy, non toutefois voix, s'ils ne sont Pairs de France, ou s'ils n'ont esté Conseillers du Parlement, fors seulement l'Archeuesque de Paris, qui tousiours y a entrée & voix. Lequel droict, d'auoir entrée au Senat, appartenoit aux Prestres de Iupiter à Rome, appelez *Flamines Diales*: & eux l'ayant laissé perdre, pour n'en auoir vsé par long espace de temps, il fut renouuellé par

17. Flamines Diales entroient au Senat Romain.

Cn. Flaccus, comme dit Tite-Liue, *lib. 7. Cn. Flaccum ingressum in Curiam, cùm Licinius Prætor eduxisset, Tribunos plebis appellauit. Vetustum jus sacerdotii repetebat: datum id, cum toga prætexta, olim flamini esse. Tribuni rem inertia Flaminum obliteratam, ipsis tantùm, non sacerdotio damno fuisse. Ac ipso contra tendente Prætore, magno assensu Patrum plebisque, Flaminem in Curiam introduxerunt.* Mais les autres Prestres, non pas mesme les Pontifes, n'auoient pas ce droict, en vertu de leur qualité, comme il appert de ce passage de Ciceron, *lib. 4. Epist. ad Atticum epist. 2. Habetur Senatus frequens, adhibentur omnes Pontifices, qui sunt Senatores*: & encore celuy cy, *in orat. De Arusp. resp. Postero die frequentissimus Senatus, cùm omnes, qui erant hujus Ordinis, adessent.* Desquels passages neantmoins il appert, que mesme au Paganisme le Senat estoit honoré par l'assistance des Pontifes.

18. Que nostre Senat a esté autrefois Ordre.

Or ce que nos Euesques, qui ont auparauant esté Conseillers du Parlement, y ont tousjours voix deliberatiue, c'est vn reste ou marque d'Ordre, plustost que d'Office; attendu que les honneurs & priuileges des Offices se perdent entierement par la resignation: mais non pas ceux des Ordres par la demission. Non que ie vueille dire qu'à present nos Parlemens soient des Ordres, ainsi qu'estoit le Senat Romain. Et il est à croire que parmy les Senateurs (qui estoient à peu prés comme les Conseillers d'Estat aujourd'huy) estoient choisis les Gouuerneurs des Prouinces & Villes, qui à ce sujet étoient communément appelez Comtes, *quasi è Comitatu Principis missi*, & aussi les Officiers de la Couronne, qui encore à cause de leurs Offices tiennent rang de Comtes, & ont droict de porter le manteau Comtal, ainsi que quelque moderne a remarqué.

19. Comme le Consistoire des Cardinaux de Rome.

Et pareillement le Consistoire des Cardinaux de Rome, qui sans doute constitue le premier degré de l'Ordre Ecclesiastique, a beaucoup de ressemblance au Senat Romain; pource que comme le Senat estoit le Conseil de l'Empereur, mesme du monde, qui estoit gouuerné sous l'Empire Romain, aussi cét auguste Consistoire est le Conseil du Pape, mesme de l'Eglise vniuerselle.

20. Le Senat n'auoit jurisdiction contentieuse.

Car il faut prendre garde que le Senat Romain, de sa premiere institution, n'auoit point de jurisdiction contentieuse, comme Bodin a fort bien prouué au 1. chapitre du 3. liure, mais ne seruoit qu'à deliberer des affaires publiques, ainsi que le Consistoire des Cardinaux. Et ce que Polybe liure 6. dit que c'estoit sa charge de faire punir les crimes publics commis en Ita-

21. Comment le Senat se mesloit de la Iustice en la Republique.

lie, se doit entendre, qu'on en faisoit la plainte au Senat, qui commettoit des Iuges pour les iuger. Car mesme la pluspart du temps les Commissaires Generaux, choisis annuellement pour iuger les procez, appelez *Iudices*, estoient pris du corps & Ordre des Senateurs: puis vn autre temps ils furent pris du nombre des Cheualiers: bref en vn autre, ils furent choisis du Senat & des Cheualiers: mesme il y eut encore plusieurs autres telles mutations, qui sont appelées *translationes judiciorum*, que Hotman en son Dictionaire distingue fort nettement de temps en temps, quoy qu'il en soit, ce n'estoit pas le Senat en corps qui iugeoit, ny les Senateurs particuliers par la puissance ordinaire, dependante de leur Estat de Senateur: mais s'ils iugeoient, c'estoit comme Iuges choisis, c'est à dire Commissaires deleguez: & ainsi il entend ce passage de Polybe, qui contient que les Senateurs iugeoient les crimes. Car il a escrit du temps que les iugemens estoient pardeuant les Senateurs.

22. De mesme.

Mais que le Senat Romain n'eut point de jurisdiction en ce corps, & de sa propre autorité, il en appert clairement par ce traict de Ciceron en sa diuination *in Verrem*, où parlant deuoit estre intentée l'accusation de Verres. *Quò confugient socij? Quem implorabunt, qui de Verre supplicium sumat? Ad Senatum deuenient? non est vsitatum, non est Senatorium, &c.* Car comme dit Budée sur la Loy derniere, *De Senatoribus*, pendant l'Estat populaire, lors que le Senat estoit en sa splendeur, il ne s'abaissoit pas à iuger les procez en corps. C'estoit sa charge alors d'ordonner qui commanderoit aux armées, qui seroit enuoyé aux Prouinces pour les gouuerner, de receuoir & licencier les Ambassadeurs : bref d'ordonner & établir presque du tout la Republique.

Ce fut seulement sous les Empereurs, que le Senat commença de iuger les procez, notamment les criminels. 13. Comment sous les Empereurs. Car s'estant entierement rangé à leur volonté, ils luy renuoyoient le iugement d'iceux, afin de faire condamner, ou absoudre qui ils voudroient. De sorte que c'estoit ordinairement le Senat, qui par la permission de l'Empereur commettoit des Iuges pour vuider les moindres procez : & quant à ceux de plus grande consequence, il les iugeoit en corps, & la pluspart en la presence de l'Empereur. Car mesme Tibere ordonna, qu'en ceux qui seroient iugez en son absence, les condamnez ne pourroient estre executez sinon dix iours apres, afin qu'il eust loisir d'en estre aduerty, dit Dion. Ce qui reuient à ce qu'Auguste auoit ordonné peu auparauant, touchant les resolutions du Senat faites en son absence, qu'elles n'auroient point d'effet, iusques à ce qu'il les eust authorisées : comme il se pratique encore à present en Angleterre. Mesme Auguste tira de ce grand corps du Senat vn 14. Conseil priué des Empereurs. Conseil priué aupres de luy, composé de quinze Senateurs, tirez au sort de six en six mois, auec lesquels il rendoit ordinairement luy-mesme la Iustice. Et enfin estant vieil, & ne pouuant plus aller au Senat, il choisit luy-mesme vingt Conseillers annuels, au lieu de ces quinze Semestres, dit le mesme Dion.

Mais Tibere son successeur fut le premier, qui pour faire oublier au Senat la connoissance 15. Causes d'appel attribuées au Senat. des affaires d'Estat, s'aduisa de l'amuser plus ordinairement au iugement des procez de consequence : non toutefois qu'il en connust encore par forme de jurisdiction ordinaire, mais seulement par voye de Commission, & par le moyen du renuoy qu'il luy en faisoit. Et par apres Neron luy attribua la connoissance ordinaire des causes d'appel (dit Suetone en sa vie chap. 17.) qui auparauant estoient iugées par l'Empereur mesme, voulant que l'amende du fol appel iugé par le Senat, fût aussi grande, que si luy-mesme l'auoit iugé, dit Tacite, Liu. 4. des Annales : bien que Vopiscus en la vie de Probus dise, que ce fut luy qui attribua au Senat la connoissance des causes d'appel. Ce qui toutefois ne dura pas long-temps, ne s'en trouuant aucun vestige dans nostre droict, fors en la Nou. 62.

Tout ainsi qu'en France Philippes le Bel, pour oster de sa suite le Parlement (qui lors étoit 16. Parlement de France reduit en Cour ordinaire de iustice. le Conseil ordinaire des Rois, mesme leur faisoit teste bien souuent) & luy soustraire doucement la connoissance des affaires d'Estat, l'érigea en Cour ordinaire, & le rendit sedentaire à Paris : dont encore il a retenu ce reste de son ancienne institution, qu'il verifie & omologue les Edicts du Roy : ce que l'Empereur Probus auoit attribué au Senat Romain, *vt leges quas ipse ederet, Senatusconsultis propriis consecraret*, dit le mesme Vopiscus : & pareillement le grand Conseil qui desormais succeda au Parlement pour estre le Conseil ordinaire du Roy, a esté reduit en Cour, c'est à dire en Compagnie ordinaire de Iustice.

Mesme à present que le Conseil d'Estat s'amuse tant aux procez, qu'on déguise du nom 17. Et le grand Conseil. d'affaires des parties, il y a danger qu'on en fasse encore quelque iour vne autre Cour & compagnie de Iuges. Car déja il est diuisé en trois Chambres, ou seances, l'vne pour les affaires d'Estat, qui s'appelle particulierement le Conseil d'Estat : l'autre pour les finances du Roy, 18. Conseil d'Estat diuisé en trois Chambres. qui est nommée le Conseil des finances : & la troisiéme pour les procez, qu'on appelle le Conseil des parties. Et il a diuers Greffiers, ou Secretaires en chacune seance, pour receuoir les Arrests ou resultats d'icelles ; mesme il y a trois sortes de Secretaires, pour signer les expeditions de chacun Conseil, à sçauoir les Secretaires des commandemens, pour les expeditions concernantes l'Estat : les Secretaires des finances, pour celles des finances : & les simples Secretaires, pour les expeditions & affaires des parties.

Pour reuenir à la puissance du Senat Romain, elle estoit si grande, que Denis d'Halicar- 19. Puissance de l'ancien Senat Romain. nasse Liure 6. dit en vn mot, que toute la Republique estoit en la puissance du Senat, fors seulement le pouuoir d'élire les Magistrats, de faire les Loix, & d'ordonner absolument de la paix & de la guerre. Et Polybe Liure 6. traite amplement, qu'il auoit le ménagement & l'administration de la guerre, le soin de receuoir & renuoyer les Ambassades, bref le soin & intendance generale des finances. N'estant permis aux Consuls, mesme aux anciens Rois de Rome, d'entreprendre aucune affaire de consequence sans l'aduis du Senat. Et pource que Romulus l'entreprenoit, aucuns ont écrit, qu'il fut déchiré en pieces par les Senateurs, & que ce fut aussi la cause pourquoy Tarquin le Superbe fut chassé.

Quant au nombre des Senateurs Romains, pour en parler plus probablement apres le di- 30 Nombre des Senateurs Romains. ligent Rosinus Liu. 7. chap. 5. Romulus en créa premierement cent, puis luy-mesme apres auoir receu les Sabins en la Cité, en adjousta cent autres, bien qu'aucuns disent que ce fut Tullus Hostilius, apres y auoir joint les Albanois, quoy qu'il en soit ces deux cent premiers

furent appelez *Patres majorum gentium*, pour distinction du troisiéme cent, adjousté par Tar-
31 Patres majorum, & minorū gentium. quinius Priscus, qui furent appelez *Patres minorum gentium.* Et ce nombre de trois cent dura fort long-temps. Car Brutus & Publicola, apres que les Rois eurent esté chassez, ne l'augmenterent point, quoy qu'aucuns disent, mais seulement remplirent & suppléerent ce mesme nombre, qui auoit grandement esté diminué en cette mutation.

32 Patres conscripti. Tant y a que ceux qui furent mis par Brutus, & de là en auant au lieu des anciens, qui furent appelez *Patres conscripti:* titre qui demeura enfin à tous les Senateurs indistinctement, apres que la memoire des trois cent premiers eust esté abolie. Long-temps apres, Gracchus estant Tribun du peuple doubla ce nombre des Senateurs, y mettant trois cent Che-
33. Orcini Senatores. ualiers. Sylla y fit encore vne augmentation à sa fantaisie. Et puis Cesar en adjousta iusques à neuf cent en tout, & apres sa mort les *Duumvirs* ordonnez pour restablir la Republique, y en adjousterent encore, y mettant des gens de peu, qui furent appelez *Orcini Senatores*, dit Tacite. Et ainsi y en ayant bien mil ou douze cent, Auguste les reduisit au nombre ancien de six cent.

34. Senatusconsulta per discessionem. Pource donc que s'il eust falu que tous les Senateurs eussent opiné l'vn apres l'autre, on n'eust point expedié d'affaires (attendu mesme que chacun opinoit si longuement qu'il luy plaisoit, & encore en opinant, pouuoit faire de nouuelles propositions) on fut contraint de faire *per discessionem*, les Arrests du Senat appelez *Senatusconsulta*, dit Capito dans A. Gelle Liure 14. chapitre 7. Car apres que les principaux auoient opiné, ceux qui estoient de leurs aduis s'approchoient prés d'eux, ou du moins se retiroient à part, ce qui se disoit *pedibus ire in Sententiam :* dont aucuns pensent que les moindres Senateurs, qui ne venoient iamais en rang d'opiner de viue voix, soient dits *Pedarij Senatores :* & ainsi, à mon aduis, faut-il entendre le dire de Varo, que *Senatusconsulta fiebant per singulorum Sententias exquisitas, vel per discessionem :* & ce qui est dit en la Nou. 62. qu'ils se faisoient, *per silentium, vel per conuentum :* est que *conuentus inerat silentio*, comme Cujas l'a interpreté.

35. *Nombre requis pour faire arrest.* Quant au nombre de Senateurs requis pour faire Arrest, Sigonius au Liure 2. *De antiquo iure ciuium Rom.* chapitre 2. prouue qu'auparauant Sylla, il en faloit cent au moins, auant Cesar, deux cent, & au commencement de l'Empire d'Auguste, quatre cent : ce qui reuient tousiours au tiers. Que si ce nombre ne se trouuoit d'aduis de l'Arrest, chacun Senateur contredisant, pouuoit dire au Consul, ou autre qui presidoit, *Numera Senatum.* Mais en consequence de l'Ordonnance d'Auguste, rapportée par Dion, qui ne voulut plus qu'il y eut de nombre necessaire pour faire arrest, mais seulement qu'il fust fait à la pluralité des voix des assistans, on vint à la fin à ce poinct, qu'il suffisoit qu'il y eust cinquante Senateurs, comme il se collige de ce passage de Lampride, *in Alex. Seuero, Nullam constitutionem sacrauit, sine viginti Iuris peritis, & aliis sapientibus viris, non minus quinquaginta, vt non minus in concilio essent Sententiæ, quàm quæ Senatusconsultum conficerent.* Mais quoy qu'il en soit, il falloit que le nombre de tous les assistans au Senat fust redigé dans le Senatusconsulte, & notamment on y specifioit le proposant, sur l'aduis duquel il auoit esté arresté, comme prouue Rosinus.

36. *Iours ordinaires & extraordinaires du Senat.* Or le Senat auoit ses iours ordinaires, à sçauoir les Calendes, Ides & Nones, dont Auguste osta les Ides : & en ces iours *legitimus Senatus dicebatur*, és iours extraordinaires *dicebatur indictus*, & n'y auoit que les principaux Magistrats qui le pussent conuoquer. Et si il falloit que tout Senat fust tenu en plein iour, non deuant le leuer, ny apres le coucher du Soleil, & n'y pouuoit-on plus rien proposer apres les dix heures.

37. *Religion du Senat.* Et pour montrer combien les Romains estoient Religieux, leur Senat ne pouuoit estre assemblé qu'en vn Temple, & qu'apres auoir sacrifié : & falloit y faire les propositions des choses sacrées auant les profanes, dit Varo au Liure *De habendo Senatu*, au rapport d'A. Gelle.

38. *Si les Tribuns du peuple y auoient entrée.* Il est à remarquer que les Tribuns du peuple, qui estoient comme les Controlleurs du Senat, n'auoient point du commencement d'entrée en iceluy, mais tenoient leur Bureau à la porte du Senat : où ils examinoient les Senatusconsultes, & marquoient ceux qu'ils approuuoient de la lettre T. Mais les Senateurs trouuerent enfin plus expedient de leur donner place parmy eux. Neantmoins ils ne laissoient pas d'empescher la conclusion des Senatusconsultes, soit en demandant delay d'aduis, ou bien en intercedant & formant opposition.

39. Auctoritas perscripta. Alors, & mesme quand il suruenoit quelque autre empeschement à la conclusion des Senatusconsultes, comme quand il ne s'estoit pas trouué nombre suffisant de Senateurs, ou bien que le iour défailloit auant la conclusion, ou qu'on maintenoit la conuocation n'estre pas legitime pour quelque cause que ce fust, on ne laissoit pas de rediger par escrit le resultat des assistans, ce qui s'appeloit, non pas le Senatusconsulte, mais *Auctoritas perscripta*, qui tousiours seruoit d'authorité & témoignage de l'intention du Senat. Mais quand le resultat estoit arresté sans aucun empeschement ny contredit, c'estoit vn Senatusconsulte, qui desormais se gardoit au thresor public, dit Suetone *in Augusto*, & Tacite, *lib. 3. Annal.*

Finalement, quant à l'âge des Senateurs, nos Liures n'en sont pas d'accord. Coras sur la Loy 2. §. *Deinde. D. De orig. iur.* dit que c'estoit 24. ans, Fenestella 25. Sigonius 27. Manuce *Antiquit. lib. 1.* 30. ans, qui semble la plus vraye opinion, comme prouue doctement Langlé, Liure 7. chapitre 7. que le Lecteur curieux pourra voir. Il est vray, que ceux qui auoient eu les grands Magistrats, pouuoient à plus bas âge paruenir au degré de Senateur. 40. *Aage des Senateurs.*

Or comme les Senateurs faisoient vn Ordre distinct du surplus du peuple, aussi auoient-ils vn habit, qui les distinguoit d'iceluy; à sçauoir, la Tunique ou robe de dessous, ornée & enrichie de plusieurs petits morceaux de pourpre taillez en forme de clous larges, qui pour cette cause estoit appelée *Latus clauus*, ou *tunica lati claui.* Mesme *Latus clauus* signifie souuent l'Ordre & dignité de Senateur. Suetone *in Tiberio*, *Senatori latum clauum ademit, cùm cognouisset sub Calendas Ianu. demigrasse in hortos, quo viliùs post diem ædes in vrbe conduceret. Et in Claudio, Latum clauum etiam libertini filio tribuit, sub hac tamen conditione, si prius ab Equite Rom. adoptatus fuisset.* Et que le large clou fust la marque du Senateur, il en appert de cét autre passage du mesme Suetone *in Augusto, Sumens virilem togam, tunica lati claui ad pedes decidit, fuerunt qui interpretarentur significare, quòd quandoque is o do, cujus insigne id esset, ei subjiceretur.* C'est pourquoy cette Tunique aux larges clous est appelée par les Grecs Πλατύσημος ἐσθὴς, dit Herodian Liure 3. 41. *Habit ou ornement des Senateurs.* 42. *Latus clauus.* 43. Πλατύσημος ἐσθής.

Comme donc le large clou estoit la marque du Senateur, aussi l'étroit estoit la marque du Cheualier. *Hinc Paterculus, Mæcenas, non minùs Agrippâ, Cæsari charus, sed minùs honoratus. Quippe vixit angusto clauo contentus, id est, Equestri dignitate. Lamprid. in Alex. Seuero, Satis esse constituit, vt Senatores ab Equitibus claui qualitate discernerentur.* La Tunique donc distinguoit les trois Ordres du peuple Romain, à sçauoir celle à clous larges les Senateurs, celle à clous étroits les Cheualiers, & celle où il n'y auoit point de clous, *quæ recta, seu pura dicebatur*, le simple peuple, qui *tunicatus popellus dicitur ab Horatio.* C'est ainsi qu'il faut entendre ce traict de Iuuenal, 44. *Habit des Cheualiers.* 45. Angustus clauus. 46. Recta seu pura tunica.

Sufficiunt tunicæ summus Ædilibus albæ:

scilicet, non clauatæ, pource qu'ordinairement les Escheuins des villes d'Italie n'estoient ny Senateurs, ny Cheualiers Romains. Et d'ailleurs il est certain, que les Citoyens Romains portoient ordinairement des Tuniques blanches. *Vopiscus in Aureliano. Donauit pop. Romano tunicas albas manicatas, &c.* Et Ciceron objecte à Verres, *quòd in officina sedere solitus esset, cum pallio & tunica pulla*, c'est à dire, tout déguisé, pource que l'habit commun des Romains estoit la Toge & la Tunique blanche: pour raison dequoy il faut voir Lipse au 15. Liure *Electorum.* 47. Tunica alba.

Toutefois Turnebus *Aduersar. lib. 3. cap. 2. & lib. 12. cap. 6. itémque Manutius lib. 2. De quæsitis per Epist. cap. 2.* disent que les enfans des Senateurs & des Cheualiers vsoient indifferemment du large clou, dés lors qu'ils prenoient la robbe d'homme, c'est à dire depuis vingt-cinq ans, iusques à l'aage d'estre Senateurs, & que si lors ils ne le deuenoient, ils prenoient le clou estroit. 48. *Robe des enfans des Senateurs & Cheualiers.*

Mais les Cheualiers auoient vne autre marque ou enseigne; à sçauoir, l'Anneau ou cachet d'or, *Annuli*, dit Pline Liure 33. chapitre premier, *distinxerunt alterum Ordinem à plebe, sicut tunica ab annulis Senatum tantùm.* Ce qu'il dit, dautant que l'Anneau d'or estoit commun aux Senateurs & Cheualiers; mais le menu peuple en portoit d'autres metaux: comme il collige de ce qu'apres la défaite de Cannes, Annibal recueillit trois muids d'anneaux: ce qui n'eust esté, si les seuls Senateurs ou Cheualiers en eussent porté. Bien que Tite-Liue rapporte, que celuy qui presenta ces trois muids d'anneaux au peuple de Carthage, luy dit, qu'il n'y auoit que les principaux Cheualiers Romains qui en portassent: mais il adjouste, qu'il disoit cela pour faire admirer dauantage la victoire d'Annibal. Quoy qu'il en soit, Dion dit, qu'il n'estoit permis qu'aux Senateurs & Cheualiers de porter anneaux d'or. 49. De Annulo Equestri.

Encore Pline adjouste, que du commencement il n'y auoit que les Senateurs qui en portassent, & mesme non pas tous: mais seulement ceux qui auoient esté enuoyez en ambassade, ausquels pour cét effet l'anneau auoit esté donné du public, pour leur seruir de cachet, qui étoit son principal vsage. Et qu'apres ils le portoient le reste de leur vie par honneur, & ce seulement és iours & lieux de solemnité. Mais qu'ailleurs ils n'en portoient ordinairement que de fer, non pour ornement, mais pour s'en seruir à cacheter leurs lettres, & fermer leurs coffres, & leurs portes, ainsi qu'il a esté traité au 2. Liure *Des Offices*, chapitre 4. 50. *Qui étoient ceux qui portoient anciennement l'anneau d'or.*

Et de fait, dit le mesme Pline, les anciennes Annales de Rome, qui rapportent, comme apres que Cn. Flauius, fils d'vn affranchy & Clerc d'Appius Claudius, eût esté fait Edile Curule de Rome, & Tribun, la Noblesse Romaine quitta par dépit les anneaux d'or, ne disent pas que le Senat quitta les anneaux d'or, mais la Noblesse, qui n'étoit, dit-il, que les principaux du Senat, ce qui sera expliqué incontinent. Et sur ce qu'vn autre Annaliste racontant la mesme Histoire, dit, que le Senat & les Cheualiers quitterent leurs anneaux & leurs bardes, *phaleras*, le mesme Pline dit, qu'il faut referer les anneaux au Senat seulement, & les bardes aux Cheualiers: ce qui nous apprend en passant, que les bardes des cheuaux étoient l'ancienne marque des Cheualiers, comme en France anciennement le harnois do- 51. *De mesme.*

52. Harnois doré des Cheualiers. ré. Tant y a, pour reuenir à Pline, qui conclud que du commencement à Rome, l'anneau d'or estoit porté par les principaux Senateurs, & non par les Cheualiers.

53. Quand les Cheualiers prirent l'anneau d'or. Mais quand les Gracches eurent transferé les Iugemens aux Cheualiers, c'est à dire, qu'ils eurent fait ordonner, que les Iuges seroient pris de leur Ordre : ce fut lors, dit-il, qu'ils entreprirent d'vser plus communément, & auec plus de raison des anneaux ou cachets d'or. Comme aussi ce fut lors, que leur Ordre (qui iusques à ce temps n'estoit pas encore bien distingué) fut estably tout à fait, pour faire vn troisiéme Ordre en la Republique, auec ceux du Senat & du menu peuple, comme il a esté rapporté au commencement de ce Chapitre. Car auparauant, ce n'estoit pas vn Ordre estably, mais tous ceux qui auoient moyen de faire la guerre à cheual, estoient appelez Cheualiers : Il est vray, qu'aux plus signalez d'entr'eux, ou qui auoient fait quelque grand seruice, ou acte genereux, les Censeurs donnoient par honneur vn cheual aux dépens du public ; mesme il se trouue qu'ils en donnoient aux Senateurs.

54. Equus publicus.

55. Differance inter Equites vrbis, & Equites militiæ. Mais apres que Gracchus en eut fait vn Ordre à part, ayant tellement accreu l'authorité d'iceluy par la translation des Iugemens, que le Senat se plaignoit, que tout le pouuoir luy auoit esté osté, & qu'on ne luy auoit laissé que le simple honneur, dit Tite Liue ; ce fut lors qu'il y eut grande difference entre les gens de cheual, & les Cheualiers, *inter equites militiæ, & vrbis*, ceux-là estans opposez aux pietons ou soldats de pied, & ceux-cy au Senat & au menu peuple de Rome : ceux-là seruans dehors & en guerre, & ceux-cy tenans rang dans la Ville & en paix. Nos modernes François les distinguent à present, en appelant les vns *Caualiers*, mot Italiennizé, & les autres *Cheualiers*. Partant ces Cheualiers de la Ville voulurent auoir vne autre marque que le cheual, qui estoit plus propre aux Cheualiers de guerre ; à sçauoir l'anneau ou cachet d'or, lequel leur fut attribué comme Iuges.

56. Droict d'anneaux d'or concedé aux Cheualiers. Et finalement, dit le mesme Pline, au chapitre 2. du mesme Liure 33. Tibere ordonna, que nul ne portast anneaux d'or, s'il n'estoit fils de pere & ayeul ingenus, & s'il n'auoit quatre cent mil vaillant, & droict de seoir és quatorze degrez du Theatre, qui étoient les autres marques des Cheualiers Romains : de sorte que delà en auant on appela l'Ordre de Cheualerie, le droict d'anneaux d'or. Droict qui du commencement fut communiqué à peu de gens, comme il se collige de ce que sous Auguste il ne se trouua assez de Cheualiers Romains, pour remplir & fournir les quatre decuries des Iuges. Enfin les affranchis des Empereurs, qui ordinairement étoient leurs fauoris, desireux de couurir leur condition, obtinrent communément ce droict de porter anneaux d'or, mesme le firent obtenir aux autres affranchis ; de sorte que, dit Dion *in Augusto*, ce fut enfin comme vn droict particulier des affranchis, qui leur étoit concedé par le Prince seul : & c'est ce qu'entend Pline, quand en ce discours des anneaux d'or, il dit, *dum separatur Ordo ab ingenuis, communicatur cum seruitiis*. Et de fait, les titres *De Iure aureorum annulorum. D. & Cod.* nous apprennent, qu'aux derniers temps il n'étoit demandé que par les affranchis, ainsi qu'on dit en France, que le moyen de se faire annoblir sans confesser sa roture, est d'estre fait Cheualier.

57. Puis aux affranchis.

58. Ce qu'il leur seruoit. Aussi par le moyen de ce droict d'anneaux d'or, les affranchis étoient faits comme ingenus, mesme ce semble plus qu'ingenus, pource qu'ils étoient constituez en dignité par dessus les simples ingenus. Toutefois c'est la verité, qu'ils n'étoient pas ingenus tout à fait, dautant que le benefice du Prince ne pouuoit prejudicier au droict qu'auoit le Patron sur les affranchis, *leg. vltima. De iur. aur. annul.* Et ainsi faut entendre la Loy 31. §. *De bon. libert.* qui dit que par ce droict *honor quidem augetur, sed conditio non minuitur* : & la Loy du mesme titre dit elegamment, que *viuebant vt ingenui, moriebantur vt liberi*. Bien que *per natalium restitutionem* l'ingenuité fût absolument acquise, laquelle aussi ne s'octroyoit, que du consentement du Patron *l. 1. & 2. Cod. De natal. restit* qui est vne difference fort notable *inter ius annulorum aureorum, & natalium restitutionem*. Enfin Iustinian par sa Nouelle 98. attribua indifferemment, *& ius aureorum annulorum, & natalium restitutionem* à tous affranchis, dont les Maistres par l'acte de leur affranchissement auroient declaré, qu'ils entendoient, qu'ils fussent Citoyens Romains.

59. Natalium restitutio.

60. Ce qu'il seruoit aux ingenus. Mais c'est la verité, qu'auparauant que les affranchis eussent ainsy ce droict de porter anneaux d'or, il donnoit rang de Cheualiers à ceux qui l'auoient obtenu, mesme leur attribuoit seance au quatorziéme degré du Theatre affectez aux Cheualiers : bien qu'en effet ils ne fussent pas vrais Cheualiers, & n'eussent pas l'exercice & la fonction des Iuges, iusques à ce qu'ils eussent esté mis au rolle des Cheualiers. De sorte que ce droict estoit obtenu par ceux qui n'auoient ce credit, ou qui n'auoient le vaillant, & les autres qualitez requises pour estre Cheualiers tout à fait, comme il se trouue que Sylla Dictateur le donna à Q. Roscius Comedien, Verres à vn sien Clerc, Iule Cesar à Labienus, homme de basse étoffe. Comme donc quelques-vns portoient la Tunique de Senateurs, & auoient entrée au Senat, qui n'étoient pas Senateurs, aussi ceux qui auoient le droict d'anneaux d'or, encore qu'ils portassent l'ornement des Cheualiers, & eussent seance parmy eux au Theatre, n'étoient pas neantmoins vrays Cheualiers. Et enfin sous les Empereurs, lors qu'il n'y eut plus de

Censeurs pour renoueler le rolle des Cheualiers, il n'y en eut plus d'autres, que ceux qui auoient obtenu ce droict de l'Empereur, lequel mesme fut à la fin negligé par les ingenus, quand ils virent qu'il estoit octroyé ordinairement aux affranchis, & ainsi s'abolit l'Ordre des Cheualiers Romains.

61. De l'Ordre de Citoyen Romain.

Quant au simple peuple, qui à Rome, comme à nous, faisoit le Tiers-Estat, c'estoit encore vn vray Ordre, c'est à dire, vne espece de Dignité, ce qui n'est pas à nous. Car estre Citoyen Romain, ce n'etoit pas vne qualité de petite importance, dautant qu'en effet c'étoit auoir part à l'Estat. Aussi le Citoyen Romain auoit-il de grands droicts & auantages par dessus ceux qui ne l'étoient pas; à sçauoir *iura libertatis, gentilitatis, sacrorum connubiorum, patriæ potestatis, legitimi dominij, testamentorum, tutelarum legitimarum, census, militiæ, vectigalium, suffragiorum, Honorum*, lesquels ie ne m'amuseray à expliquer, pource qu'ils sont expliquez tres-doctement par Sigonius en son Liure *De antiquo iure ciuium Rom.* duquel j'adouë franchement auoir pris presque tout le surplus de ce Chapitre.

62. Les droits particuliers des Citoyens Romains.

63. Diuisions des Citoyens Romains.

Or les Citoyens Romains etoient diuisez en quatre façons, *nimirum aut per tribus, aut per censum, aut per familias, aut per Ordines*, c'est à dire, ou par les quartiers, ou par les moyens, ou par les races, ou par les Ordres & vacations d'vn chacun: encore ie laisse vne autre cinquiéme diuision, qui fut en l'Estat populaire; à sçauoir par partis ou factions, *in Optimates*, qui portoient le party des grands, *& populares*, qui étoient du party des petits. Toutefois il faut obseruer vne fois pour toutes, que comme la qualité de Citoyen Romain, appartenoit à tous les trois Ordres du peuple Romain, aussi ces cinq diuisions comprenoient tout le peuple Romain en general, c'est à dire, aussi bien les Senateurs & Cheualiers, comme le menu peuple.

64. La diuision des Citoyens Romains par tribus, ou quartiers.

65. Tribus vrbanæ.

Quant aux quartiers (qui furent à Rome appelez Tribus, pource que du commencement il n'y en auoit que trois) ils furent premierement distinguez par la diuersité des Nations, puis par les cantons & endroits distincts de la ville & territoire de Rome. Car Romulus, qui le premier les ordonna, ayant trois sortes de peuples en sa ville, à sçauoir ceux du pays, qui etoient appelez Albanois, les Sabins, qu'il associa auec eux, les ayant vaincus, & finalement le meslange des autres Nations, qui à cause de l'asyle s'y etoient venuës refugier: de ces trois peuples fit trois diuerses Tribus, leur assignant à chacune son canton à part pour habiter. Mais Seruius Tullius reconnoissant que cette distinction des trois peuples pourroit causer des partialitez & seditions, voulut que la ville de Rome fut seulement diuisée par cantons, & la distribua en quatre quartiers; voulant que chacun, sans auoir égard à la Nation originaire, fût du quartier où il habitoit.

66. Tribus rusticæ.

Et dautant que plusieurs notables Citoyens, s'étans addonnez à la vie rustique habitoient aux champs és enuirons de Rome, qui partant n'auoient encore point de quartier, il fit en outre vingt-six quartiers du territoire des champs, qui furent appelez *tribus rusticæ*. De sorte qu'en tout il y eut dés lors trente tribus de Citoyens Romains, qui enfin monterent iusques à trente-cinq.

67. Tribus composées à la volonté des Censeurs.

Finalement, pource qu'à succession de temps les tribus des champs furent reputées plus honorables, que celles de la ville, qui estoient la pluspart composées d'affranchis ou artisans, ce qui restoit en icelle de notables habitans, se fit enroller par les Censeurs, és tribus des champs, encore qu'ils ne laissassent de demeurer dans la ville. Et ainsi à la longue, en faisant les rolles & distinction des tribus, on ne regarda plus à la demeure des Citoyens Romains, mais les Censeurs composerent ces rolles à leur volonté, mettant bien souuent les habitans de la ville és tribus des champs pour les honorer, & ceux des champs és tribus de la ville, pour les noter & punir: mesme c'estoit vne espece d'infamie & de punition, d'estre transferé d'vne tribu des champs en vne de la ville, comme il sera dit incontinent.

68. Curiæ.

Or sous chacune des quatre tribus de la ville, il y auoit dix dixaines, appelées *Curiæ*, qui furent ainsi distinguées, pour vnir & assembler le peuple au fait de la Religion seulement, dont sans doute nos Cures ont pris leur nom: ie ne m'amuseray point à en parler icy, pource que ce n'est pas mon sujet de parler en cét œuure, de la Religion, mais de la police seulement.

69. Diuision des Citoyens Romains per censum.

70. Classes.

Quant à la seconde distinction du peuple Romain, qui se faisoit *per censum*, c'est à dire, par les moyens d'vn chacun, elle concernoit seulement les finances & leuées de deniers, & fut inuentée par le mesme Seruius Tullius, qui pource que de son temps les tribus qu'on leuoit sur le peuple, pour seruir aux guerres, se payoient également, & par teste, considerant que c'estoit vne grande inegalité, institua les cens; c'est à dire, le dénombrement solemnel du bien de chaque Citoyen: & apres ce dénombrement fait, il diuisa tout le peuple en cinq Classes, dont la premiere fut de ceux qui s'estoient trouué auoir vaillant cent mil sesterces, ou au dessus: la seconde, de ceux, qui en auoient soixante & quinze mil: la troisiéme, de cinquante mil: la quatriéme, de vingt-cinq mil, & la cinquiéme, de onze mil: & n'y auoit que ces cinq Classes, qui contribuassent aux tribus. Il est vray, qu'il y auoit encore vne sixiéme Classe des plus pauures: qui estoient appelez *proletarij*, pource qu'ils ne contribuoient à l'Estat, que de multiplier & faire des enfans: ils estoient aussi appellez *capite censi*, pource qu'ils estoient enrollez non à cause de leurs moyens, mais seulement à cause de leur personne. Bien qu'A. Gelle fasse quelque difference *inter proletarios & capite censos*, au Chapitre 10. du Liure 16.

71 *Meslange de ces deux premieres diuisions.* Tant y a que cette seconde distinction du peuple *per censum*, estoit meslée auec la premiere faite *per tribus*. Car sous chacune tribu estoient mises les six classes, & encore chacune classe estoit diuisée en centuries ou centaines d'habitans: de sorte qu'és comices ou assemblées du peuple, qui se faisoient pour l'élection des Magistrats, les suffrages se donnoient ordinairement par centuries, pource qu'il eust esté impossible de colliger les voix de tous les Citoyens sans cette distinction.

72 *Diuision par les races.* Pour le regard de la troisiéme diuision des Citoyens Romains, qui se faisoit par les races, il y en auoit de quatre sortes; à sçauoir les Patriciens, les Nobles, les nouueaux, & les ignobles. Les Patriciens estoient ceux qui estoient issus en ligne masculine des deux cens premiers Senateurs instituez par Romulus, qu'il auoit nommez *Patres*, bien que le Patriciat fust tout autre chose sous les derniers Empereurs; à sçauoir vn titre de dignité, qui sera expliqué cy-apres au Chapitre penultieme. Les Nobles estoient ceux, dont le pere & l'ayeul

73 Nobiles. auoient eu successiuement quelqu'vn des principaux Magistrats de Rome, & qui à cette cause auoient droict d'images, comme prouue fort bien Sigonius. Les nouueaux hommes

74 Noui. estoient ceux qui commençoient leur Noblesse, & dont eux, ou leur pere auoient eu quelqu'vn de ces principaux Magistrats; ce qui a esté touché au premier Liure *Des Offices*, Chapitre 9. & sera amplement expliqué cy-apres.

75 Ignobiles. 76 Ingenui. Finalement quant aux roturiers, il y en auoit de deux sortes; à sçauoir les ingenus, *qui patrem auumque ciere poterant*, comme dit Tite Liue, liu. 10. c'est à dire, qui estoient nais de pere & ayeul libres. Car bien que les liberts ou affranchis fussent Citoyens Romains, & enrollez aux tributs de Rome, si n'estoient-ils pas Citoyens tout à fait, qu'ils appelloient *optimo iure ciues*, n'estans par l'ancien droict capables ny de suffrages, ny d'honneurs, ny pareillement de milice: car ils n'estoient point enrollez parmy les legions Romaines, sinon en cas d'extreme necessité. Et quant aux suffrages & honneurs, ils en estoient incapables

77 Libertini. du commencement & pouuoient seulement estre Appariteurs des Magistrats encore non pas Scribes ou Greffiers: mais quant à leurs enfans, qui aux premiers temps estoient appellez libertins, ils auoient droict de suffrages és tribus de la ville seulement, ne pouuans estre enrollez en celles des champs. Mais les ingenus, encore qu'ils fussent enfans de libertins, c'est à dire, petits fils d'affranchis, auoient tout droict de suffrage, mesme és tribus des champs, & encore ne pouuoient-ils estre Senateurs ny Cheualiers ny par consequent paruenir aux grands Offices de Rome: finalement les enfans de ceux-là estoient capables de tous Ordres & de tous Magistrats.

78 *Mutation aduenuë.* Tout cela auoit lieu en l'ancien droict, comme prouue fort bien Sigonius, mais dés le temps d'Appius Cecus fut ostée la difference d'entre les liberts & libertins; c'est à dire d'entre les affranchis & leurs enfans: si que desormais l'vn & l'autre nom signifia les affranchis, qui neantmoins retinrent cette distinction, qu'ils estoient appellez liberts à l'égard de leur patron, & libertins à l'égard de leur condition, & ainsi s'entendent-ils en nostre droict. Par ce moyen les affranchis furent reduits à la mesme cõdition des anciens libertins leurs enfans, & leurs enfans furent reduits à la condition des ingenus, mesme enfin on appella ingenus tous ceux qui estoient nais libres, & ainsi est pris ce mot en tout nostre droict.

79 *Diuision des Citoyens Romains par les Ordres.* Finalement pour la quatriéme distinction du peuple Romain, faite par l'Ordre ou vacation d'vn chacun, & qui est celle qui appartient le plus à ce discours, il faut remarquer que le simple peuple auoit plusieurs Ordres & degrez de vacations, plus honorables les vns que les autres: dont voicy les principaux selon leur rang. *Tribuni ærarij, scribæ, mercatores,*

80 *Ordres du menu peuple.* *artifices, apparitores Magistratuum, & turba forensis.*

81 Tribuni seu Quæstores ærarij. *Tribuni seu Quæstores ærarij* estoient generalement ceux que nous appellons financiers, bien que particulierement ce fussent ceux, qui *per tribus pecunias conquirebant, & conquisitas militibus erogabant*. Mais les financiers faisoient à Rome vn Ordre, comme prouue Sigonius, qui comprenoit tous ceux qui manioient les finances ou deniers publics, hors les principaux Questeurs, qui seuls estoient Magistrats. Car les financiers de Rome n'estoient pas Officiers, comme ils sont la pluspart parmy nous, qui de toutes les vacations auons fait des Offices, pour en tirer argent. Et ces financiers estoient differents des partisans, qui *Pu-*

82 Publicani, *partisans.* *blicani vocabantur*, & qui faisoient party, c'est à dire, prenoient à ferme en gros les reuenus publics: & ceux-là estoient gens de qualité & beaucoup plus estimez que les financiers, attendu qu'ils estoient ordinairement de l'Ordre des Cheualiers, comme prouue le mesme Autheur, & en appert du passage de Pline, rapporté au commencement de ce Chapitre.

83 Scribæ. *Scribæ*, estoient ceux que nous appellons *Praticiens de la plume*, comme nos Procureurs, Greffiers, & Notaires, qui bien qu'à Rome ils fussent du nombre des Ministres des Magistrats, faisoient neantmoins vn Ordre separé de celuy des autres Ministres, appellez

Appariteurs, & beaucoup plus honorable, comme dit Ciceron, *in Verrem, quod nimirum eorum fidei publicæ tabulæ, periculaque Magistratuum committerentur.* Mesme les Magistrats Romains estans plus gens de guerre, que de lettres, & d'ailleurs le temps de leur charge estant court, estoient contraints d'apprendre les difficultez d'icelle des Praticiens qu'ils auoient à leur suitte, ce qui fut cause qu'ils s'authoriserent si fort, que Caton estant Questeur, fut contraint de se bander contr'eux, pource, dit Plutarque en sa vie, qu'ils s'égaloient aux Magistrats, sous pretexte qu'ils leur apprenoient ce qui estoit de leur Charge. Aussi y auoit-il presque autant de sortes, mesmes de compagnies de Scribes, que de Magistrats; à sçauoir, *Quæstorii, Ædilitii, Prætorii, &c.*

Quant aux Marchands, par lesquels ie n'entens que ceux qui vendent en gros, & non *84. Marchands.* en détail (lesquels sont plutost reuendeurs ou regratiers que Marchands) il y en auoit de trois sortes: à sçauoir, les Marchands ordinaires, qui faisoient dans Rome toute sorte de Marchandise en gros: & ceux là auoient d'ancienneté leur Corps & Communauté, comme il se voit dans Tite Liue, Liure 2. des Banquiers appellez *Argentarij*, dont la Marchan- *85 Argentarij. Banquiers.* dise particuliere estoit de faire trafic d'argent, mais qui parmy ce traffic faisoient toutes les affaires des particuliers, receuant leur reuenu, & faisant aussi leur dépense, chose qui estoit aucunement necessaire, à cause que la monnoye Romaine estoit mal portatiue: de sorte qu'on estoit contraint de faire plutost les negotiations par lettres de change, par le moyen de ces Banquiers, que par argent comptant: ce qui fut cause de leur faire attribuer force priuileges, pour le grand soulagement qu'ils apportoient au peuple: & faut remarquer, que *Argentarij alij erant à Trapezitis, seu mensarijs*, comme prouue fort bien nostre Sigonius. Finalement il y auoit ceux qu'ils appelloient Negotiateurs, qui estoient les Mar- *86 Negotiatores.* chands des Prouinces, ainsi appellez, comme s'ils n'eussent esté que simples entremetteurs d'affaires des Marchands de Rome, ausquels par honneur ceux-cy laissoient le titre de Marchand.

Quant aux Appariteurs des Magistrats, comme *Accensi, Interpretes, Præcones, Lectores,* *87 Apparitores Magistratuũ.* *Viatores, &c.* ce n'estoient point à Rome Offices formez, comme à nous, mais vne basse & vile condition des hommes: iusques-là, que pour marque perpetuelle d'ignominie, il fut enjoint à vne ville, dont il ne me souuient pas du nom, qui s'estoit plusieurs fois rebellée contre les Romains, de fournir d'Appariteurs aux Magistrats. Aussi ces charges n'estoient exercées que par les affranchis. Neantmoins enfin sous les Empereurs, lors que les affranchis entrerent en plus grand credit, elles furent mises au nombre des Milices.

Quant aux artisans & gens de mestier de Rome, ie remets à en parler cy-apres, en trait- *88 Turba forensis.* tant des nostres. Et finalement, quant à ce qu'ils appelloient *turbam forensem*, c'estoient ceux de la lie du peuple qui n'auoient point de vacation, que nous appellions autrefois *la racaille*, & qu'à nostre exemple les Anglois appellent *Racail*, mais à present nous les nommons vulgairement, gens de bras: & ceux-là à Rome ne seruoient qu'à faire des brigues & des seditions populaires.

Pour conclusion de ce discours il faut remarquer, qu'en l'Estat populaire des Romains, *89 Les Censeurs auoient toute puissance sur les Ordres.* les Censeurs auoient toute puissance sur les Ordres. Car comme ils faisoient les Senateurs & les Cheualiers en les enrollant, aussi les défaisoient-ils en les ostant du rolle. Et quant aux tribus, c'estoient eux aussi qui en dressoient les rolles à leur volonté: partant tout ainsi qu'ils pouuoient oster les Senateurs & les Cheualiers de leur Ordre, aussi pouuoient-ils oster le menu peuple de sa tribu Mesme ils auoient trois sortes de correction sur iceluy: l'vne de les transferer en vne tribu moins honorable, cõme d'vne tribu des champs en vne de la ville, ou d'vne plus estimée en vne moins estimée: l'autre de les priuer de suffrages, ce qui s'appelloit *in Ceritum tabulas referre*, pource que les Cerites peuple d'Italie, encore qu'ils eussent droict d'estre Citoyens Romains, n'auoient toutefois droict de suffrage, *90 In Ceritum tabulas referre.* comme dit A. Gelle Liure 16. Chapitre 13. ou finalement *facere ærarios*, c'est à dire, de leur oster tous les priuileges des Citoyens Romains, les laissant toutefois en la tribu, afin seulement de contribuer aux Charges. Ce que Sigonius explique amplement & doctement. *91 Ærarios facere.*

SOMMAIRE DV TROISIESME CHAPITRE.

1 *Nous n'auons point en France d'Ordre Senatoire.*
2 *Mais nous auons l'Ordre du Clergé.*
3 *Qui n'est gueres ailleurs en la Chrestienté.*
4 *Druides des Gaulois.*
5 *Degrez ou Ordres subalternes de l'Ordre du Clergé.*
6 *Des Ordres Seculiers.*
7 *Tonsure, & son effet.*
8 *Autres Ordres Ecclesiastiques.*
9 *Ordres Ecclesiastiques, quels, selon les Theologiens.*
10 *Que la Tonsure a tousiours esté vray Ordre.*
11 *Que les autres Ordres estoient anciennement fonctions Ecclesiastiques.*
12 *Estat de la primitiue Eglise.*
13 *Comment estoient conferées ces fonctions en la primitiue Eglise.*
14 *Titre clerical*, absoluta Ordinatio.
15 *Effets de cette pratique.*
16 *Vtilité d'icelle.*
17 *Comment elle a esté changée.*
18 *Enfans de Chœur.*
19 *Comment a esté admise l'Ordination absoluë.*
20 *Inuention du titre patrimonial de Clercs.*
21 *Ordonnance d'Orleans touchant ce titre.*
22 *Aboly par le Concile de Trente.*
23 *Ordres separez d'auec les Benefices.*
24 *Ordre Episcopal demeuré vny à l'Euesché.*
25 *Qu'il en est separé quelquefois.*
26 *Plusieurs degrez d'Euesques.*
27 *Le Pape.*
28 *Des Cardinaux.*
29 *Que c'est plutost Ordre qu'Office.*
30 *Leur pretenduë institution par Constantin le Grand.*
31 *De l'Origine des Cardinaux.*
32 *Sept Diacres esleus par les Apostres.*
33 *Preéminences des Diacres de Rome, dés le temps de saint Hierosme.*
34 *Debat entre les Diacres & les Prestres pour la preseance.*
35 *Distinction des Diacres.*
36 *Diacres en Office precedent les Prestres.*
37 *Les Diacres en Office s'appellent Archidiacres ou Cardinaux.*
38 *Cardinaux de Rome.*
39 *Prestres Cardinaux, comment introduits.*
40 *Chanoines des Eglises Cathedrales appellez Cardinaux.*
41 *Euesques Cardinaux.*
42 *Titres des Cardinaux.*
43 *Cardinaux sans titres.*
44 *Chanoines*, sub expectatione præbendæ.
45 *Nombre & titre des Euesques Cardinaux.*
46 *Cardinaux tenus resider en leurs titres.*
47 *Causes de l'ouuerture de la Regale par la promotion au Cardinalat.*
48 *Cardinaux ont les droicts Episcopaux en leurs titres.*
49 *Priuilege des Cardinaux.*
50 *Leur habit.*
51 *Si saint Hierosme estoit Cardinal.*
52 *Cardinaux precedent à present les Euesques.*
53 *Cardinaux Princes de l'Eglise.*
54 *Des Ordres reguliers.*
55 *Des Hermites.*
56 *Des Religieux.*
57 *Les trois vœux essentiels des Religieux.*
58 *Chanoines.*
59 *Chanoines viuoient autrefois comme les Religieux.*
60 *Chanoines Reguliers.*
61 *Des Mendians.*
62 *Des freres Cheualiers.*
63 *Sont Moines & Cheualiers ensemble.*
64 *S'ils succedent, & leur est succedé.*
65 *Moines & Cheualiers ne succedent en France.*
66 *Religieux fait Euesque, succede.*
67 *Nouice succede.*
68 *Abus notable en l'expedition de l'acte de Nouiciat des Religieux.*

DE L'ORDRE DV CLERGÉ.

CHAPITRE III.

1 Nous n'auons point en France de l'Ordre Senatoire.

Es trois Estats de France sont grandement differents de ceux des Romains. Car en premier lieu nous n'auons point d'Ordre Senatoire, estant tres-vray ce que dit Budée sur la loy derniere, *D. De Senat.* que nos Parlemens ne ressemblent gueres au Senat Romain, qui n'estoit pas vn Corps d'Officiers, mais vn Ordre, dont ordinairement se prenoient les Magistrats, soit de la guerre, ou de la Iustice, ou des finances. Au lieu qu'en France les Officiers de la gendarmerie doiuent estre pris de l'Ordre de la Noblesse, ceux de la Iustice sont pris indifferemment des trois Estats, fors que les Ecclesiastiques ne peuuent tenir les Offices criminels, & ceux des finances sont pris du Tiers-Estat, pource que le Clergé & la Noblesse les dédaignent la pluspart.

Mais en ce Royaume tres-Chrestien, nous auons conserué aux Ministres de Dieu le premier rang à d'honneur, faisant à bon droict du Clergé, c'est à dire, de l'Ordre Ecclesiastique, le premier des trois Estats de France, au lieu que les Romains, plus curieux de l'Estat que de la Religion, ne faisoient point d'Ordre à part de leurs Prestres, mais les laissoient meslez parmy les trois Estats, ainsi qu'est parmy nous la Iustice: ce qui se fait pareillement presque en tous les Estats de la Chrestienté, n'y en ayant gueres, où le Clergé soit vn Ordre à part ainsi qu'en France, qui a tousiours esté plus Chrestienne, & a plus honoré l'Eglise, que nation du monde.

2 Mais nous auons l'Ordre du Clergé.
3 Qui n'est gueres ailleurs en la Chrestienté.

En quoy nous auons suiuy aucunement les anciens Gaulois nos predecesseurs, lesquels donnoient le premier Ordre aux Druides, qui estoient leurs Prestres, mesme les faisoient leurs Iuges & Magistrats. Et ainsi la compagnie des Druides estoit en Gaule tout ensemble, & ce que le Senat estoit à Rome, & ce que le Clergé est en France. Car en France, comme presque en tout le Christianisme, on a separé tout à fait la Religion d'auec l'Estat.

4 Druides des Gaulois.

Or comme en chacun de ces trois Ordres ou Estats Generaux de la France, aussi en celuy du Clergé il y a plusieurs degrez, ou Ordres subalternes & particuliers, dependans subordinément l'vn de l'autre, mesme pource que la diuision generale du Clergé, ou gens Ecclesiastiques, est qu'ils sont seculiers ou reguliers, il a plusieurs Ordres seculiers, & plusieurs reguliers. En quoy il faut remarquer que les Ordres seculiers conuiennent aux personnes regulieres, aussi bien qu'aux seculieres: mais les Ordres reguliers ne conuiennent qu'aux personnes regulieres, pource qu'ils concernent la regle & institution particuliere de vie, à laquelle ils sont voüez.

5 Degrez ou Ordres subalternes en l'Ordre du Clergé.

Voicy donc en premier lieu les Ordres seculiers. Premierement la Tonsure, qui est l'entrée de tous les Ordres Ecclesiastiques, & celle qui fait le Clerc, & qui distingue le Clergé d'auec le peuple, par le moyen du razement des cheueux, qui estoit tel anciennement en tous les Clercs, que nous voyons maintenant aux enfans de Chœur. Qui est vn public témoignage qu'on se dedie à Dieu, en renonçant & retranchant les superfluitez du corps, notamment celle des cheueux, qui est en la partie superieure du corps humain, de laquelle ceux qui sont du monde ont coustume de se parer & orner. Et par le moyen de cette tonsure on deuient Clerc, c'est à dire, en Grec, heritier, ce qui s'entend par excellence, de l'heritage celeste, qu'on acquiert en renonçant à l'heritage terrestre & non mondain.

6 Des Ordres seculiers.
7 Tonsure, & son effet.

Par apres il y a les quatre Ordres que nous appellons Mineurs, à sçauoir (selon le rang que leur donne l'ancien Concile de Rome Chapitre 7.) des Portiers, des Lecteurs, des Exorcistes & des Acolytes: puis les trois Ordres sacrez des Soudiacres, des Diacres, & des Prestres. Et par dessus tous ceux-là il y a encore celuy d'Euesque, qui s'est multiplié en Euesques, Archeuesques, & Primats, ou Patriarches. Finalement on y adiouste l'Ordre des Cardinaux, qui bien qu'ils n'ayent point de consecration particuliere, comme ont tous les autres, est neantmoins plustost Ordre qu'Office, ainsi qu'il sera dit cy apres.

8 Autres Ordres Ecclesiastiques.

Car ie n'appelle pas les Ordres Ecclesiastiques à la façon des Theologiens, qui ne tiennent pour Ordres, que ceux qui sont dirigez & ordonnez directement pour le precieux Corps de Nostre Seigneur: en laquelle acception l'Ordre est vn des sept Sacremens de l'Eglise. De sorte qu'aucuns d'iceux ne tiennent pour Ordres, que les trois Ordres sacrez de Soudiacre, Diacre & Prestre, quelques-vns y adjoustent les quatre Mineurs: mais communément ils ne reputent pour Ordres, ny la tonsure, ny l'Ordre Episcopal, bien que saint Denys, au Liure de la Hierarchie Ecclesiastique, le tienne pour vray Ordre: & font cette distinction, que *quantùm ad Corpus Christi verum, nullus est Ordo supra Sacerdotalem, sed quantùm ad Corpus Christi mysticum, quod est Ecclesia, Episcopatus est Ordo Ecclesiasticus.*

9 Ordres Ecclesiastiques, quels, selon les Theologiens.

Mais nous qui en parlons politiquement, disons en repassant tous ces Ordres, qu'il n'y a nul doute, que la Tonsure ne soit vn Ordre, ou du moins la marque, mesme la forme de l'Ordre Ecclesiastique en general. Car la raison de ceux qui disent, que comme l'vnité n'est pas nombre; mais le commencement des nombres, aussi la tonsure n'est pas Ordre, mais le commencement des Ordres, n'est pas bonne, pource que la cause pourquoy l'vnité n'est pas nombre, est d'autant que le mot de *nombre* presuppose necessairement plusieurs vnitez, qui soient accumulées & nombrées ensemble, au lieu que l'vnité simple ne peut estre nombrée: raison qui n'a pas lieu en la tonsure, qui peut estre Ordre par soy.

10 Que la Tonsure a tousiours esté vray Ordre.

Et quant aux autres Ordres, ils n'estoient pas du commencement vrays Ordres, mais estoient certaines Charges & Ministeres de l'Ordre Ecclesiastique, comme leur nom le témoigne. Car les Portiers estoient ceux, qui gardoient la porte de l'Eglise, pour empescher que les Payens, les Catechumenes, & les Excommuniez y entrassent. Les Lecteurs estoient ceux qui lisoient en l'Eglise les saints Liures, pour retenir le peuple venu de loin en deuotion dans l'Eglise, iusques à ce qu'on commençast l'Office ou seruice ordinaire. Les Exorcistes ceux qui auoient soin des demoniaques, qui estoient fort frequens entre les Payens lors de la primitiue Eglise. Les Acolytes, ceux qui auoient charge de suiure

11 Quels autres Ordres estoient anciennement fonctions Ecclesiastiques.

l'Euesque & les Prestres. Les Soudiacres, ceux que les Diacres enuoyoient de costé & d'autre aux negoces de l'Eglise. Les Diacres, ceux qui auoient la principale administration du temporel de l'Eglise. Les Prestres, ceux qui auoient la Charge du Spirituel. Et finalement les Euesques estoient les Chefs, & Sur-Intendans de l'Eglise en leur Diocese

12 *Estat de la primitiue Eglise.* Ce n'estoient donc pas de simples Ordres sans fonction ny administration particuliere, mais fonctions qui estoient deferées aux Clercs habituez en chacune Eglise. Car comme anciennement les biens de l'Eglise estoient possedez en commun, comme i'ay dit ailleurs, chacune Eglise entretenoit autant de Clercs, que son reuenu pouuoit porter, ausquels les charges & fonctions Ecclesiastiques estoient distribuées auec tel reglement, qu'il falloit de degré en degré passer par toutes les moindres, auant que paruenir aux plus hautes, comme il falloit faire és bandes ou compagnies des gens de guerre. Et par ainsi toutes ces charges, que nous appellons *Ordres*, estoient des degrez, par tous lesquels on passoit par ordre, auant que paruenir à celuy de Prestrise : mais pourtant ce n'estoient pas de purs Ordres, pource qu'ils auoient vne fonction publique annexée.

13 *Comment estoient conferées ces fonctions en la primitiue Eglise.* Car il faut considerer (& cecy me semble fort notable) qu'en la primitiue Eglise nul n'estoit fait Prestre, Diacre ny Soudiacre, non pas mesme Acolyte, Exorciste, Lecteur, ou Portier, qu'il n'eust vne place d'habitué en quelque Eglise, ce que ie n'appelle pas Benefice, dautant que les Benefices n'estoient encore en vsage, mais le reuenu des Eglises estoit lors en commun. Ainsi n'estoit-il pas fait Prestre, Diacre, Soudiacre, Acolyte, &c. absolument & indefiniement, quand il receuoit ces Ordres, mais il estoit nommement & expressément ordonné Prestre, Diacre, Soudiacre, Acolyte, de telle Eglise, à sçauoir de celle, en laquelle il estoit placé & habitué. Et cela s'appelloit le titre de ceux qui estoient promeus aux Ordres Ecclesiastiques. De sorte que la promotion faite sans titre, c'est à dire, sans expres- 14 *Titre clerical*, Absoluta Ordinatio, sion de certaine Eglise, où le promeu fust habitué, estoit appellée *absoluta Ordinatio, id est, indefinita & sine titulo facta.* Et cette promotion absoluë & sans titre, estoit tellement defenduë par les anciens Canons, que mesme au Concile de Calcedoine (qui est l'vn des quatre anciens Conciles Generaux, dont Iustinian dit, que les Canons doiuent estre gardez comme les quatre Euangiles) & depuis en celuy de Plaisance, il fut determiné, que ceux qui seroient promeus en telle sorte *vacuam recipiebant manuum impositionem*, & que *eorum Ordinatio prorsus irrita erat, Can. Neminem. & Can. Sanctorum. 60. distinct.*

15 *Effets de cette pratique.* Partant le Prestre estant particulierement ordonné en vne certaine Eglise, sembloit n'estre ordonné que pour icelle, & non pour les autres, & ainsi estoit-il des moindres Ordres: & comme le caractere des Ordres sacrez ne peut estre effacé, aussi ce titre pris en l'Ordination ne pouuoit estre changé ny perdu, dit la glose, *in Can. vltim. 66. distinct.* Et de là est venu ce qu'on dit encore, que c'est vn mariage spirituel contracté entre le Clerc & son Eglise: & on tenoit de ce temps-là, qu'il n'estoit non plus licite au Prestre de quiter ou changer son Eglise, qu'au laïque de quiter ou changer sa femme, *Can. Sicut. 1. & 2. 7. quæst. 1.*

16 *Vtilité d'icelle.* Belle police certes: car par ce moyen on ne faisoit qu'autant de Clercs, qu'il y auoit de places aux Eglises pour les employer, & de bien pour les entretenir. Et par consequent il n'y auoit, ny Ecclesiastique sans Eglise, ny Eglise sans Ecclesiastiques, & aucun Ecclesiastique ne pouuoit auoir pauureté, ny richesse trop grande, ny ne pouuoit changer d'Eglise, ny en auoir plusieurs.

17 *Commét elle a esté changée.* Mais ce bel Ordre s'est éuanoüy peu à peu depuis que les places des Eglises ont esté conuerties en Benefices, par le partage & attribution particuliere des biens Ecclesiastiques à chacune place ou fonction. Car bien qu'en ce partage & constitution des Benefices, il n'y ait eu que ceux qui auoient les Ordres sacrez, qui ont eu leur lot à part, fors qu'en quelques Eglises on laissa quelque peu de bien en commun pour les petits Clercs constituez és Ordres Mineurs, qui n'estans encore engagez à l'Eglise, ne pûrent pas auoir leur partage separé comme les autres: neantmoins ils firent la part de ces plus jeunes si petite, que n'estant suffisante pour l'entretien d'autant de Clercs qu'il en falloit, pour remplir & fournir successi- 18 *Enfans de Chœur.* uement les Ordres sacrez, on fut contraint (pour retenir tousiours en apparence l'ancienne regle, de passer par tous les Ordres Mineurs auant qu'estre promeu aux sacrez) de conferer ces quatre Ordres Mineurs tout en mesme temps. Et par ainsi la fonction d'iceux a esté abolie, & il n'en reste autre marque, qu'és enfans de Chœur des Eglises Cathedrales & Collegiales. Laquelle pourtant le Concile de Trente a bien tasché de rétablir, ordonnant en la session 23. Chapitre 17. *Vt sanctorum Ordinum, à Diaconatu ad Ostiariatum, functiones ab Apostolorum temporibus in Ecclesia laudabiliter receptæ, & pluribus in locis aliquandiu intermissæ, in vsum iuxta sacros Canones reuocentur, ne ab hæreticis tanquam otiosæ traducantur. Illius ergo pristini moris restituendi desideria flagrans sancta Synodus decernit, vt in posterum huiusmodi ministeria non nisi per constitutos in dictis Ordinibus exerceantur, &c.*

Ainsi donc n'y ayant plus de fonction aux quatre Ordres mineurs, il ne fut plus besoin de les conferer sous l'expression du titre de quelque Eglise : mais quant aux Ordres sacrez, on a tousiours obserué de les conferer en cette sorte, iusques à tant que le Concile de Latran, tenu sous Alexandre III. enuiron l'an 1160. ayant trouué cette rigueur des anciens Conciles cy-dessus rapportez, trop grande, de declarer absolument nulles les Ordinations faites sans titre, comme pouuant produire des scrupules dangereux : & tenir en doute & incertitude le caractere de plusieurs Prestres, ordonna que d'oresnauant les promotions aux Ordres faites sans titre, ne seroient plus nulles, mais que seulement l'Euesque seroit tenu nourrir ceux qu'il auroit promeus sans titre, iusques à ce qu'il leur eust assigné vn Benefice competent pour viure. A quoy encore ce Concile adiousta vne modification, qui a causé le desordre par apres suruenu en ces Ordres, *Nisi talis Ordinatus de sua paterna hæreditate subsidium vitæ possit habere, cap. Episcopus. & cap. Cùm secundùm. ext. De præbend.* *19 Comment a esté admise l'ordination absoluë.*

Car sous ce pretexte, on ne s'est plus soucié d'ordonner les Prestres au titre de quelque Eglise, pourueu qu'ils eussent du bien patrimonial. Lequel bien on a enfin appellé le *titre clerical* : pource qu'en la collation de l'Ordre on a pris coustume d'exprimer que ce patrimoine specifié seruiroit de titre, suiuant le Chapitre *Tuis. eod. tit.* dont quelques vns donnent le tort à Gratian, qui rapportant en son Drecret. Can. *Neminem. 70. dist.* le Canon du Concile de Calcedoine, prohibitif de l'Ordination absoluë, tourne ces mots ἐν ἐκκλησίᾳ πόλεως, ἢ κώμης, *in Ecclesia ciuitatis, aut possessionis*, au lieu de dire, *aut pagi*, de sorte que l'equiuoque de ce mot *possessio*, a fait croire aux Canonistes, que cét ancien Concile approuuoit le titre des biens ou possessions. Tant y a que l'inuention de ce titre patrimonial est cause qu'il y a beaucoup de Prestres d'à present, qui n'ont aucun Benefice : & encore qu'il s'en voit plusieurs qui mandient leur vie, au des-honneur du Clergé, quelque ordre que nostre Ordonnance d'Orleans y ait creu apporter, taxant ce titre patrimonial à cinquante liures de reuenu annuel, & voulant qu'il soit certifié & cautionné par quatre notables Bourgeois pardeuant le Iuge ordinaire des lieux, & qu'il soit inalienable. C'est pourquoy le Concile de Trente, *sess. 21. Decreto de reform. cap. 2.* & en la session 23 Chapitre 16. a derechef prohibé l'ordination sans titre de Benefice, defendant qu'aucun ne fust promeu *ad titulum patrimonij*, renouuellant à ce regard les peines des anciens Canons : ce qui est mal gardé en France. *20 Inuention du titre patrimonial des Clercs.* *21 Ordonnance d'Orleans touchant ce titre.* *22 Aboly par le Concile de Trente.*

Tant y a que la Coustume estant établie de conferer les Ordres Ecclesiastiques absolument, & sans expression du titre, mesme à ceux qui n'auoient point de Benefice, les Ordres Ecclesiastiques ont esté par ce moyen separez du tout des Benefices & Charges de l'Eglise : & ainsi sont deuenus vrais & purs Ordres, c'est à dire, Dignitez sans administration ny fonction, sinon que de seruir à l'Autel, & de produire vne aptitude à posseder les Benefices. *23. Ordres separez des Benefices.*

Et pource que ces ordinations sans titre n'ont esté encore releuées, ny authorisées, que iusques aux Prestres ; de-là est venu, que pour le regard des Euesques, on garde encore de ne les point ordonner ou consacrer, s'ils n'ont vn Eueśché, au titre duquel ils puissent estre sacrez & faits Euesques, de sorte qu'en eux l'Ordre & le Benefice est conioint, & n'est presque qu'vn. Toutefois l'exemple des autres Benefices a esté cause de permettre quelquefois, qu'ils soient separez l'vn de l'autre, par permission speciale du Pape, quand il donne licence à vn Euesque de resigner son Eueśché, ce qui ne se pouuoit faire anciennement, comme il se void en ce Chapitre *Sicut* 1. & 3. 7. *quæst.* 1. Et depuis il fut permis en certains cas seulement *cap. Nisi. ext. De renunciat.* *24 Ordre Episcopal demeuré à l'Euesché.*

Quand donc l'Euesque resigne son Eueśché, dautant que l'Ordre est vn caractere ineffaçable, il demeure tousiours Euesque quant à l'Ordre, mais non quant au Benefice, pource qu'il n'a plus d'Eueśché : & ainsi l'vn est separé de l'autre, & se trouue des Euesques sans Eueschez, ce qui ne peut arriuer és autres Benefices, qui ne sont pas Ordres & Benefices tout ensemble, ny pareillement és Offices. Car celuy qui a resigné son Benefice, ou son Office, n'est plus Beneficier ny Officier d'iceluy. *25 Qu'il en est separé quelquefois.*

Or il faut encore remarquer, qu'il n'y a qu'vne sorte d'Ordre Episcopal, bien que la fonction des Euesques soit de plusieurs sortes ou degrez differens. Car comme en la Hierarchie Celeste il y a plusieurs degrez & especes d'Anges, qui ayans diuers noms & diuerses prerogatiues sont neantmoins tous Anges : aussi en la Hierarchie Terrestre il y a plusieurs sortes d'Euesques, ayans diuers noms & differens pouuoirs. Les vns estans simples Euesques, n'ayans Iurisdiction qu'en leur Diocese : les autres Archeuesques, qui outre la Iurisdiction primitiue de leur Diocese, ont encore celle de ressort en ceux des Euesques de leur Prouince, dauantage aucuns sont Primats ou Patriarches (entre lesquels i'estime qu'il n'y a difference que de nom) ayans en outre Iurisdiction de ressort superieur sur plusieurs Prouinces & Archeueschez. Finalement sur tous les Primats & Patriarches, & consequemment sur tous les Ecclesiastiques, mesme sur tous les vrays Chrestiens, il y a vn Souuerain Hierarche, à sçauoir l'Euesque de Rome, que nous appellons *Pape* par excellence, qui est *26 Plusieurs degrez d'Euesques.* *27 Le Pape.*

le Vicaire & Lieutenant de Dieu en l'Eglise Vniuerselle.

28 Les Cardinaux.

Quant aux Cardinaux, c'est, comme ie viens de dire, vn Ordre adjousté apres les autres, qui neantmoins est plustost Ordre qu'Office, quoy qu'en dise Balde sur le Chapitre *Bonæ memoriæ extr. De postulat. Prælat.* tant à cause qu'il donne aptitude à plusieurs Offices de la Cour de Rome, & notamment à la supréme dignité de Pape, pource que le sacré Consistoire des

29 Que c'est plustost Ordre qu'Office.

Cardinaux represente en l'Eglise le Senat Romain, qui estoit Ordre, & non pas Corps d'Officiers, aussi que les Cardinaux, entant que Cardinaux, n'ont aucune Iurisdiction ny autre fonction publique, fors d'opiner au Consistoire, ainsi que les Senateurs au Senat. Et combien que la pluspart d'entreux ait des titres, c'est à dire, certaines Parroisses ou Eglises de Rome, esquelles ils ont toute Iurisdiction, comme les Euesques en leur Diocese, ainsi qu'il sera dit tout incontinent, si est-ce qu'aucuns n'en ont point: & quant à ceux qui en ont, on peut dire qu'ils ont Ordre & Benefice tout ensemble, ainsi qu'il vient d'estre dit des Euesques. Et de fait, toutes les proprietez & marques des Ordres cottées cy-deuant au premier Chapitre de ce Liure, leur conuiennent directement.

30 Leur pretenduë institution par Constantin le Grand.

I'ay dit, qu'ils representent le Senat Romain, & chacun est d'accord de cela, dont aucuns rapportent le fondement à cette Ordonnance de Constantin le Grand; qui se void entiere au premier Volume des Conciles, & dont le fragment est rapporté au Can. *Constantinus*, 2. 96. *distinct.* si tant est qu'elle soit vraye: car c'est vne tres-grande question entre nos modernes, entre lesquels Alciat soustient que non, Liure septiéme des Parergues, Chapitre 19. & Genebrard que si, en ses Chroniques page 216. Par cette Ordonnance Constantin, tout nouuellement conuerty à la foy, cede par deuotion la ville de Rome à saint Syluestre Pape, le declare Chef des Ecclesiastiques, & en cette qualité luy resigne ses ornemens Imperiaux. Puis voicy ce qu'il adjouste, *Viris etiam diuersi Ordinis reuerendissimis clericis Sanctæ Rom. Ecclesiæ seruientibus, illud culmen singularis potentiæ & precellentiæ habere sancimus, cuius amplissimus noster Senatus videtur gloria adornari, id est, Consules & Patricios effici: nec non & cæteris dignitatibus Imperialibus eos promulgamus decorari.* Bref, ce deuot Empereur, declarant qu'il transfere son Empire à Constantinople, en rend vne belle raison, *quia vbi Principatus Ecclesiæ & caput ab Imperatore cælesti constitutum est, iustum non est, vt illic Imperator terrenus habeat potestatem.*

31 De l'origine des Cardinaux.

Si est-ce la verité, que de plusieurs siecles apres, l'Ordre des Cardinaux n'a esté étably, au moins en l'authorité qu'il est à present, & pource qu'il me semble que cela n'a point esté bien éclaircy par tant d'Autheurs qui en ont écrit, i'en diray en deux mots ma petite conception, auec excuse, si ie choppe apres tant d'autres en vn endroit si obscur.

32 Sept Diacres éleus par les Apostres.

On void aux Actes, que les Apostres, pour n'estre distraits du spirituel, éleurent sept Diacres, pour administrer le temporel de l'Eglise: & de là est venuë l'origine de nos Diacres, desquels le nombre fut limité par le premier Concile de Rome, tenu incontinent apres celuy de Nice, dont voicy le 6. Canon, *Vt Diaconi per Parochiarum examen non sint nisi duo, & Cardinales vrbis Romæ septem, vt Dalmaticis vtantur, & palla linistima lana eorum tegatur.* Ces Diacres ayans entr'autre pouuoir, le maniement du bien de l'Eglise, leur authorité creut à mesure que la richesse & l'auance s'augmenta au Clergé, & notamment ceux de Rome en-

33 Prééminence des Diacres de Rome dés le temps de S. Hierôme.

treprirent tousiours plus d'authorité que les autres, comme estans Ministres de l'Eglise supréme, & entrerent en cette possession de preceder communement les Prestres de la mesme Eglise, comme il se void au *Can. Legimus*, qui est de saint Hierosme 93. dist. où il prend bien de la peine, luy qui estoit Prestre de l'Eglise Romaine, à prouuer que le Diacre est moins que le Prestre, & demeure d'accord que la Coustume de l'Eglise Romaine est au contraire, mais il dit qu'il ne faut point tirer à consequence, *quia orbis maior est vrbe.* Et luy-mesme

34 Debat entre les Prestres & Diacres.

en l'Epistre *ad Rusticum*, rapportée au Canon precedent, prouue par plusieurs raisons, qu'en plusieurs choses le Diacre est preferable au Prestre, & mesme, dit-il, à l'Euesque. bref ce debat de presance d'entre les Prestres & les Diacres est traité en cette distinction 93. & bien qu'il fust vuidé bien clairement au profit des Prestres, par ce general & signalé Concile de Nice, Chapitre 14. si est-ce qu'il dura encore long-temps apres, mesme le Concile d'Angers, & celuy de Meaux, article 54. nous apprennent qu'il demeura en France ainsi qu'ailleurs. Mais és temps subsequens il se retrancha de soy mesme, par vne belle distinction. Car

35 Distinction des Diacres.

la Coustume estant venuë de faire des Diacres honoraires, & sans Office ou fonction, au moins qui n'en auoient aucun autre, sinon d'assister le Prestre à l'Autel: mesme estant ob-

36 Diacres en Office precedent les Prestres.

serué exactement, qu'il falloit auoir ce simple Ordre de Diacre, auant que pouuoir estre fait Prestre; bref, par ce moyen l'Ordre de Diacre estant separé de son ancien Office & fonction, qui luy auoit acquis cét aduantage de preceder les Prestres, les simples Diacres ne firent plus de difficulté de ceder aux Prestres, qui outre le mesme Ordre de Diacre, auoient encore celuy de Prestrise. Mais ces premiers & principaux Diacres, qui outre l'Ordre, auoient tenu cét ancien Office & fonction d'administrer le bien de l'Eglise, garderent aisément la preseance par dessus les Prestres, ausquels ils fournissoient les pensions ou nourritures. Bien que sur ce debat le sixiéme Synode *in Trullo* eust definy assez apertement, *Ne Diaconus, quamuis in dignitate sit, ante Presbyterum sedeat, nisi cum locum tenuerit Episcopi*: mais pour se trouuer aux termes de cette exception, ils maintinrent, que *in omnibus erant Vicarij Episcopi*, comme il est dit au Chapitre premier, & au Chapitre 4. *Ad hæc. ext. De Offic. Archidiac.*

37 *Les Diacres en Office s'appellerent Archidiacres, ou Cardinaux.*

Or cette difference estant établie, des simples Diacres *in Ordine*, & de ceux qui estoient en dignité & Office Ecclesiastique: ceux-cy voulurent auoir leur nom à part, & s'appellerent *Archidiacres*, ou *Diacres Cardinaux*: comme il se void en ce passage en l'Epistre 81. du 1. Liure de S Gregoire, *Si Liberatus Diaconus nondum factus est Cardinalis, ordinatis à te Diaconis non debet præponi* & peu apres: *sed si eius obedientia fuerit inuitatus, eum poteritis facere Cardinalem.* Et en vne autre Epistre du mesme saint Gregoire, rapportée au *Can. Fraternitatem.* 81. *distinct.* il permet à Fortunatus Euesque de Naples, de faire vn Diacre, nommé Gratian Cardinal de l'Eglise de Naples.

38 *Cardinaux de Rome.*

Mais enfin les Diacres en Office de l'Eglise Romaine, qui auoient tousiours voulu estre plus que les autres, estans d'ancienneté comme les Directeurs & Sur-Intendans de l'Eglise Vniuerselle, ne se contentans du titre d'Archidiacre, qu'auoient ceux des simples Eueschez, se nommerent seuls Cardinaux: comme qui diroit les principaux Archidiacres. Terme dont vse cét ancien Concile de Rome, qui est la plus ancienne authorité que i'en aye leuë.

39 *Prestres Cardinaux, comment introduits.*

D'où il s'ensuit, que les premiers Cardinaux de Rome furent les Diacres de l'Eglise Romaine: mais à succession de temps, les Prestres habituez en icelle, voulurent auoir part à ce magnifique titre, & estre appellez *Prestres Cardinaux*, soustenans que le nom de Cardinal, qu'on interprete principal, ou vniuersel, prouenant de ce que l'Eglise Romaine estoit la principale & vniuerselle, deuoit aussi bien appartenir aux Prestres qu'aux Diacres: ainsi qu'és Eglises Cathedrales il y auoit des Archiprestres, aussi bien que des Archidiacres.

40 *Chanoines des Eglises Cathedrales, appellez Cardinaux.*

Mesme en certaines Eglises Archiepiscopales, les Prestres habituez d'icelles, que nous appellons à present *Chanoines*, ont entrepris de se nommer Cardinaux: comme à Rauenne, à Compostelle, & ailleurs: ce qui est enfin tourné en moquerie, ainsi que le Roy d'Yuetot: comme l'a remarqué la glose, *in Can. Pudor.* 32. *quæst.* 2. & Duare in *Can.* 1. *De sacr. Eccles. minist.* Mesme au Chapitre 2. *De Officio. Archipresb. apud Greg.* les Chanoines des Eglises Cathedrales sont indefiniment nommez Cardinaux.

41 *Euesques Cardinaux.*

Finalement, les Euesques suffragans ordinaires du Pape, qui sont ceux de la Prouince & territoire particulier d'autour de Rome, ne voulans ceder aux Prestres de l'Eglise Romaine, voulurent aussi estre appellez *Cardinaux*. Il est bien vray, que dans le mesme S. Gregoire, & autres anciens Autheurs Ecclesiastiques de son temps, *presbyter Cardinalis*, signifioit, celuy qui estoit commis pour Euesque, & en vn mot l'Euesque Commendataire, *vt in Can. Relatum, Can. Illud & Can. Pastoralis.* 7. *quæst* 1. ce qui meriteroit vn plus long discours.

Quant aux titres des Cardinaux de l'Eglise Romaine, c'estoient du commencement de simples places d'habituez, comme il vient d'estre dit des autres Eglises, iusques, à tant que le Pape Marcellus diuisa les quartiers de la ville de Rome en quinze, selon aucuns, ou en vingt-cinq selon d'autres, attribuant à chacun de ces habituez, fust-ce Diacre, ou Prestre, son quartier particulierement, pour auoir soin des Baptesmes & Sepultures des habitans d'iceluy, où par succession de temps ont esté basties des Eglises.

42 *Titres des Cardinaux.*

Mais comme és autres Eglises & Dioceses on a fait des Diacres sans titre, aussi a-t-on fait à la fin en l'Eglise de Rome: de sorte que le nombre des Cardinaux, Diacres & Prestres, n'est à present certain, mais dépend de la volonté du Pape: bien qu'aucuns estiment que tous les Cardinaux ensemble ne doiuent exceder soixante & dix, qui estoit le nombre des Disciples de Nostre Seigneur.

43 *Cardinaux sans titre.*

Et encore qu'il y ait vn certain nombre de titres de ces Cardinaux; à sçauoir six d'Euesques, vingt-huit de Prestres, & vingt de Diacres, qui sont rapportez par *Petrus de Monte, in Monarchia Conciliorum*: & diuersement par Onufrius, si est-ce que les Papes, desireux de gratifier de cette éminente dignité leurs fauoris, lors qu'il n'y auoit point de titre vacant, ont trouué inuention de les faire Cardinaux, soit Prestres ou Diacres, *sub expectatione tituli*, comme nous apprend Iean André, *in addit. ad Speculat. tit. De translatione*, §. *Item videndum*, où il dit que de son temps Pierre Colomne estoit Cardinal sans titre, & qu'il se qualifioit *Cardinalem S. R. E. donec titulum S. Angeli recuperasset*, de

44 *Chanoines sub expectatione præbendæ.*

mesme qu'auparauant le Concile de Trente, le Pape, és païs d'obedience, faisoit des Chanoines és Eglises Cathedrales, ou Collegiales, *sub expectatione præbendæ ad effectum obtinendæ Dignitatis*, ou bien pour estre asseurez de la premiere prebende vacante. *De quibus agitur in capite Relatum, capite Dilectus.* 1. *ext. de præbendis, & in capite Cùm semper. De concession. præbendæ.*

45 *Nombre & titre des Euesques Cardinaux.*

Mais d'autant que la mode n'est point encore venuë en l'Eglise de faire des Euesques sans titre, les Cardinaux Euesques sont demeurez en leur ancien nombre de six à sçauoir *Hostiensis* (qui est tousiours Doyen des Cardinaux) *Sapinensis, Portuensis, Tusculanus, Prænestinus & Albanensis.*

46 Cardinaux tenus resider en leurs titres. Donc les Cardinaux qui ont titre, c'est à dire, certaine Eglise, ou Benefice à desseruir, sont tenus de resider en iceluy, s'ils n'en sont dispensez : mesme le Chapitre premier De *clericis non resid.* qui est de Leon IV. porte que *Anastasius presbyter Cardinalis tit. S. Marcelli, à Synodo canonicè est depositus, eo quòd parochiam suam per annos quinque, contra canonum statuta, non adijsset.* *47 Causes de l'ouuerture de la Regale par la promotion au Cardinalat.* Car leur Benefice est reputé Benefice Cure, qui est la cause originaire pourquoy en France il y a ouuerture au droict de Regale par la promotion d'vn Euesque au Cardinalat, comme M. le Maistre prouue ; pource que de droict commun, & cessant la dispense du Pape (à laquelle on n'a point d'égard en matiere de Regale) par telle promotion l'Euesché vaqueroit. Bien qu'à present on prend vn autre sujet, pour fonder cette ouuerture de la Regale ; à sçauoir, que les Cardinaux sont Conseillers du Pape, qui est vn Prince temporel, ce qui est prohibé d'ancienneté aux Euesques de France, à cause du serment de fidelité qu'ils ont au Roy.

48 Cardinaux ont les droicts Episcopaux en leurs titres. Tant y a que les Cardinaux ont tant de puissance en leurs titres ou Eglises, qu'ils y peuuent vser d'ornemens Episcopaux, encore qu'ils ne soient Euesques, & mesme conferer les Ordres Mineurs : bref, ils y ont tous les droicts honorables des Euesques, comme disent *Hostiensis*, & Iean André *in cap 1. De suppl. neglig. prælat. Et colligitur ex cap. His qui. De maiorit. & obed. & ex cap. Querelam. De elect.*

49 Priuileges des Cardinaux. Ie ne m'amuseray point à rapporter leurs autres priuileges & prerogatiues, dont la principale est, que comme l'élection des simples Euesques, qui en la primitiue Eglise se faisoit par le Clergé & le peuple conjointement, a esté enfin totalement laissée au Clergé de l'Eglise Cathedrale, aussi l'élection du Pape a esté enfin par le commun consentement de toute l'Eglise, & notamment des Empereurs d'Allemagne, & des Roys de France, & encore du peuple de Rome, qui la pretendoient respectiuement, laissée paisible aux Cardinaux. Ce *50 Leur habit.* qui fut arresté du temps de Nicolas II. en l'an 1059. & est son decret rapporté au Can. 1. de la distinction 23. par lequel en autre il ordonne, que le Pape soit éleu du nombre des Cardinaux. Et du depuis, Innocent IV. enuiron l'an 1245. leur donna le chapeau rouge, & Paul II. la robe d'écarlate, pour ornement & marque de leur Ordre, soit au lieu de la pourpre des Senateurs Romains, ou du ἄγαφον *Sacerdotij*, dont Ciceron fait mention en vne de ses Epistres *ad Atticum*, & en vne autre *ad Cælium* : soit enfin que cét habit les tint continuellement aduertis, d'estre tousiours prests de répandre leur sang pour la foy.

51 Si S. Hierosme estoit Cardinal. D'où il s'ensuit, que nos Peintres vsent bien du priuilege commun à eux & aux Poëtes, quand ils peignent saint Hierosme auec le chapeau & la robe d'écarlatte, veu qu'il viuoit sous Damase, auquel il écrit plusieurs Epistres, qui est plus de neuf cens ans auant Innocent IV. Et bien qu'il fust Prestre de l'Eglise Romaine, si est-ce que ces Prestres ne se qualifioient pas encore de son temps Cardinaux. Et ce que S. Augustin en l'Epistre à saint Hierosme dit, que *quamquam secundum vocabula quæ vsus obtinuit, Episcopus sit Presbyterio maior, Augustinus tamen Hieronymo minor est*, comme il est rapporté au Can. *Quanquam. 2. quæst. 7.* si est-ce qu'il faut prendre cela comme dit par extenuation, ou ciuilité, à l'égard du merite particulier des personnes, non du rang de leurs dignitez, comme aussi Gratian l'entend ainsi, disant au Can. precedent. *Hoc non de Officio Ecclesiasticæ Dignitatis, sed de puritate vitæ, & sanctitate conuersationis intelligitur.*

52 Cardinaux precedent à present les Euesques. Et de fait, la glose sur ce mesme Can. *Quamquam.* dit, que la dignité d'Euesque est plus que celle de Cardinal, comme c'est la verité qu'elle estoit plus estimée anciennement, ainsi qu'il se collige du Can. *Præsulat. 2. quæst. 4* Mais à succession de temps deux choses ont éleué les Cardinaux par dessus les Euesques : L'vne, que presque tous les Cardinaux sont Euesques, & ne s'en void gueres d'autres : l'autre, que les Cardinaux, non seulement élisent les Papes, mais aussi la dignité suprême du Pape leur est particulierement affectée : & partant on peut dire qu'ils participent par aptitude & par esperance à la souueraineté & spirituelle & temporelle du S. Siege, ainsi que les Princes du Sang à la souueraineté temporelle de leur païs. C'est pourquoy ils sont tenus pour Princes de l'Eglise, & marchent maintenant par tout en rang de Princes : mais aussi le formulaire du Pape en créant les Cardinaux est de leur dire, *Estote fratres mei, & Principes mundi.*

53 Des Ordre reguliers. Voilà pour les Ordres Seculiers du Clergé, & quant aux reguliers, ce ne sont pas des degrez les vns au dessus des autres, ainsi que les Seculiers, mais ce sont Ordres du tout differens & separez. Et se prennent, à mon aduis, de cinq diuerses sortes ; à sçauoir, les Hermites, les Religieux, les Chanoines reguliers, les Mendians, & les freres Cheualiers.

54 Des Hermites. I'ay mis les Hermites les premiers, comme les plus anciens, & ausquels conuient proprement le nom de μοναχὸς, qui signifie solitaire. Et sont ceux, qui à l'imitation d'Helie, ou de saint Iean Baptiste, se retiroient dans les deserts, pour vaquer plus librement à la contemplation : ils sont aussi appellez ἀναχωρηταὶ, *id est, secedentes* & ἡσυχασταὶ, *id est, quiescentes.* Dont les premiers furent saint Paul en la Thebaïde, & saint Hilarion en la Palestine, & en ce rang quelques-vns mettent saint Hierosme, à cause qu'il se retira aux deserts d'Egypte. Ces Hermites n'ont jamais esté astraints aux trois vœux : mesme que si peu qu'il nous en reste de vrais (car ie ne mets pas en compte ces coureurs & porteurs de rogatum, qui en prennent le nom & l'habit pour gueuser) n'y sont encore astraints, comme ie croy. Aussi n'ont-ils point de certaine regle de vie, mais la forment, l'augmentent, & relaschent à deuotion, mesme la quittent tout à fait quand ils veulent, sans reprehension, bien que ce ne soit sans marque d'inconstance: ce qui estoit general du temps de Iustinian en tous Moines, *Nou. 5. cap. 4.*

56 *Des Religieux.*

I'appelle les Religieux, ceux qui ont vne certaine regle de viure en communauté, qui sont en nos liures appellez, κοινοβῖται & συνοδῖται Ce qui semble auoir esté introduit au Christianisme à l'imitation des Esseans, qui estoit vne secte de Iuifs fort deuote, dont Philon dans Eusebe *De Præparat. Euangel.* raconte ou long la forme de vie, toute semblable à celle de nos Religieux, & fut premierement pratiquée par S. Antoine en la Thebaïde, par S. Benoist en Italie, & en Grece par S. Basile, lequel fut celuy qui le premier les obligea aux trois vœux, que nous disons estre essentiels à la Religion; à sçauoir d'obedience, chasteté & pauureté, qui est en vn mot vne resignation & abandonnement, qui se fait pour l'honneur de Dieu, des trois sortes de biens dont l'homme est doüé en ce monde: l'obedience concernant l'ame, la chasteté le corps, & la pauureté les biens de fortune. Et de ceux-cy il y en a tant d'Ordres, c'est à dire de diuerses Regles, qu'il seroit long & mal-aisé de les rapporter toutes. Polydore Virgile en son sixiéme liure en rapporte la plus part, & le liure Italien intitulé *Piazza vniuersale.*

57 *Les trois vœux essentiels des Religieux.*

Mais dautant que ces Religieux n'estoient pas anciennement promeus aux Ordres Ecclesiastiques, *aliáque erat causa clerici, alia monachi*, dit S. Hierosme, mesme y estans promeus, falloit qu'ils quittassent le monastere, *can. Nemo. 16. quæst. 1.* Quoy qu'il en soit, ils estoient incapables de faire les fonctions Ecclesiastiques hors de leurs Monasteres, *can. Placuit. can. Interdicimus. & can. Iuxta 16. quæst. 1.* c'est pourquoy S. Augustin ayant rangé à la vie religieuse les Prestres habituez de son Eglise d'Hippone, qui estoient chargez de l'administration des Sacrements, & autres fonctions Ecclesiastipues, ne les appella pas Moines ny Religieux, mais Chanoines, c'est à dire astraints à certaine regle de vie, qui estoit meslée de clericature, & de la pure vie monastique, & cette vie fut appellée la vie Apostolique, pource que les Apostres viuoient en commun, gardoient la pauureté, obedience & chasteté, & parmy cela administroient les Sacrements. C'est pourquoy S. Thomas refere l'origine des Chanoines reguliers aux Apostres, & dit que S. Augustin n'en fit que renoueller & redresser l'Ordre.

58 *Chanoines.*

Quoy qu'il en soit, cét Ordre fut troué si vtile & si honorable, qu'il n'y eut, à succession de temps, Eglise Cathedrale qui n'eût ses Chanoines, qui lors de cette premiere institution viuoient tous comme Religieux, estans astraints aux trois vœux, & mesme gardans la closture, comme nous font foy leurs cloistres, le nom de frere, dont ils s'entr'appellent, leur chappe d'Hyver garnie de froc, leur pain de chapitre, leurs Heures canoniales, & leurs Matines nocturnes, qui encore sont demeurées en quelques Eglises; bref, leur reuenu en commun. Mais peu à peu leur opulence les ayant fait relâcher de cette austerité, ils se sont dispensez de la pauureté du partage des biens Ecclesiastiques, & par consequent de l'obedience, dont la closture fait partie, & ainsi ont conuerty leur Ordre en Benefice. Partant, ceux qui sont demeurez fermes en leur premiere institution, & en l'obseruance de la regle de S. Augustin, se sont nommez *Chanoines reguliers*, à la distinction des autres, qui n'obseruant plus leur regle, se sont nommez *seculiers.* Bien qu'à la lettre, Chanoine & regulier signifient mesme chose: l'vn en Grec, & l'autre en Latin, de sorte qu'à vray dire, c'est vne gemination superfluë, ἓν ϗ τὸ αὐτό.

59 *Chanoines viuoient tous comme Religieux.*

60 *Chanoines reguliers.*

En suite sont venus en vsage les Ordres des Mendians, qui outre le vœu de pauureté (qui ne lie les Religieux qu'en particulier pource qu'en commun ils peuuent tenir tant de possessions, qu'ils en trouuent) ont voüé la mendicité; c'est à dire, de ne viure que d'aumosne. Estant notoire la difference entre πένητα ϗ πτωχὸν: c'est à dire, entre le pauure & le mendiant. Et pour cét effet, ceux-cy voüent la mendicité tant en particulier qu'en commun: leur Ordre estant incapable de posseder aucuns immeubles.

61 *Des Mendians.*

Finalement, entre les Ordres reguliers sont ceux des freres Cheualiers, soit de S. Iean de Hierusalem, que nous appellons Hospitaliers ou Cheualiers de Malte, soit des Cheualiers Teutons, des Cheualiers porte-glaiues, des Cheualiers de IESVS CHRIST, des Commandeurs de S. Antoine, de ceux de S. Lazare, & autres semblables, rapportez pareillement par Polydore Virgile, & par l'Autheur *della Piazza vniuersale.* Car il ne faut plus parler des Templiers, qui furent entierement condamnez par Clement V. Tous lesquels j'appelle freres Cheualiers, ou Cheualiers Religieux, à la difference des Cheualiers laïques de la Noblesse, dont il sera traité au 6. chapitre.

62 *Des freres Cheualiers.*

Car ceux-cy sont tout ensemble, & Moines, entant qu'ils sont astraints aux trois vœux, & Cheualiers, entant qu'ils font profession de faire la guerre pour la defense de la Religion Chrestienne. Voicy comme en parle S. Bernard, *Ita miro quodam ac singulari modo viuunt, vt agnis mitiores sint, & leonibus ferociores: adeò vt dubitem quomodo potiùs censeam appellandos, mona-*

63 *Sont Moines & Cheualiers tout ensemble.*

chos scilicet, an milites; nisi quod vtrumque forsan congruentiùs nominarim, quibus neutrum deesse cognoscitur, nec monachi mansuetudo, nec militis fortitudo.

64 S'ils succedent, & leur est succedé. Et cette double nature, qui est en eux, a fait varier souuent nostre droict François. Car autrefois on a tenu, qu'ils pouuoient succeder absolument, dont le grand Coustumier, liu. 2. chap. 49. dit, qu'ils ont obtenu dispense ou permission, & du Pape & du Roy : puis ils ont *65 Moines & Cheualiers ne succedent en France.* esté admis à succeder par vsufruit seulement, comme dit Papon. Et à present on tient qu'ils ne succedent point du tout, comme il fut iugé par Arrest solemnel de Noël 1573. de sorte qu'à ce regard ils sont reduits à la condition des Moines, qui ne succedent point en France, ny le Monastere pour eux, auquel mesme ils ne peuuent rien donner quand ils y entrent : bien qu'au droict Romain, non seulement le Monastere succedoit, mais mesme il acqueroit tous les biens qu'ils auoient, lors qu'ils y entroient, *Auth. Ingressi. & l. Deo nobis. C. De sacrosan. Eccles.* Aussi reciproquement les parents ne succedent point aux freres Cheualiers, non plus qu'aux Moines, mais leur pecule appartient apres leur mort à leur Religion. Et toutefois le Religieux fait Euesque ou Cardinal, comme estant lors exempté de la puissance du Mona-*66 Religieux fait Euesque succede.* stere, & de la rigueur de sa regle, peut succeder & luy estre succedé, comme il fut iugé en l'an 1585. par Arrest solemnel touchant le Iacobin fourré, Euesque de Chaalons, suiuant la decision expresse du *can. statutum. 18. quest. 1.*

Ce que i'entends des Religieux profez seulement. Car les Nouices ne sont pas vrais Religieux, n'estans point encore liez aux trois vœux de Religion. Et faut remarquer, que pour *67 Nouice succede.* les exclure de succeder, il faut auoir preuue literale de leur profession, suiuant l'expresse decision de l'art. 55. de l'Edict de Moulins. Ce qui est fort dangereux, dautant qu'en la plus-part des Religions on ne fait point d'actes de profession pardeuant Notaires, mais seulement *68 Abus notable en l'expedition de l'acte du Nouiciat des Religieux.* ou fait signer le profez, ou dans le registre du Conuent, ou en vn papier à part : de sorte que si ou le Conuent par auarice, ou le profez par malice suppriment cét écrit, celuy qui a esté Moine dix ou douze ans, sera receu à demander les successions de ses parents, mesme à apostatzier, & jetter le froc aux orties, comme on dit, & ainsi des Religieuses, qui souuent se seruent de ce pretexte : partant qui y aura interest, y entende.

SOMMAIRE DV QVATRIESME CHAPITRE.

1 *Difference de la generosité des hommes, auec celle des plantes & des bestes.*
2 *Contre les Philosophes & Poëtes.*
3 *Causes de la ressemblance des peres aux enfans.*
4 *Nobles en toutes nations.*
5 *Prerogatiues des Patriciens de Rome.*
6 *Comment elles leur furent ostées.*
7 *Equiuoque sur leur nom.*
8 Ingenuus, εὐγενής.
9 *Deux sortes de Noblesse.*
10 *Variation de la signification de ces mots*, Ingenuus & libertinus.
11 *De mesme.*
12 Gentilis.
13 *Trois degrez d'ingenuité*, Ingenui Gentiles & Patricij.
14 *De la Noblesse des Romains.*
15 *Qui pouuoient estre les Nobles.*
16 Noui homines.
17 Ius imaginum.
18 *Que cette Noblesse ne prouenoit que des grands Offices.*
19 *Noblesse impropre ne prouenoit que de la valeur taire.*
20 *On faisoit cas à Rome des anciennes familles.*
21 *La Noblesse Romaine n'auoit autre prerogatiue, que d'estre preferée aux Offices.*
22 *Noblesse éteinte sous les Empereurs,*
23 *Priuileges des enfans des Senateurs & Decurions.*
24 *Difference entre la generosité & la Noblesse.*
25 *Autre difference.*
26 *La raison.*
27 *De la Noblesse de France.*
28 *Origines d'icelle.*
29 *Autre origine.*
30 *Menu peuple de France.*
31 *Gentils-hommes d'où dits.*
32 *Paysans, roturiers.*
33 *Restes des anciennes rigueurs contre les roturiers.*
34 *Nostre Noblesse est plûtost generosité.*
35 *Pratique de nostre Noblesse.*
36 *Difference entre l'ingenuité des Romains, & la nostre.*
37 *Charges des roturiers.*
38 *Noblesse ne vient pas de nature.*
39 *Contrarieté d'Aristote.*
40 *Noblesse est vn droict commun, & non pas vn simple priuilege.*
41 *Noblesse.*
42 *Effet de l'annoblissement.*
43 *Annoblis par lettres ne sont tant estimez.*
44 *Noblesse de dignité preferable à celle de race.*
45 *Trois degrez de Noblesse en France.*
46 *Conclusion.*

DE L'ORDRE DE NOBLESSE EN GENERAL.

Chapitre IV.

1 Difference de la generatiō de hommes auec celle des plātes & des bestes.

PArmy quelques-vnes des plantes & des bestes, Nature a fait d'elle-mesme cette distinction, que d'vne mesme espece quelques-vnes sont franches & domestiques, autres rustiques & sauuages: qualitez qu'elles retiennent infailliblement de leur generation : si bien que les sauuages n'engendrent point les domestiques, ny au contraire. Aussi est-ce naturellement, que les plantes & les bestes retiennent la qualité de leur semence, pource que leur ame vegetatiue ou sensitiue procede absolument *à potestate materiæ*, disent les Philosophes. Mais l'ame raisonnable des hommes, venant immediatement de Dieu, qui l'a crée expréslors qu'il l'enuoye au corps humain, n'a point de participation naturelle aux qualitez de la semence generatiue du corps, où elle est colloquée.

2 Contre les Philosophes & Poëtes.

C'est pourquoy ie m'étonne, comment presque tous les Philosophes, & les Poëtes plus releuez, ne prenans garde à cette difference des ames, se sont fait accroire, qu'il y a certains principes secrets de vertu, qui sont transferez des peres aux enfans par la generation, témoin les soritez, ou induction de Socrate, qui concluoit, comme la pomme, le vin, & le cheual plus genereux estoit le meilleur, ainsi est-il de l'homme de plus noble race. Et Aristote au 8. chapitre du 3. liure des Politiques, dit, que parmy toutes nations la Noblesse est en honneur & en estime, parce qu'il est vray-semblable que celuy-là est excellent qui est nay de parens excellens, & partant il définit la Noblesse ἀρετὴν τοῦ γένους, vertu de race Et quant aux Poëtes, Homere dit de Telemachus, que la vertu de son pere Vlysse estoit infuse en luy, voulant dire que parmy ce peu de gouttes de la semence de son pere, la substance des vertus estoit écoulée en luy, qui sont les propres termes de Plutarque dans Stobée. Et c'est aussi ce qu'Horace nous chante,

Fortes creantur fortibus & bonis,
Est in iuuencis, est in equis patrum
Virtus, nec imbellem feroces
Progenerant aquilæ columbam.

3. Causes de la ressemblance des peres aux enfans.

Qui est neantmoins vne fausse comparaison, & vne similitude bien dissemblable, aussi voit-on assez souuent que les enfans des gens de bien ne valent gueres, & que ceux des hommes doctes sont ignorans, témoin le prouerbe Grec ἡρώων τέκνα πήματα. Que si par fois les mœurs se rencontrent estre conformes à ceux de leurs peres, cela ne vient pas de la generation, qui ne contribuë rien aux ames, mais plustost de l'éducation, en laquelle, à la verité, les enfans des gens de bien ont beaucoup d'auantage à la vertu : & à cause de la soigneuse instruction qu'on leur donne, & par le moyen de l'exemple continuel & pregnant, qu'ils ont de leurs peres; & encore à l'occasion de l'engagement qu'ils ont à ne point dégenerer & démentir leur race: & finalement pour la creance & bonne reputation que la memoire de leurs ancestres leur acquiert.

4 Nobles en toutes nations distinguez des ignobles.

Tant y a que, soit pource qu'on les presume heritiers de la vertu paternelle, ou pource qu'on veut encore recompenser en eux le merite de cette vertu, c'est de tout temps, & par toutes les nations du monde, que ceux qui sont issus de bonne race ont esté plus estimez que les autres: mesme qu'ils ont constitué vn certain Ordre & degré d'honneur separé du surplus du peuple. Comme Denis d'Halicarnasse nous témoigne, que le peuple d'Athenes estoit separé en ceux qu'il appelle εὐπατρίδας, & ceux qu'il nomme δημοτικούς, disant aussi que cette mesme diuision fut suiuie à Rome par Romulus. Et certainement il est bien vray qu'il diuisa ses Subiets en Senateurs (lesquels il appella *Peres*) & le peuple : Mais à succession de temps les descendus de ces premiers Peres, ou Senateurs choisis par Romulus, appellez *Patricij*, voulurent soûtenir qu'à eux seuls appartenoit d'estre faits Senateurs, & consequemment d'auoir les dignitez & charges affectées aux Senaturs, à sçauoir, celle des sacrifices, les Magistrats; bref, l'administration presque entiere de l'Estat: & de fait ils en ioüyrent seuls sous les Roys, du temps desquels il y auoit telle distinction entre les Patriciens & Plebeïens, que leurs races ne se mesloient point ensemble par mariage: & quand le peuple estoit conuoqué, les Patriciens estoient tous particulierement appellez par leur nom, & par celuy de l'autheur de leur race, dit le mesme Denys d'Halicarnasse.

5 Prerogatiue des Patriciens de Rome.

6 Comment elle leur furent ostées.

Mais apres qu'on eut chassé les Rois, le commun peuple, estant en nombre beaucoup plus grād que les Patriciens, s'autorisa fort par-dessus eux, pource que tout estoit arresté à la pluralité des voix és assemblées generales. Et partāt il leur osta piece à piece tous leurs auantages, obtenant en premier lieu d'estre indifferemment admis au Senat, puis aux Magistrats par apres au Consulat, & mesme à la Dictature, & finalement aux charges des sacrifices, comme il se void dans l'histoire Romaine, de sorte qu'il ne demeura plus aucune prerogatiue aux Patriciens, sinon la seule gloire d'estre descendus des premieres & plus anciennes familles.

7 *Equiuoque sur leur nom.* Mesme és differends qui suruenoient de fois à autre entr'eux & le commun peuple, ceux du party du peuple, afin de rabaisser leur dignité, allerent équiuoquer assez mal à propos sur leur nom, disans que celuy là estoit Patricien, qui pouuoit reclamer vn pere & ayeul, *qui patrem auumque ciere poterat*, c'est à dire, qui estoit nay de pere & ayeul libre, pource que les serfs n'estoient point peres de famille, qui est le discours de P. Decius Mus, dans T. Liue, liure 10. *An fundo vnquam audiuistis Patricios primo esse factos, non de cælo demissos, sed qui patrem auumque ciere possent, id est nihil vltra quàm ingenuos:* qui est aussi le dire de Cincius, au liu. *De comitiis*, rapporté par Festus, *Patricios eos appellari solitos, qui nunc ingenui vocantur.*

8 Ingenuus εὐγενής. Et de vray le mot Latin *Ingenuus* estant composé de *in, id est suprà, & genus*, signifie proprement celuy, qui a quelque chose de particulier par dessus la race, & se rapporte directement au Grec εὐγενής, qui signifie celuy qui est de bonne race: de sorte qu'εὐγένεια est proprement la bonté de race, ἀρετὴ τοῦ γένους selon Aristote, que nous pouuons tourner, *generosité*.

9 *Deux sortes de Noblesse.* Or on peut imaginer deux degrez de bonté de race, reconnus presque en toutes nations, à sçauoir, ou qu'elle soit ornée de dignité, ou qu'elle soit exempte de tache, ainsi qu'Horace a dit, que c'estoit le premier degré de Sapience, d'estre exempt de folie; & de vertu, d'estre éloigné de vice, comme quelques Pilosophes ont dit, que ne ressentir aucune douleur & estre hors de la misere, estoit vne espece de beatitude. Ainsi donc εὐγενὴς se rapportant à l'vne & à l'autre bonté de race, signifie celuy qui est issu de parens, tantost ornez de dignité, tantost simplement exempts de seruitude. Equiuoque qui a trompé l'Interprete de Galien, lequel en ce passage du liure qu'il a fait des maladies d'esprit τὸ καὶ πλούτῳ σεμνύνεσθαι, οὐκ ἀρετῆς, ἀλλὰ τύχης ἔργον, ἥτις καὶ δούλους καὶ ἐλευθέρους ἐποίησεν ἡμῶν, τῶν ὀνομαζομένων Εὐγενῶν πλουσιωτέρους: tourne εὐγενεῖς *generosos & nobiles*, au lieu qu'il faudroit tourner *ingenuos*, estant manifestement opposé aux serfs τοῖς δούλοις.

10 *Variatió de la signification de ces mots Ingenuus & libertinus.* Il est vray qu'à cause que les Romains auoient vn autre nom pour signifier ce second degré de bonté de race, qui consiste en dignité, à sçauoir le terme de Noblesse, ils ne se sont gueres seruis de celuy d'*ingenuus*, que pour signifier l'autre degré, qui consiste en l'exemption de seruitude. Mesme aux premiers temps *ingenuus* signifioit celuy qui estoit nay d'vne race nullement entachée de seruitude, ainsi que son opposite, *Libertinus*, comprenoit lors tous ceux qui estoient descendus, à l'infiny, d'vn libert ou affranchy, comme prouue *Antonius Vacca* sur la loy 6. *D. De statu hominũ.* Ce qui estoit principalement lors que ces termes estoient referez aux races ou familles, si que *familia ingenua* estoit celle, dont la tige & l'Autheur estoit ingenu, & *Libertina* celle, dont il estoit libert, ou affranchy. Neantmoins par apres, & iusques au temps d'Appius Claudius, *ingenuus*, signifia celuy qui estoit nay de pere & ayeul libres, comme en ce passage de T. Liue cy-dessus rapporté, & *Libertinus* estoit le fils du Libert.

11 *De mesme.* Et finalement aux derniers temps, qui est celuy de nos Iurisconsultes, *libertus & libertinus* signifierent mesme personne, appellée *libertus* à l'égard du patron, & à l'égard des autres *Libertinus:* & pareillement *ingenuus*, signifia celuy qui estoit nay seulement de pere libre, & qui partant estoit nay libre, comme il est dit aux Institutes, tit. *De libert.* Et cette diuersité de significations est clairement exprimée dans Suetone *in Claudio, Reprehensionem verens, quòd latum clauum libertini filio tribuisset, etiam Appium Cæcum Censorem, generis sui proauctorem, libertinorum filios in Senatum allegisse dixit, ignarus temporibus Appij, & deinceps aliquandiù, libertinos dictos, non ipsos qui manumitterentur, sed ingenuos ex eis procreatos.*

12 Gentiles. De sorte que desormais, pour signifier celuy qui estoit nay de famille libre & ingenuë de toute ancienneté, on se seruit du mot *Gentilis*, qui auparauant signifioit vn parent éloigné, és races libres de tout temps. Ce qui se connoist de ce beau passage de Q. Mutius rapporté par Ciceron aux Topiques, *Gentiles sunt, qui inter se eodem nomine sunt, ab ingenuis oriundo, quorum maiorum nemo seruitutem seruiuit, qui capite non sont diminuti:* sur lequel passage Boëce dit, que *Gentiles sunt, qui eodem nomine inter se sunt, vt Bruti, Scipiones: quod si serui sunt, nulla gentilitas esse potest: quod si libertinorum nepotes eodem nomine nuncupentur, gentilitas nulla est, quoniam ab ingenuorum antiquitate gentilitas ducitur.* C'est pourquoy Caius dit en ses Institutions, que *Libertinorum, aut seruorum gentilitas non est.*

13 *Trois degrez d'ingenuité*, Ingenui, Gétiles & Patricij. D'où il s'ensuit, qu'il y auoit trois degrez de cette premiere espece de bonté de race, consistant en l'éloignement de seruitude, à sçauoir *ingenui*, qui estoient nais de parens libres: *Gentiles*, qui estoient issus de race libre de toute ancienneté: *& Patricij*, qui estoient descendus des deux cens premiers Senateurs instituez par Romulus, & comme aucuns tiennent, des autres cent instituez par Tarquinius Priscus, qu'ils disent auoir esté appellez *Patricios minorum gentium.*

14 *De la Noblesse des Romains.* Voila pour ce qui est de l'ingenuité des Romains : & quant à la Noblesse de dignité, qui estoit celle qu'ils appelloient proprement & particulierement Noblesse, & dont ils faisoient le plus d'estat, elle s'acqueroit seulement par le moyen des principaux Offices de leur Republique, qu'ils appelloient *maiores Magistratus, Magistratus Curules, seu Magistratus populi Romani*, à sçauoir l'Edilité, Questure, Censure, Consulat, & autres semblables, qui aussi ne pouuoient estre deferez que par l'assemblée generale du peuple, en laquelle residoit la parfaite souueraineté : presumant, que nul ne paruenoit à ces premieres Charges de l'Estat, entre tant de milliers de personnes, qui y pouuoient aspirer, qu'il ne fût aduoüé & reconnu par tout le peuple, pour estre doüé d'vne eminente vertu.

15 *Qui pouuoient estre Nobles.* Il est vray, qu'à raison de ce que du commencement les seuls Patriciens estoient capables de ces grands Offices, aussi par consequent leur posterité estoit seule capable de Noblesse : d'où il s'ensuit que mesme tous les Senateurs n'estoient pas nobles, comme il appert de ce passage de Pline, au chap. 1. du liu. 33. où il dit, qu'en dépit de ce que Cn. Flauius affranchy auoit esté fait Edile Curule, & par consequent Noble, *annuli depositi sunt à Nobilitate, non à Senatu vniuerso, vt in antiquis Annalibus scriptum est.* Mais depuis que le menu peuple fut admis aux grands Offices, la Noblesse fut par consequent communiquée aux Plebeïens. C'est ce que dit Tite Liue liure 6. lors qu'il parle de la brigue, qui fut faite, pour admettre les Plebeïens au Consulat, *Ex illo ventura in Plebem omnia quibus Patricij excellunt, imperium, honorem & gloriam belli, genus, nobilitatem : magna ipsis fruenda, maiora liberis relinquenda.* Et de fait Asconius *in Verrem*, dit que Ciceron eut trois Competiteurs au Consulat, deux Patriciens, & quatre Plebeïens desquels quatre Plebeïens, deux estoient nobles de race, les deux autres estoient hommes nouueaux.

16 *Noui homines.* Or Plutarque nous apprend au commencement de la vie de Caton le Censeur, que ceux, qui les premiers de leur race estoient paruenus à ces Offices, estoient appellez *hommes nouueaux*, c'est à dire nouuellement annoblis, & les premiers Nobles de leur lignée : tel que fut Marc Caton, & Ciceron pareillement, qui bien qu'il fût descendu de race Royale, *nimirum à Rege Tullio*, comme Plutarque maintient en sa vie, neantmoins s'aduoüe par tout estre homme nouueau, & ne se recommande iamais par sa race, mais en la troisiéme Verrine il dit, *Se Ædilem designatum, adeptum esse ius imaginis, ad memoriam posteritatémque prodendam.*

17 *Ius imaginum.* Car la marque visible & apparente de cette Noblesse, consistoit à auoir droict d'image, c'est à dire, de pouuoir mettre son effigie au lieu plus apparent de sa maison : ce qui n'estoit permis qu'à ceux, qui auoient eu ces grands Offices, la posterité desquels gardoit soigneusement leurs effigies, ornées des enseignes de leur Magistrat, au tour desquelles leurs belles actions estoient décrites : le tout enfermé dans des armoires de bois pour les conseruer. Lesquelles armoires estoient ouuertes les iours de feste : & aux funerailles de quelqu'vn de la race, toutes les effigies d'icelle estoient portées en grande solemnité : comme il est amplement remarqué par Polybe, liu. 6. & par Pline, liu. 35. chap. 3. & par Iuuenal en sa 6. Satyre. Ces images donc rendoient la famille signalée & remarquable, & par consequent Noble. *Nobilis quippe dicitur quasi noscibilis*, dit Varo, *cuius synonima sunt clarus, illustris, notus : contraria, obscurus, ignotus*, comme Tiraqueau a prouué amplement au liure *De nobilitate*, chap. 3. C'est pourquoy Ciceron en vne sienne Epistre *ad Hirtium*, dit que *Nobilitas nihil aliud est, quàm cognita virtus.*

18 *Que cette Noblesse ne prouenoit que des grands Offices.* Tant y a que la Noblesse de Rome consistoit en ce droict d'images, & prouenoit seulement des grands Offices, ainsi que Sigonius a tres-doctement verifié au liu. 2. *De antiquo iure ciu. Rom.* chap. penult. Et cette Noblesse estoit particuliere aux Romains, comme dit Ciceron en la mesme Epistre, *ex virtute quidem ducta Nobilitas, tota Philosophorum est, sed quæ ex imaginibus, Populi Rom. est vniuersa*, & iamais aucune nation n'en a vsé ainsi.

19 *Noblesse impropre prouenuë de la valeur.* Il est vray (comme i'ay déja dit au 1. liu. *Des Offices*) que ceux qui estoient décendus de parens signalez en valeur militaire, estoient estimez aucunement Nobles, témoin ce que i'y ay rapporté de Plutarque en la vie de M. Caton, que lors qu'on l'appelloit homme nouueau, il répondoit, *Qu'il estoit vrayement nouueau quant aux Offices de la Republ. mais quant aux faits d'armes de ses ancestres, il maintenoit estre Noble de race.* Et Saluste *in Catilina*, parlant de la Noblesse des vieux Romains, *Sic se quisque hostem ferire, murum ascendere, conspici dum tale facinus faceret cum, bonam famam, magnam Nobilitatem putabant.* Et de fait comme la vraye Noblesse prouenant des Offices auoit les images & statuës pour son enseigne, ou ornement visible, aussi cette Noblesse militaire auoit ses écus & boucliers, qu'elle mettoit aux temples & autres lieux publics, comme Pline nous apprend, liure 35. chapitre 3.

20 *On faisoit cas à Rome des anciennes familles.* Il est bien vray aussi, que les Romains ont fait estat de tout temps de ceux qui estoient descendus des anciennes familles, comme des Senateurs & des Cheualiers, ainsi qu'on void qu'en plusieurs endroits Ciceron se glorifie d'estre issu *ex Equestri familia* : tant y a que ny les vns ny les autres n'estoient appellez Nobles, & non pas mesme les Senateurs, qui n'auoient point eu les grands Offices, ny leurs predecesseurs.

Or cette noblesse ne consistoit point en vn Ordre ou Estat à part, ainsi qu'en France, &

21. La Noblesse Romaine n'auoit autre prerogatiue que d'estre preferée aux Offices. mesme n'estoit point vn titre d'honneur, dont la personne accompagnât son nom : mais estoit vne qualité honorable, & recommandable, qui n'auoit qu'vn seul auantage (lequel aussi n'estoit pas de petite importance) sçauoir est qu'elle seruoir grandement pour paruenir aux grandes Charges, & principaux Magistrats de la Republique, qui estoit toute l'esperance des grands personnages de Rome. C'est pourquoy Ciceron en la derniere Verrine dit, que *iis, qui nobili genere nati sunt, omnia Pop. Romani beneficia dormientibus deferuntur.* Et Saluste *in Iugurtha, Nobilitas, inquit, Consulatum inter se per manus tradebat*: & le mesme Ciceron *in Pisonem* luy reproche, que *brepser t ad Honores commendatione fumosarum imaginum. Et in eundem Pisonem, Non dubitas, inquit, quin omnes, qui fauent Nobilitati, qui imaginibus, te Ædilem fecerint. Et in Rullum, Quemadmodum me, cumpetebam, nulli vobis auctores generis mei commendarunt, sic si quid deliquero, nullæ sunt imagines, quæ me à vobis deprecentur.* Et Horace,

> *Iudice, quem nosti, populo, qui stultus honores.*
> *Sæpe dat indignis, & famæ seruit ineptus,*
> *Qui stupet in titulis & imaginibus.*

22 Noblesse estant sous les Empereurs. Et de fait lors que sous les Empereurs ces grands Offices, desquels procedoit la Noblesse, furent supprimez la plus part, les autres conferez à leur volonté, cette façon d'images s'abastardit peu à peu : dont Pline au passage cy-dessus allegué se plaint, que cela commençoit de son temps : mesme cette espece de Noblesse fut enfin abolie tout à fait, si que dans tout nostre droict il n'en est fait mention en vn seul endroit que ie sçache : mais au lieu d'icelle, les Empereurs inuenterent d'autres dignitez & titres d'honneur, dont ie parleray en son lieu.

23 Priuileges des enfans des Senateurs & Decurions. Il est vray, qu'encore alors il demeura vn titre d'honneur, & mesme des priuileges à la posterité des Senateurs de Rome, & des Decurions des villes seulement, & non des autres dignitez ; pource que ces Charges particulierement se continuoient d'ordinaire aux enfans, & non les autres. Car les enfans des Senateurs, qui auoient eu la dignité d'Illustres, estoient Senateurs nays & auoient entrée & voix deliberatiue au Senat, lors qu'ils estoient en âge competent : comme il se collige de la loy derniere *De Senat.* bien entenduë, ceux des simples Senateurs auoient bien entrée au Senat, mais non pas voix, & partant n'estoient pas vrays Senateurs, mais seulement auoient la dignité de Clarissime, laquelle ils retenoient, & mesmes les filles issuës des Senateurs, *vsque ad pronepotes, & proneptes modo ne inferioris conditionis vero nupsissent l. 1. C. D. Dign t.* C'est pourquoy elles ne se pouuoient marier aux affranchis, *l. Semper. D. De ritu nupt.* Aussi iusques à ce degré, ils auoient, outre le titre d'honneur, quelques priuileges, notamment celuy cy, d'estre exempts de la roture, & des peines des Plebeïens : priuilege qu'auoient aussi les enfans des Decurions, *l. Diuo. De Quæst.* & les enfans des vieux gendarmes, *l. 5. D. De veteranis.*

24 Difference entre la generosité & la Noblesse. D'où il s'ensuit, que les Romains auoient les deux sortes de generosité, ou bonté de race cy dessus specifiées, à sçauoir l'ingenuité, ou gentilité, & la Noblesse. C'est pourquoy *Cornelius Fronto* en ses differences dit, que *Nobilem dicimus Nobilitate propria : generosum autem eum, qui Græcè εὐγενὴς appellatur. Itaque alter ex ipsa re, alter ex genere est* : & en ce passage de T. Liue, au compte des auantages arriuans au menu peuple à cause de la participation au Consulat, *genus, & nobilitas* sont comptez separément. Mais il y auoit deux differences notables entre ces deux especes : l'vne, que plus l'ingenuité ou gentilité venoit de loin, plus elle estoit honorable au contraire la Noblesse alloit tousiours en diminuant : mesme il y a apparence (comme il se tire des loix) qu'elle se perdoit apres la troisiéme generation, qui est à la verité la derniere que l'honneur de l'ingenuité consistoit à estre plus éloigné de la seruitude, mais celuy de la Noblesse procedoit de l'éclat restant de la Dignité de l'ancestre, qui partant diminuoit à mesure qu'on s'éloignoit de luy.

25 Autre difference. L'autre difference estoit, que l'infamie suruenuë au pere n'ostoit point l'ingenuité ou gentillesse à l'enfant, comme il se collige de la definition des Gentils-hommes cy-dessus rapportée des Topiques de Ciceron, où il n'est pas requis, que *nemo maiorum capite sit minutus*, comme il est requis que *nemo seruitutem seruierit.* Mais elle ostoit la Noblesse prouenant de dignité, comme prouue cette loy *Diuo. C. D. Quæst.* en ces mots, *Si tamen propioris gradus liberos, per quos id priuilegium ad vlteriorem gradum transgreditur, nulla violati pudoris macula aspersit* : ce qui sera plus particulierement expliqué au chap. suiuant.

26 La raison. La raison de cette seconde difference est double : l'vne, que chacune de ces deux especes de generosité se perd seulement par son contraire, à sçauoir l'ingenuité qui consiste en l'exemption de seruitude, par la participation d'icelle, & la Noblesse, qui consiste en dignité, par l'infamie. L'autre, que l'ingenuité appartient à chacun de son propre chef, mesme l'enfant se peut dire de plus ancienne race d'vn degré, que son pere : mais la Noblesse prouient du chef de l'ancestre qui a esté orné de haute dignité : c'est pourquoy il ne faut trouuer étrange, que l'obstacle, se rencontrant au milieu, nuise à la posterité.

27 De la Noblesse de France. Voila à peu prés l'vsage de temps en temps de la Noblesse Romaine, que nous auons aucunement imité en France. Car, à bien prendre garde, nous auons l'ingenuité, qui est la Noblesse

bleſſe prouenant d'ancienne race, & celle qui prouient des dignitez. La premiere eſt ſans commencement, & l'autre a ſon commencement : l'vne eſt natiue, & l'autre eſt datiue: & il y a apparence d'appeller celle-cy Nobleſſe, & celle-là generoſité, ou pluſtoſt gentilleſſe, ainſi que communément parmy-nous on diſtingue les Nobles hommes d'auec les Gentils-hommes.

Pour donc rechercher l'origine de cette gentilleſſe, ou Nobleſſe ancienne & immemo- *18. Origine d'icelle.*
riale, faut conſiderer que comme les Atheniens & les Romains diuiſerent premierement leur peuple en Patriciens & Plebeiens, auſſi dés le premier établiſſement de cette Monarchie, le peuple d'icelle fut diuiſé en Gentils-hommes & roturiers, les vns deſtinez pour defendre & maintenir l'Eſtat, ſoit par conſeil, ou par force d'armes : les autres pour le nourrir par le labourage, marchandiſe & exercice des métiers. Diuiſion qui a continué iuſques à preſent.

Et ſemble qu'elle ſe peut rapporter à celle, que Iule Ceſar au 6. *De Bello Gallico* aſſigne aux Gaulois, qu'il diuiſe en Nobleſſe & commun peuple, comprenant ſous la Nobleſſe, & les Druides qui eſtoient les gens de conſeil ſeruans aux ſacrifices, & aux affaires d'Eſtat, & les Cheualiers qui auoient la force en main : & dit qu'au ſurplus on ne faiſoit point d'eſtime du menu peuple, dautant que la Nobleſſe l'auoit rendu quaſi eſclaue.

Ou bien la Nobleſſe de France prit ſon origine de l'ancien mélange des deux peuples, *19. Autre origine.*
qui s'accommoderent enſemble en ce Royaume, à ſçauoir des Gaulois, & des Francs, qui les vainquirent & aſſuietirent à eux, ſans toutefois les vouloir chaſſer & exterminer. Mais ils retinrent cette prerogatiue ſur eux, qu'ils voulurent auoir ſeuls les Charges publiques, le maniement des armes, & la iouyſſance des fiefs, ſans eſtre tenus de contribuer aucuns deniers, ſoit aux Seigneurs particuliers des lieux, ſoit au Souuerain pour les neceſſitez de l'Eſtat: au lieu dequoy ils demeurerent ſeulement tenus de ſe trouuer aux guerres.

Mais quant au peuple vaincu, il fut reduit pour la plus part en vne condition de demy- *30. Menu peuple de France.*
ſeruitude, telle que les Romains inuenterent aux derniers temps, de ceux qu'ils appellerent *Cenſitos, ſeu adſcriptitios*, ou *Colonos, ſeu glebæ addictos* : c'eſt à dire, *Gens de main-morte, ou de pote, ou de ſuite*: mots que i'ay interpretez ailleurs: & outre cette demy-ſeruitude, & qu'il eſtoit incapable, & des Offices & des armes, & des fiefs, il eſtoit tenu de payer à ſon Seigneur le cens ou tribut de ſa terre, & encore eſtoit tenu de fournir deniers extraordinairement pour les neceſſitez de l'Eſtat: qui eſtoit poſſible la meſme condition, à laquelle le menu peuple de Gaule auoit eſté reduit d'ancienneté par la Nobleſſe, ſelon le dire de Ceſar.

A ſucceſſion de temps, lors qu'il fut mal-aiſé de diſcerner chacune nation, ceux qui eſtoiẽt, *31. Gentils-hommes d'où dits.*
ou iſſus des anciens Francs, ou du moins qui auoient trouué moyen de paruenir à leurs franchiſes (comme il eſt à croire, qu'ils ne reduiſirent pas tous les anciens nobles du pays à ce miſerable eſtat) furent nommez *Gentils-hommes*, ſoit qu'eux-meſmes s'appellaſſent ainſi, à l'imitation des *Gentils* de Rome, ſoit que les naturels du pays, qui eſtoient déja Chreſtiens lors de la venuë des Francs en Gaule, les appellaſſent Gentils, c'eſt à dire Payens, par mépris:& *32. Payſans, roturiers.*
quant à ceux du pays, ils furent appellez *Payſans*, c'eſt à dire, gens du pays, ou bien comme les Romains appelloient *Paganos*, ceux qui ne portoient point les armes : ils les appellerent auſſi *Roturiers*, poſſible pource qu'ils auoient eſté vaincus & mis en route, ou bien *à rure, quaſi ruſtici*.

Or comme auec le temps ces deux nations ſe meſlerent & accommoderent enſemble, ces *33. Reſtes des anciennes rigueurs cõtre les Rotu-riers.*
premieres rigueurs de forclorre entierement les roturiers des Offices, des armes & des fiefs, ne continuerent pas ſi exactement:mais encore eſt-il reſté quelques veſtiges de chacune d'icelles iuſqu'à preſent, à ſçauoir, quant aux Offices, que les principaux, comme ceux de la Couronne, de la Maiſon du Roy, & de gouuernement, ne peuuent eſtre tenus que par les Gentils-hommes : quant aux armes que les roturiers ne ſont receus aux compagnies des ordonnances, meſmes n'eſtoient anciennement admis aux premieres charges des gens de pied: & finalement quant aux fiefs, qu'ils ſont encore incapables des principaux fiefs & Seigneuries, & pour le regard des ſimples fiefs, ils payent encore auiourd'huy l'impoſt des francs fiefs pour la diſpenſe de les tenir. Mais quoy qu'il en ſoit, les Gentils-hommes ont gardé ſoigneuſement cette franchiſe, de n'eſtre tenus à aucuns ſubſides, ny autres deuoirs, fors d'aſſiſter le Roy és guerres.

De ce diſcours il s'enſuit clairement, que noſtre ſimple Nobleſſe que nous appellons ainſi *34. Noſtre Nobleſſe eſt pluſtoſt generoſité.*
du mot écorché du Latin, n'eſt autre choſe que la gentilité, ou ingenuité des Romains, & ne conuient pas tant à beaucoup prés à leur Nobleſſe prouenante des dignitez : eſtans nos Gentils-hommes ceux de qui la race eſt de tout temps exempte de roture, & ne tenons point pour parfaite Nobleſſe, celle dont il ſe peut prouuer que la race ait eſté roturiere en quelque temps que ce ſoit, mais celle dont on ne peut cotter le commencement. Et dautant *35. Pratique de noſtre Nobleſſe.*
que cette eternité ne ſe peut prouuer, nous ſommes contraints d'obſeruer la meſme choſe que les Romains admirent en fin en l'Ingenuité, que ceux dont le pere & l'ayeul

ſont continuellement demeurez en poſſeſſion de viure noblement, & de jouyr des priuileges de Noble, ſont preſumez nobles de toute ancienneté. Et toutefois nous pratiquons, que plus on a de preuue ancienne de Nobleſſe, plus elle eſt honorable: & d'ailleurs nous obſeruons, que l'infamie, encouruë par vn Gentil-homme, ne priue pas la poſterité de l'Ordre de Nobleſſe, pource qu'il reſide en la race & famille, & non ſimplement en la perſonne du pere. De ſorte qu'en effet nous gardons les deux differents effets cy-deſſus cottez, que les Romains obſeruoient en l'ingenuité, & dont ils gardoient tout le contraire en la Nobleſſe de dignité: & ainſi s'obſerue à preſent en tous les autres pays de la Chreſtienté: eſquels auſſi la Nobleſſe (que nous appellons) eſt nommée plus communément generoſité: & de fait, quand les étrangers parlent de Nobles en Latin, ils les qualifient plûtoſt *generoſos*, que *nobiles*.

36. *Difference entre l'ingenuité des Romains, & la noſtre.*

Il eſt vray, qu'en la Republique Romaine (les citoyens de laquelle *habebant iura libertatis & imperij*, c'eſt à dire, eſtoient libres & exempts tant de la ſeigneurie publique, que de la priuée, & ſi auoient part à l'Eſtat, comme i'ay dit au liu. *Des Seigneuries*) l'ingenuité ſignifioit ſeulement vne ancienne exemption de ſeruitude & eſclauage, qui pourtant apportoit aux ingenus certains priuileges & prerogatiues, que n'auoient pas les deſcendus fraiſchement des affranchis, comme i'ay prouué cy-deſſus. Mais en la Monarchie Françoiſe, où ces droicts *libertatis & imperij* n'ont lieu, nous tenons que le menu peuple, bien que libre, c'eſt à dire

37. *Charges des roturiers*

exempt d'eſclauage & ſeigneurie priuée, eſt neantmoins ſujet generalement à la ſeigneurie publique, meſme de droict commun, & regulierement il eſt ſujet à certaines charges viles, comme de payer tailles, & autres contributions pour les neceſſitez de l'Eſtat, à la garde des villes & chaſteaux, à loger & heberger les gens de guerre, & autres ſemblables charges. Deſquelles charges du commun peuple, les Nobles ſont francs & exempts de tout temps, pource qu'ils ſont employez à choſe plus vtile & importante à l'Eſtat, à ſçauoir à le defendre contre les ennemis. De ſorte que ceux, dont les anceſtres ont en tout temps fait eſtat de porter les armes, & qui ſe ſont maintenus en l'exemption de ces charges populaires, ſe peuuent comparer aux ingenus de Rome.

38. *Nobleſſe ne vient pas de nature.*

39. *Contrarieté d'Ariſtote.*

D'où il s'enſuit, que noſtre ingenuité, ou plûtoſt gentilleſſe ou generoſité, c'eſt à dire, cette ancienne & immemoriale Nobleſſe dont on ignore le commencement, ne prouient pas neantmoins du droict de nature, comme la liberté, mais de l'ancien droict & diſpoſition de l'Eſtat. Qui eſt vne queſtion ſur laquelle les anciens Philoſophes ont fort varié: & leur Prince meſme Ariſtote, s'y eſt contrarié en vn meſme œuure; à ſçauoir en ſa Rhetorique *ad Theodect.* Car au 1. liu. chap. 6. il met la Nobleſſe entre les biens de la nature, & au 2. liu. chapitre 15. il la compte entre ceux de fortune, meſme au douziéme chapitre il l'appelle fortune. Car l'Eſtat de la nature eſt la liberté de l'homme: c'eſt le vray eſtre auquel il eſt preſumé eſtre nay au monde, s'il n'appert du contraire. Ce qui eſt au deſſus s'appelle *dignité*, ce qui eſt au deſſous *condition*: & l'vn ny l'autre n'eſt preſumé s'il n'en appert. C'eſt pourquoy, quant à la Nobleſſe, qui eſt vn Ordre, & par conſequent vne eſpece de dignité, les Docteurs de droict diſent, que, *eſt qualitas aduentitia quæ non ineſt à natura, & proinde, non præſumitur niſi probetur.*

40. *Nobleſſe eſt vn droict commun, & non pas vn ſimple priuilege.*

La Nobleſſe pourtant n'eſt pas vn ſimple priuilege particulier, & contraire au droict commun, mais elle naiſt d'vn droict public & general, & procede des moyens établis d'ancienneté pour cét effet en chaque pays: de ſorte qu'elle eſt bien de plus grande durée, & de plus forte tenuë, que les ſimples priuileges: qui eſt vn diſcours fondamental, ſeruant à la deciſion d'infinies queſtions, qui ſe rencontrent en cette matiere.

41. *Nobleſſe.*

Voila quant à la gentilleſſe, qui excede la memoire des hommes: & quant à la Nobleſſe, dont on ſçait la cauſe & le commencement, elle vient en France de l'annobliſſement du Prince, qui eſt le diſtributeur ordonné de Dieu de l'honneur ſolide de ce monde, ſuiuant ce paſſage du liure d'Eſther, *Honorabitur, quem voluerit Rex honorari*, & le dire de Pline en ſon Panegyrique, *Cæſar nobiles efficit, & conſeruat.* C'eſt pourquoy Bartole ſur la loy 1. *C. De dignit.* definit ainſi la Nobleſſe, *Nobilitas eſt qualitas illata per Principatum tenentem, quâ quis, vltra honeſtos plebeyos, acceptus oſtenditur.* Or il peut faire cét annobliſſement en deux façons; à ſçauoir ou par lettres expreſſes à cette fin, ou par la collation & inueſtiture des Offices & Seigneuries annobliſſantes, eſquelles conſiſte proprement la Nobleſſe de dignité. *Quid enim intereſt, Princeps verbis voluntatem ſuam declaret, an rebus ipſis & factis?* dit la loy *De quibus. D. De legib.*

42. *Effet de l'annobliſſement.*

Et ces annobliſſemens purgent le ſang & la poſterité de l'annobly de toute tache de roture, & le reduiſent en meſme qualité & dignité, que ſi de tout temps ſa race eût eſté ingenuë. Partant c'eſt à bon droict, que Budée l'appelle *reſtitutionem natalium*, qui eſtoit la plus ample declaration d'ingenuité, que peuſſent conferer les Empereurs, comme i'ay prouué au 2. chap. que non ſeulement elle effaçoit & aboliſſoit toute marque de ſeruitude, mais auſſi elle attribuoit les droicts & prerogatiues, qu'auoient les parfaits ingenus, c'eſt à dire, ceux qui eſtoient nais d'anceſtres libres de toute ancienneté.

Toutefois pource que *indulgentia illa quos liberat notat*, & qu'à bien entendre, cette abolition de ſeruitude ou de roture, n'eſt qu'vne effaceure, dont la marque demeure, meſme ſemble pluſtoſt vne fiction qu'vne verité, ne pouuant par effect le Prince reduire l'eſtre au non eſtre, veu comme dit le Poëte,

Hoc Deus ipſe nequit, ſoloque carere videtur,
Infectum vt faciat, quod factum eſt.

De là vient, qu'en l'opinion des hommes, on n'eſtime pas tant les annoblis, ſoit par lettres ou par dignitez, que les Nobles de race, bien qu'en effet ils iouyſſent de tous les meſmes priuileges, ainſi à peu prés, que les Romains n'eſtimoient pas tant les hommes nouueaux, que les anciens Nobles: c'eſt pourquoy enfin nous ſommes curieux en France de cacher le commencement de noſtre Nobleſſe, afin de la reduire à cette premiere eſpece de gentilleſſe ou generoſité immemoriale. Meſme Budée ſur la loy derniere *De Senatoribus*, dit qu'en quelques lieux on ne tient pour vrayement noble, que l'arriere-fils de celuy qui a eſté annobly. 43. *Annoblis par Lettres, ne ſont tant eſtimez.*

Mais bien qu'entre les Romains, l'antiquité rendiſt l'ingenuité plus recommandable: neantmoins c'eſt la verité, comme il vient d'eſtre dit, qu'ils preferoient generalement la Nobleſſe de dignité à l'ingenuité, ou gentilité. Ainſi preſque de meſme en France, la Nobleſſe prouenante de dignité; c'eſt à dire, des plus grands Offices & des Seigneuries, eſt éleuée plus haut d'vn degré, que la ſimple gentilleſſe. Car ceux qui les poſſedent ſont du rang des Cheualiers ou Seigneurs, & ſe qualifient de ces titres, qui ſont titres de haute Nobleſſe. Meſme les Seigneuries ſouueraines, qui à preſent preſque en toute la Chreſtienté, ſe ſont faites hereditaires, ont encore étably parmy nous vn tiers & ſupréme degré de Nobleſſe; à ſçauoir le degré de Prince, que meſme nous attribuons à ceux qui aſpirent à ces ſouuerainetez, par droict d'agnation, ou de parenté maſculine. 44. *Nobleſſe de Dignité preferable à celle de race.*

Partant nous auons trois degrez de Nobleſſe; à ſçauoir les ſimples Nobles, que nous appellons *Gentils-hommes & Eſcuyers*: ceux de la haute Nobleſſe, que nous qualifions *Seigneurs & Cheualiers*, & ceux du ſupréme degré, que nous nommons *Princes*. Et chacun de ces degrez a ſon effet different. Car la ſimple Nobleſſe affecte le ſang, & paſſe en la poſterité, de telle ſorte, que plus elle eſt ancienne, plus elle eſt honorable. La haute Nobleſſe ne paſſe point à la poſterité, au moins en ſon degré, mais eſt perſonnelle, eſtant deferée à la perſonne, ſoit pour ſon merite particulier, comme la Cheualerie(& celle-là eſt vn ordre parfait qui perit auec la perſonne) ſoit à cauſe de ſon Office ou Seigneurie; & celle-cy ſuit perpetuellement l'Office & Seigneurie. Finalement, la Principauté ne peut venir que de race, mais elle y reſide d'vne façon oppoſite à la ſimple Nobleſſe: car elle tient rang ſelon qu'elle eſt plus recente, & qu'elle approche plus prés de ſon tige. 45. *Trois degrez de Nobleſſe en France.*

Voila vn diſcours general, & quaſi hiſtorial, tant de la Nobleſſe Romaine, que de la noſtre, ſelon la ſuite des temps, mais qui na pû contenir les grandes queſtions, & en grand nombre, qui écheent en ces trois degrez de noſtre Nobleſſe, pour leſquelles expliquer, il leur faut à chacun ſon chapitre à part, commençant par la ſimple Nobleſſe, qui eſt le fondement des deux autres degrez. 46. *Concluſion.*

SOMMAIRE DV CINQVIESME CHAPITRE.

1 *Matiere de la Nobleſſe fort traittée.*
2 *Gentil-homme d'où eſt dit.*
3 Gentilis.
4 Gentilitas.
5 *Gentil & ioly.*
6 Gentiles pro exteris.
7 Gentiles pro paganis.
8 *Gentils-hommes d'où dits.*
9 Gentiles & Scutarij.
10 *Eſcuyer d'où eſt dit.*
11 *Eſcu*, clypeus, ſcutum.
12 *Targe, rondelle.*
13 Arma vnde dicta.
14 *Pourquoy les armoiries ſont appellées armes & écus.*
15 *Seuls Nobles ont droit d'armoiries.*
16 *Bourgeois des villes ont entrepris de porter armes.*
17 *Timbres d'où dits.*
18 *Bourgeois ont timbres en leurs armoiries.*
19 *Timbre eſt perſonnel.*
20 *Nobleſſe des villes a taſché de s'égaler à celle de race.*
21 *Noble autrefois plus qu'Eſcuyer.*
22 *Eſcuyer que ſignifie proprement.*
23 *Gentils-hommes ſe ſeruoient anciennement les vns les autres.*
24 *Pages.*
25 *Pages d'honneur.*
26 *Bacheliers, Damoiſeaux.*
27 *Pages communs.*
28 *Eſcuyer deriué* ab equo *ſelon aucuns.*
29 *Eſcuyers appellez* Maréchaux.
30 Valet *que ſignifie.*
31 *Valet de Chambre du Roy.*
32 *Eſcuyers de la Maiſon du Roy.*
33 *Gentils-hommes des champs appellez* Eſcuyers.
34 *Nobleſſe ne doit eſtre aiſément acquiſe.*
35 *Si la Nobleſſe s'acquiert irreuocablement par l'vſage de deux generations.*

36 *Prescription de Noblesse.*
37 *Que non.*
38 *Noblesse imprescriptible, quand il apparoist de la roture des ancestres.*
39 *Interpretation de l'art.* 16. *du reglement des tailles de l'an* 1600.
40 Aliud *en la Noblesse prouenante des Offices.*
41 *Noblesse doit estre prouuée par écrit.*
42 *Fors pour les Benefices.*
43 *Si l'Arrest declaratif de Noblesse fait droict entre toutes personnes.*
44 *Grands Offices annoblissans.*
45 *Moindres Offices annoblissans.*
46 *Noblesse des Conseillers des Cours souueraines.*
47 *Noblesse des Secretaires du Roy.*
48 *Charges militaires annoblissantes.*
49 *Charges affectées aux Nobles n'annoblissent pas.*
50 *Offices priuilegiez.*
51 *Annoblissement par les lettres du Roy*
52 *Le Roy seul peut annoblir.*
53 *Et non les Princes subiets.*
54 *Clauses des lettres d'annoblissement.*
55 *Finance deuë pour l'annoblissement.*
56 *Aumosne deuë pour l'annoblissement.*
57 *Où il faut verifier les lettres d'annoblissement.*
58 *Lettres d'annoblissement profitent aux enfans nais & à naistre.*
59 *Explication de la loy* Si Senator. C. De Dignitate.
60 *Noblesse de Dignité est perpetuelle en France.*
61 *Si les bastards des Gentils-hommes sont Nobles.*
62 *Legitimation ne produit annoblissement.*
63 *Que les bastards des Seigneurs sont Gentils-hommes.*
64 *Proportion des bastards auec les legitimes.*
65 *Bastards ne suiuent la noblesse de leur mere.*
66 *Noblesse en Champagne par la mere.*
67 *Abolie à present.*
68 *Noblesse de pere & mere quelquesfois requise.*
69 *Des droicts & priuileges des Gentils-hommes.*
70 *N'ont aucun pouuoir en vertu de leur qualité.*
71 *Offices affectez aux Gentils-hommes.*
72 *Benefices affectez aux Gentils-hommes.*
73 *Fiefs & Seigneuries affectées aux Gentils hommes.*
74 *Gentils-hommes precedent ceux du tiers Estat.*
75 *Sauf en deux cas.*
76 *Autres remarques d'honneur de la Noblesse.*
77 *Gentils-hommes portent l'épée par tout.*
78 *Si les roturiers sont tenus saluër les Gentils-hommes.*
79 *A qui est deu la salutation.*
80 *Gentils-hommes sont exempts des tailles.*
81 *Gentils-hommes ont droict de chasser.*
82 *Chasse permise aux Nobles des villes.*
83 *Explication du* 4. *&* 8. *articles de l'article des chasses de* 1601.
84 *Gentils-hommes plus doucement punis que les roturiers.*
85 *Ampliation de cette regle.*
86 *Exceptions de cette regle.*
87 *Gentils-hommes ne se battent en duel contre les roturiers.*
88 *Comment se perd la Noblesse.*
89 *Si par condamnation infamante.*
90 *Noblesse de race ne se perd par condamnation infamante.*
91 *Exception.*
92 *Autre exception.*
93 *Annoblissement ne se perd par infamie.*
94 *Pourquoy la noblesse de dignité se perd par l'infamie, plustost que celle de race.*
95 *Si le pere, ayant perdu sa Noblesse sa posterité la perd aussi.*
96 *Correction de la loy* Diuo Marco. C. De quæst.
97 *Contre Cuias.*
98 *Vraye raison.*
99 *Que les enfans ne perdent la Noblesse de race par la faute de leur pere.*
100 Quid *en ceux qui n'ont la Noblesse de Dignité que de leur pere.*
101 *Pourquoy l'exercice des arts mecaniques priue plustost le noble de l'exemption des tailles, que le crime.*
102 *Noblesse n'est que suspenduë par l'exercice des arts mecaniques.*
103 *Moyen de la reprendre par apres.*
104 *Lettres de rehabilitation à qui necessaires.*
105 *Quand elle n'est suffisante.*
106 *Arts & exercices derogeans à la Noblesse.*
107 *Limitation.*
108 *Arts qui n'y derogent point.*
109 *Si les Aduocats derogent à leur noblesse.*
110 *Labourage & fermes quand derogent à Noblesse.*
111 *Si les étrangers sont nobles en France.*
112 Domi nobiles.
113 *Que les étrangers vrayement nobles sont nobles en France.*
114 *Naturalisez, ou non.*
115 *Qu'il faut qu'ils soient nobles à la mode de France.*
116 *Noblesse comment s'acquiert en Angleterre.*
117 *Les étrangers, qui ne sont parfaitement nobles, ne portent leur noblesse hors leur pays.*
118 Domi nobiles *des Romains.*
119 *Qu'ils auoient vne consideration que nous n'auons pas.*

DES SIMPLES GENTILS-HOMMES.

Chapitre V.

I'Ay tousiours esté curieux, en si peu de liures que i'ay faits, de choisir des suiets tout nouueaux, mesme en les traittant i'ay éuité la rencontre des matieres déja traittées, me persuadant qu'il n'y a gueres ny d'honneur à se preualoir du labeur d'autruy, ny de contentement d'esprit à se monstrer ingenieux par des conceptions déja inuentées, ny finalement d'vtilité au public, de transcrire, ou déguiser ce qui est déja écrit. Mais icy me voila engagé à vne matiere fort commune, n'y en ayant possible aucune du droict François, qui ait esté traittée par plus d'Autheurs, que celle de la Noblesse, dont les Philosophes moraux, les politiques, les humanistes, les Iurisconsultes, mesme encore les Praticiens modernes, ont écrit chacun à sa mode. Et notamment qu'en peut-on dire de nouueau apres Tiraqueau, qui a emporté cét honneur, en tout ce qu'il a traitté, qu'il est bien mal-aisé d'y rien adiouster? toutefois puisque mon sujet s'y addonne si directement, ie ne puis exempter d'en parler, mais i'essayeray à traitter vne matiere vulgaire non vulgairement. Car enfin le champ est si grand & si fertile, que ceux qui l'ont moissonné iusques icy, ont encore assez laissé à glaner à ceux qui les suiuront. Qui est ce que ie tascheray de faire, sans mettre ma faux en leur moisson, ny m'approprier les gerbes par eux amassées. 1 *Matiere de la Noblesse fort traittée.*

Ie commenceray par l'explication des noms de *Gentil-homme*, & *d'Escuyer*, & quant à celuy de Gentil-homme, ie ne me departiray point des deux etymologies que ie luy ay assignées au chapitre precedent; à sçauoir le deriuer *à gentilitate, id est, antiqua ingenuitate, vel à gentili, id est, ethnico*: mais il les faut approfondir vn peu dauantage. Car c'est sans doute, que *Gentil-homme* est vn nom composé *ex duobus rectis*, comme parlent les Grammairiens, puis qu'il se varie au pluriel. Or *Gentil* vient de *Gent*, soit au Latin, ou au François: & comme *Gent* signifie tantost simplement vne race, & tantost toute vne nation, aussi *Gentil* son deriuatif, a plusieurs significations qui en procedent. 2 *Gentil-homme d'où est dit.*

En tant que gent signifie vne race, les Romains ont appellé *Gentiles*, ceux qui estoient de mesme race, & par consequent de mesme nom, que les Grecs appellent ἐπωνύμους, *Gentiles mihi sunt, qui meo nomine appellantur, inquit Cincius apud Festum.* D'où vient que Ciceron en sa premiere Tusculane appelle le Roy Tullius *Gentilem suum*, ainsi à peu prés que Demosthene *in Aristog.* appelle les Iuges ἐπωνύμους τῆς δίκης, que Budée au commencement de ses Pandectes tourne *gentiles.* C'est pourquoy les douze tables joignent souuent ensemble *agnatos & gentiles*, entendant *per agnatos*, les plus proches parents, & *per gentiles* les plus éloignez, qui ne se reconnoissent plus que par le nom. 3 Gentils. ἐπώνυμος

Neantmoins la Gentilité estoit à Rome vne marque d'honneur, pource que ceux d'ancienne race ont tousiours esté estimez plus honorables. *Libertinorum quippe & seruorum gentilitas non est*, dit Cujas aux Instit. C'est pourquoy Ciceron aux Topiques definit *gentiles*, apres Q. Mutius, *eos qui inter se eodem nomine sunt, ab ingenuis oriundi, quorum maiorum nemo seruitutem seruiuit, qui capite non sunt diminuti.* Qui est cause, que plusieurs doctes modernes appellent nos Gentils-hommes *Patricios, qui nempe patrem auumque ciere possunt.* 4 Gentilitas.

Et en tant que *gent* signifie vne nation, ce qui est à la mode, & trouué beau dans le pays, est appellé en nostre langue *gentil*, & semble qu'il soit pris ainsi dans Suetone *in Tiberio, Capillo vtebatur pone occiput submissiore, vt ceruicem etiam obtegeret, quod gentile in eo videbatur.* Mais communément les Romains vsurpoient ce mot en vne signification toute differente, appellant *gentiles*, ceux qui n'obeyssoient à leur Empire, *quia nimirum iure gentium vtebantur non ciuili, id est, Romanorum*, comme l'explique Cujas, ce qu'il confirme par la loy vnique, *De nuptijs gentilium. Cod. Theod.* où *Gentiles* sont opposez *Prouincialibus*; c'est à dire, aux habitans des Prouinces suiettes aux Romains. 5 *Gentil & ioly.* 6 Gentiles pro exteris.

Semblablement en la sainte Escriture, & parmy les Autheurs Chrestiens, les pays idolatres sont appellez *Gentils* & Ethniques du nom Grec, signifiant aussi vne nation: dautant qu'ils tiennent encore l'idolatrie accoustumée à leur gent ou nation. *Gentiles sunt*, dit Papius, *qui sine lege viuunt, & necdum crediderunt, dicti, quia sunt vt geniti fuerunt, id est sub peccato, idolis seruientes, & Græcè Ethnici dicuntur*, c'est pourquoy aussi on les appelle *Payens, paganos*: toutefois quelques-vns pensent que ce soit *quia nondum militiæ Christianæ nomen dederunt.* 7 Gentiles pro paganis.

Partant la coniecture d'vn moderne n'est pas sans apparence, qui dit, que le nom de Gentils-hommes vient de ce que les anciens Francs ou Francons, qui estoient Payens & Gentils, ayant subiugué la Gaule desia Chrestienne, & ayant seuls retenu les armes & les Seigneuries, auec entiere franchise & immunité, comme ie viens de dire, cela fut cause que les Chrestiens originaires du pays les appelloient par dédain ou jalousie, *Gentils*, ou *Gentils-hommes.* 8 *Gentils-hommes d'où dits.*

9 Gentiles & Scutarij.

Car au reste ie ne trouue nulle apparence en la fantaisie d'vn autre moderne, qui veut referer l'origine de nos Gentils-hommes & Escuyers aux *Gentiles & Scutarij*, dont est souuent fait mention dans la Notice, & dans Ammian Marcellin, qui estoient les noms de certaines bandes ou compagnies de soldats Pretoriens; c'est à dire, destinez à la garde & defense du Pretoire ou Palais de l'Empereur, & qui estoient partant *sub dispositione Magistri Officiorum.*

10 Escuyer d'où est dit.

11 Ecu, clypeus, scutum.

12 Targe, rondelle.

Ce qui nous oblige à parler des Escuyers, ausquels, aussi bien qu'aux Gentils-hommes, on peut assigner double etymologie procedant pareillement d'vn mesme mot Latin & François, *nimirum à scuto*, de l'Escu, qui est proprement le bouclier des gens de cheual. *Scuta* (*inquit Seruius in 9. Æneid.*) *sunt equitum, clypei peditum: & scuta breuiora sunt, clypei longiores.* Tite-Liue en rapporte la figure, *Hæc forma erat scuti, summum latius, qua parte pectus atque humeri teguntur: ad imum cuneatior, mobilitatis causa.* Mais quant aux boucliers des pietons, nous appellons les grands, *targes*, pource qu'on se targue derriere, & les petits *rondelles*, pource qu'ils sont ronds Et voila la premiere etymologie d'Escuyer, pour celuy qui portoit vn écu ou bouclier de cheual, d'où sans doute sont dits en Latin *Scutarij, seu scutatores:* desquels Tite-Liue, Firmique, Vegece, & Suetone font souuent mention. Estant certain qu'en toutes nations les gens de guerre ont volontiers pris leur nom de leur armeure, comme en France nos Lanciers, Archers, Arbalestriers, Picquiers, Mousquetaires & Harquebusiers.

13 Arma vnde dicta.

14 Pourquoy les armoiries sont appellées armes & écus.

Mais dautant que les écus estoient l'arme la plus commune aux gens de guerre, on les appella particulierement armes; comme en Grec ὅπλον signifie les armes en general, mais particulierement l'écu: & en Latin *arma* signifient plus proprement les armes defensiues, que les offensiues, *dicta nimirum ab armis, quòd armos, id est, humeros tegant, siue quod ab armis pendeant, vt inquiunt Seruius & Festus.* Pource aussi qu'anciennement nos François faisoient peindre leurs deuises dans leurs armes ou écus (ainsi que les anciens Romans nous font foy & les sepultures anciennes) ce que les Romains faisoient pareillement, comme nous témoigne Vegece Liure 2. Chapitre 18. de là est venu enfin, qu'on a appellé ces deuises, *écus:* chacun à succession de temps s'estant rendu soigneux de garder la deuise & l'écu de ses ancestres, qui auoient esté signalez en valeur militaire. Mesme on a continué à faire peindre ses deuises sur les autres armes, apres que les écus ou boucliers n'ont plus esté en vsage, mais on les a peints ordinairement en la figure ancienne de l'écu, qu'on appelle pour cette cause *écusson:* & les deuises peintes en iceluy sont nommées *armes*, non seulement en François, mais aussi en Latin, comme prouue fort bien Tiraqueau au 7. Chapitre *De Nobil.* defendant Bartole contre Laurent Valle, qui l'a repris mal à propos d'auoir confondu *arma & insignia.*

15 Seuls Nobles ont droict d'armoiries.

De là est pareillement procedé, qu'il n'y a que les Nobles en France, qui ayent droict d'auoir armoiries, comme estans issus de ces anciens Cheualiers, qui peignoient leurs deuises en leurs écus ou boucliers. Mesme il se void par la Charte du Roy Charles V. de l'an 1371. que quand il annoblit les Parisiens, il leur donna droict de porter armoiries: comme aussi le formulaire des Lettres d'annoblissement contient par exprés ce mesme droict. Et voila la seconde Etymologie des Escuyers; à sçauoir, que ce sont ceux qui ont écus ou armoiries anciennes, esquelles consiste la marque visible de nostre Noblesse, ainsi que celle de Rome és images: car Pline, Liure 35. Chapitre troisiéme, dit que c'estoit aussi la coustume des genereux guerriers de se faire peindre en leurs boucliers, & que *scutis continebantur imagines.* C'est pourquoy Budée sur la loy seconde *De origin. iur.* dit, que les armes de nos Gentils-hommes ont succedé aux images de la Noblesse Romaine.

16 Bourgeois des villes ont entrepris de porter armes.

17 Timbre d'où dit.

18 Bourgeois ont timbré leurs armoiries.

Mais en consequence de ce priuilege, attribué aux Parisiens, de porter armoiries, les plus notables Bourgeois des principales villes ayans aussi entrepris d'en porter, les Gentils-hommes se sont aduisez de mettre au dessus des leurs, vn heaume ou armure de teste, pour se distinguer d'auec ceux qui ne portent point les armes, ce qu'ils ont appellé *timbre*: pource, à mon jugement, qu'il estoit fait du commencement, comme vne bourguignotte ou chapeau de fer, qui auoit la forme d'vn timbre de cloche, qu'il faudroit plustost nommer timble, *quasi tintinnabulum.*

19 Timbre est personnel.

Au contraire, les Nobles des villes, desireux de referer leur Noblesse à l'ancienne Gentillesse militaire, n'ont gueres tardé de timbrer leurs armoiries comme les Gentils-hommes: bien que par l'Ordonnance d'Orleans, article 200. & celle de Blois, article 255. cela soit expressément defendu aux roturiers. Et ie diray en passant, qu'il me semble ridicule de voir l'armoirie d'vn Officier de longue-robe coiffée d'vn heaume, au lieu qu'elle deuroit estre timbrée d'vn bonnet quarré, comme celle des Euesques est timbrée de leur mitre, & celle des Cardinaux de leur chappeau. Car enfin le timbre est tousiours composé de l'habillement de teste, & faut prendre garde qu'il se refere particulierement à la personne, & non pas à la famille, comme l'armoirie: ainsi qu'il se collige des armoiries des femmes, qui n'ont point de timbre, fors le las d'amour, ou cordeliere, ce que ie prouueray encore au Chapitre suiuant.

Or comme aux armoiries, ainsi aux qualitez & titres d'honneur, les Gentils-hommes faisans profession des armes, ont tousiours tasché à se distinguer de la Noblesse de ville, & cette Noblesse au contraire de se mesler & confondre auec eux. Car les plus honnestes habitans des villes, ayant de long-temps pris coustume de se qualifier *Nobles-hommes* : cela a fait que ceux d'épée ont méprisé ce titre, & se sont voulu qualifier *Escuyers*. Bien qu'autrefois Noble-homme fust plus qu'Escuyer. Car Noble-homme estoit le titre de la Noblesse de dignité, & mesme de la haute Noblesse, comme il se void souuent dans du Tillet, des Princes du Sang prenans qualité de Nobles-hommes, & Froissart en plusieurs endroits de son histoire, dit qu'en telle rencontre il fut tué tant de Nobles, & tant d'Escuyers, mettant tousiours les Escuyers apres les Nobles. Et encore auiourd'huy en Angleterre les Nobles ou Gentils-hommes sont differents des Escuyers, & constituënt vn degré au dessus d'eux, ainsi que le declare expressément Thomas Smith, au Liure qu'il a fait en Anglois, *De Republica Anglic*. Mais pour montrer aussi que cela estoit ainsi d'ancienneté en France, il se void en la Coustume de Hainaut que les degrez de Noblesse sont apertement distinguez : à sçauoir, le Pair, le Cheualier, le Noble-homme, & l'Escuyer, estant fait plus grande taxe pour les journées des Pairs (mot qui sera expliqué au Chapitre suiuant) que des Cheualiers : des Cheualiers, que des hommes Nobles : des hommes Nobles, que des Escuyers.

20 *Noblesse des villes a tâché de s'égaler à celle de race.*

21 *Noble-homme autrefois plus qu'Escuyer.*

Aussi y a-t'il grande apparence, que la vraye & originaire etymologie du nom *d'Escuyer* vient de porter l'écu : non pas le sien, mais celuy de son Maistre, & que c'estoient proprement ceux que Plaute *in Casina* appelle *scutigerulos*, ainsi que les anciens Romains nous apprennent, que les doctes d'à present aduoüent estre les plus seurs temoins des menuës antiquitez de nostre Nation : & de fait Fauchet en ses Origines nous apporte deux ou trois anciennes Chartes Latines, où le grand Escuyer de France est appellé *Scutifer*.

22 *Escuyer que signifie proprement.*

Car l'ancienne Noblesse de France n'estoit pas si glorieuse, que celle d'à present, qu'vn pauure cadet de Gentil-homme, bien qu'il meure quasi de faim dans sa chaumiere, tiendroit à des-honneur de seruir en la Maison du Roy, mesme feroit difficulté de ceder, dans la Parroisse dont il est, à vn grand Seigneur, disant qu'il est aussi Noble que le Roy : ce qui est si ordinaire en leur bouche, qu'il est tourné en Prouerbe, que i'expliqueray au Chapitre suiuant. Mais au temps passé, tous les Gentils-hommes sans exception, faisoient ordinaire de seruir plus grands qu'eux. Car les Princes seruoient les Roys, & les Seigneurs seruoient les Princes, & les simples Gentils hommes les Seigneurs, comme à la verité à toute sorte de personnes, c'est vn bon moyen de paruenir, que de se soumettre aux plus grands, ce qui a lieu particulierement aux Gentils-hommes : car comme le Gentil-homme ne peut faire aucun exercice pour entretenir sa famille, c'est le seul moyen qu'il a de maintenir sa qualité, que de s'auancer aux Charges Militaires par la faueur des Grands : & de plus ce luy est vn honneste moyen de pouruoir ses enfans, que de les donner aux Princes & Seigneurs : & voilà comment la Noblesse, qui tousiours a voulu faire bande separée d'auec le peuple, se maintenoit autrefois par soy-mesme.

23 *Gentils-hommes se seruoient anciennement les vns les autres.*

Premierement les jeunes Gentils hommes estoient Pages des Seigneurs, & les jeunes Damoiselles estoient filles de chambre des Dames. Car comme nous enseigne fort bien Ragueau, les Pages *sunt Pædagogia siue pædagogiani pueri*. Bien que Pinel sur Pline les deriue de *Pagani vel Pagenses*. Or entre les Pages il y en a de deux sortes, sçauoir les Pages d'honneur, & les communs. Les Pages d'honneur ne sont que chez le Roy & les Princes Souuerains, & sont ordinairement fils de Barons ou Cheualiers, desquels la fonction, telle qu'elle est en France, est bien décrite par Q. Curse, Liure 8. où enfin il dit, *Hæc cohors veluti seminarium Ducum Præfectorumque est*. Car estans mis hors de Page, ils deuiennent Bacheliers ou Damoiseaux (Bachelier signifie le pretendant à Cheualerie, Damoiseau est le diminutif de Dam, qui signifie Seigneur) iusques à ce qu'estans deuenus chefs de maison, ils soient qualifiez Seigneurs tout à fait, ou s'estans fait signaler en faits d'armes, le Roy les fasse Cheualiers : termes qui seront interpretez plus amplement cy-apres.

24 *Pages.*

25 *Pages d'honneur.*

26 *Bacheliers, Damoiseaux.*

Les Pages communs sont issus de simple Noblesse, & seruent les Cheualiers ou Seigneurs (car vn simple Gentil-homme ne doit auoir Pages, mais laquais seulement, qui sont roturiers) & estans hors de Page, ils deuenoient anciennement Escuyers, pource qu'ils auoient la charge de porter l'Escu, ou les armes du Cheualier, quand il alloit en guerre. Comme on void que le grand Escuyer de France porte és entrées du Roy la cotte d'armes, & l'épée Royale, marchant immediatement deuant le Roy, monté sur vn cheual caparassonné de velours violet semé de fleurs de lys d'or.

27 *Pages communs.*

Et pource que l'Escuyer auoit la charge non seulement des armes, mais aussi des cheuaux de son maistre, c'est à dire, de tout son équipage, on a appellé chez les Roys & les Princes, *Escuyers*, ceux qui auoient soin des cheuaux, & leurs étables, des *Escuries*. Ce qui a donné sujet à quelque moderne, de dire que l'Escuyer est dit *ab equo*, *quasi equiarius* : en quoy à mon aduis, il y a plus de rencontre que de raison, estant sans doute le terme *d'Escuyer* pur François : & n'y a gueres à mon aduis, plus d'apparence de dire auec Fauchet en

28 *Escuyer derivé ab equo selon aucuns.*

ses Origines, qu'*Escurie* est vn vieil mot François signifiant étable; pour preuue dequoy il rapporte l'article 3. du 18. titre de la loy Salique, *si quis scudem cum porcis, scurium cum animalibus, aut fœnile incenderit*, *&c.* terme que ie n'ay iamais leu ailleurs, & i'estimerois plustost que ce fust du François latinisé, que du vray Latin.

29 *Escuyers appellez Maréchaux.* Qoy qu'il en soit, anciennement les Escuyers du Roy estoient appellez *Maréchaux*, du terme Allemand *Marchal*, qui signifie Officier ou seruiteur de cheuaux, dit du Tillet, dont encore le nom de Maréchal est demeuré à ceux qui ferrent les cheuaux & les pansent malades. Mais les Maréchaux de la Maison du Roy ayans esté honorez de la conduite de la gendarmerie, comme leur chef d'Office, le Connestable (ainsi appellé, *quasi Comes stabuli*, comme i'ay prouué ailleurs) ceux qui ont esté chez le Roy, pour faire l'ancien Office de ces Maréchaux, ont pris le nom d'Escuyer, ainsi qu'és Maisons des Seigneurs.

30 *Valet que signifie.* L'Escuyer donc estoit le seruiteur Noble, qui assistoit le Cheualier ou Seigneur en la guerre & à cheual, & le valet estoit celuy qui le seruoit à pied en la maison, que nous appellons *homme de chambre*, ainsi appellé *quasi va-lez*, pource qu'il estoit le plus proche de son maistre, son coustillier & estaffier, *assecla & stipator corporis*, comme parle Ciceron: de sorte qu'entre les seruiteurs ou Officiers domestiques des Princes & Seigneurs, la qualité de valet estoit anciennement honorable, ainsi dans Froissart, Guy de Lusignan se dit valet du Comte de Poictou, dans Ville Hardoüin il est fait plusieurs fois mention du valet de Constantinople, qui estoit le Prince, & cela se trouue souuent és vieux Romans & anciens tombeaux: mesme le valet des Chartes nous en rend témoignage, & aux Tarots, il a audessus de luy le Cheualier, qui est le moyen degré de Noblesse, entre le valet, pris pour l'Escuyer ou simple Gentil-homme, & le Prince.

31 *Valet de Chambre du Roy.* Ainsi les Chambellans du Roy, qui à present sont nommez Gentils-hommes de la Chambre, s'appelloient autrefois *Valets de Chambre*, mais le Roy François, voyant que ces Offices n'estoient plus exercez que par les roturiers, ainsi que sont à present quasi tous les menus Offices de la Maison du Roy, qu'anciennement les Gentils hommes se tenoient bien honorez d'exercer, institua par dessus eux des Gentils-hommes de la Chambre, de sorte qu'enfin le nom de *valet* est venu à mépris, mesme desormais a esté opposé au Gentil-homme.

32 *Escuyers de la Maison du Roy.* Et pource qu'au contraire le nom *d'Escuyer*, est entré en vogue, au moyen de ce que les Gentils-hommes d'épée s'en sont titrez pour se distinguer des Nobles de ville: les menus Officiers de la Maison du Roy, afin d'estre reputez Gentils-hommes, comme anciennement on n'en eust pas receu d'autres, se sont presque tous qualifiez Escuyers, comme les Officiers de l'Escurie. Ainsi ceux qui auoient coustume d'estre appellez *valets tranchans*, ont voulu estre qualifiez *Escuyers tranchans*, & les Officiers de la cuisine autrefois appellez *Maistres Queux*, se sont dits *Escuyers de Cuisine*, & ainsi des autres.

33 *Gentils-hommes des champs appellez Escuyers.* Dont on peut colliger, que les Escuyers estoient proprement ceux d'entre les Gentils-hommes, qui s'adonnoient au seruice des plus grands, & partant estoient moins estimez que ceux qui viuoient de leurs rentes. Mais enfin tous les Gentils-hommes des champs ont pris ce nom, ressentant la profession militaire, qui sans doute est la plus veritable source de Noblesse, afin de se distinguer de la Noblesse de ville, qui prouient ordinairement des Offices: mais ils n'ont gueres gagné. Car à la fin ces Officiers, pour paroistre aussi nobles que les Gentils-hommes de race, ont vsurpé ce mesme nom, encore qu'ils n'ayent iamais porté targe ny ecu.

34 *Noblesse ne doit estre aisément acquise.* Puis donc que la Noblesse est si recherchée, il est bien raisonnable, que les moyens legitimes de l'acquerir, soient certains & limitez, pource qu'autrement chacun y voudroit auoir part, & enfin elle retourneroit en confusion. *Clarus quippe honor vilescit in turba, & apud dignos indigna est dignitas, quam multi indigni possident.* Pour les expliquer, il semble qu'il n'est point question de parler de la Noblesse de race, qu'au precedent Chapitre i'ay appellé *gentillesse*, dautant qu'elle n'a point de commencement. Et toutefois c'est vne grande question non encore resoluë, si elle s'acquiert irreuocablement *à patre & auo*, c'est à dire par la possession & vsage continuel de deux generations, supposé qu'il apparoisse liquidement, que les predecesseurs d'auparauant fussent roturiers. Question qui resulte principa-

35 *Si la Noblesse s'acquiert irreuocablement par l'vsage de deux generations.* lement du reglement moderne des tailles, fait en l'an 1600. lequel en l'article 58. *defend à toutes personnes de prendre titre d'Escuyer, & s'insinuer au corps de la Noblesse, sinon entr'autres, à ceux qui sont issus d'ayeul & pere, qui ait fait profession des armes, sans auoir fait acte vil, ou derogeant à leur qualité.* Car les valets des Gentils-hommes, ou ceux qui ont couru la poule pendant les guerres, mesme ceux qui n'ont voulu suiure autre exercice, sinon de traisner l'épée, se font accroire, que si par la force & intimidation d'eux, ou des Gentils-hommes des villages (ausquels ils seruent d'estaffiers, de couppe-jarets, mesme de tueurs) ils se peuuent échapper pendant deux generations de payer la taille, leur posterité deuiendra noble, sans qu'ils ayent besoin du Roy, ny de son annoblissement. Soustenans que la Noblesse s'acquiert & prescript par deux generations: & de fait nos Docteurs tiennent presque tous, qu'elle peut

36. Prescription de Noblesse.

tous, qu'elle peut estre prescrite par vne possession immemoriale, dont Tiraqueau fait vn amas d'allegations, *cap.* 14. *De Nobil.* qui est vn poinct veritable.

37. Que non.

Mais pourtant ie ne puis tenir pour cette nouuelle Noblesse des porte-espées de nostre temps, pour le desordre que ie voy naistre de la grande trouppe de gens, qui à present par cette voye si facile se veulent exempter, & des tailles du Roy, & des vacations populaires, & ce à la foule du menu peuple, qui paye les tailles pour eux; au dommage du public, auquel ils ne contribuënt point leur labeur & industrie; & enfin à la confusion & mepris de la vraye Noblesse, à laquelle ils se comparent: mais il me semble plus juste & plus equitable d'obseruer, que supposé qu'il apparoisse liquidement & au vray, de la qualité des ancestres de celuy qui pretend auoir prescrit la Noblesse par deux generations, qu'il ne la peut auoir acquise incommutablement sans concession du Prince: veu que c'est la definition que donne Bartole à la Noblesse, qu'elle prouient *à Principatum tenente.* Car d'ailleurs ce qui concerne les droicts du Roy & l'interest du public, est imprescriptible, notamment sans titre, & auec mauuaise foy, & quand il appert de l'origine vicieuse: principalement encore ce qui est hors du commerce priué & de la disposition des particuliers, comme est la Noblesse, attendu que mesme és choses qui sont en commerce, les loix disent, que *nemo potest sibi mutare causam possessionis suæ, nemo statum suum immutare*, comment donc vn roturier se pourra-t'il annoblir soy mesme, & sa posterité à cause de luy, veu que l'acquisition de la Noblesse est moins fauorable, que celle de la liberalité? Et puisque les vsurpateurs de Noblesse sont declarez faussaires par la loy *Eos.* §. *Si pro milite. D. De falsis.* & sont punis par nos Ordonnances, pourquoy donnera-t'on force & authorité à leur vsurpation? Finalement puisque le Roy pour euiter la surcharge du pauure peuple, a reuoqué par Edict de l'an 1598. tous les annoblissemens concedez par luy mesme, bien que verifiez aux Cours Souueraines, & accordez la pluspart moyennant finance, pourquoy maintiendra-t'on ceux qui ont esté vsurpez sans sa concession?

38. Noblesse imprescriptible, quand il apparoist de la roture des ancestres.

39. Interpretation de l'art. du reglement des Tailles de l'an 1600.

Aussi ce reglement de l'an 1600. ne les declare pas nobles precisement, & ne dit pas qu'apparoissant d'ailleurs qu'ils soient roturiers, ils ayent acquis & prescrit la Noblesse, au contraire il suppose que leurs predecesseurs fussent de Noble qualité, en ces mots, *qu'ils n'ayent point fait d'actes derogeans à leur qualité.* Mais de verité, parce que la plus vraye Noblesse est celle, dont le commencement excede la memoire des hommes, & qui partant ne peut estre prouuée que par la possession, cét Edict a ordonné fort iustement, que quand on la reuoque en doute, ce soit assez d'en prouuer la possession continuelle du pere & ayeul, qui sert de presomption suffisante & concluante, supposé que d'ailleurs le contraire n'apparoisse liquidement & euidemment. Mais ce n'est pas la presompion que nos Docteurs appellent *iuris & de iure, contra quam non admittitur probatio*; mais ce n'est que la presomption commune, *quæ reijcit onus probandi in aduersarium.* Car ie suis bien d'accord auec eux, que la Noblesse, ou pour mieux dire, l'ingenuité est presumée asseurément & peremptoirement, par le moyen de la possession immemoriale, *quæ iure constitutæ loco habetur*, comme en cas semblable dit la loy *1.* §. *Ductus aquæ. D. de aqua quot. & æst.* mais il faut prendre garde, que c'est quand la possession est immemoriale, c'est à dire, quand il n'y a memoire, ny preuue, ny par consequent certitude du contraire.

40. Aliud en la Noblesse prouenant des Offices.

Or ne faut-il pas dire ainsi de la Noblesse prouenante des Offices du pere & ayeul, bien qu'elle semble égalée à l'autre, au mesme article de ce reglement. Car celle-là est acquise incommutablement à la troisiéme generation, pource qu'elle prouient en effet de la concession du Prince, qui confere les Offices: aussi ce mesme reglement porte que les grands Offices sont commencement de Noblesse selon les mœurs du Royaume, ce qui n'a jamais esté dit de l'exercice Militaire, & encore moins de ceux qui ne font que traisner l'épée dans les villages.

41. Noblesse doit estre prouuée par escrit.

42. Fors pour les Benefices.

43. Si l'Arrest declaratif de Noblesse fait droict en toutes personnes.

Tant y a, que ceux qui veulent fonder leur Noblesse sur la façon de vie de leur pere & ayeul, en doiuent auoir preuue par écrit, à sçauoir, par certificats des Capitaines, sous lesquels ils ont seruy le Roy, extraits des rolles ausquels ils ont esté compris, Contracts de mariage & partages, où ils ont pris qualité *d'Escuyer*, & autres semblables titres probatifs, à quoy la preuue testimoniale ne seroit seule suffisante, bien qu'elle soit admise pour fortifier la literale, ainsi que cét oracle de la Cour des Aydes Monsieur le Bret nous apprend en son 56. plaidoyé. Mais pour ce qui concerne les Benefices, il suffit par le Concordat. §. *Cùm vero probatio. tit. De collat.* & par l'Ordonnance du Roy Louys XII. de l'an 1566. d'vne attestation de quatre témoins. Et pour sçauoir si l'Arrest declaratif de Noblesse interuenant en ces procez fait foy deformais, *quoad omnes, quasi in causa status*, suiuant la loy *Ingenuum. D. De statu hominum*, faut voir Tiraqueau au commencemenr de son 37. Chapitre. Car au surplus c'est chose certaine, qu'vne simple Sentence des Esleus, non homologuée à la Cour des Aydes, n'est pas suffisante preuue de Noblesse, pource que les causes de Noblesse doiuent estre traitées en premiere instance en ladite Cour des Aydes, ainsi que celles du Domaine du Roy au Parlement.

44. Grands Offices annoblissent. Pour reuenir aux Offices annoblissans, ils ont esté specifiez presque tous au 6. Chapitre du premier Liure *Des Offices*, où i'ay dit, qu'il y en a de deux sortes, les vns qui non seulement annoblissent le pourueu, mais aussi le mettent au rang de la haute Noblesse, lesquels par consequent ont cette force, que par la seule dignité du pere, les enfans sont annoblis de simple Noblesse, ainsi qu'ils seroient par le moyen des lettres d'annoblissement par luy obtenuës, desquels Offices il sera encore parlé au Chapitre suiuant, comme aussi des Seigneuries annoblissantes, qui ont le mesme effet que les grands Offices.

45. Moindres Offices annoblissans. Mais il y a d'autres moindres Offices, qui annoblissent le pourueu seul, & qui ne luy attribuënt qu'vne Noblesse personnelle, & n'ont pas le pouuoir d'annoblir sa lignée, si tels Offices, ou autres semblables n'ont esté tenus par le pere & l'ayeul, auquel cas la Noblesse 46. Noblesse des Conseillers des Cours Souueraines. est acquise perpetuellement à la posterité. Et de cette espece sont les Offices de Conseillers des Cours Souueraines, encore qu'ils n'en ayent point d'Edict exprés, mais cela est fondé sur les anciennes loix & mœurs du Royaume, ainsi que parle le reglement general de l'an 1600. & l'Arrest du Conseil Priué de l'an 1602. contenant le reglement particulier des tailles de Dauphiné, mentionné au 9. Chapitre du premier Liure *Des Offices*: ce qu'il ne faut point trouuer étrange, attendu la resolution de Bartole sur la loy premiere *C. De dignit.* que *Officium habet Nobilitatem annexam, quod communiter habere reputatur.*

47. Noblesse des Secretaires du Roy. Mais les Secretaires du Roy en ont Edict exprés, qui leur donne de plus ce priuilege, que leurs enfans sont Nobles, pourueu qu'ils n'ayent disposé de leur Office, sinon à vn fils ou gendre. Mesme plusieurs bonnes villes de France ont ce priuilege par Chartes des Roys bien verifiées, que leurs Maires, & aucunes aussi, que leurs Escheuins sont annoblis, ensemble la posterité d'iceux: priuilege qui est fondé sur ce que les Decurions des villes Romaines se pretendoient Nobles, comme il se void au tit. *De Decurionibus.*

48 Charges Militaires annoblissantes. Et quant aux charges militaires, desquelles à la verité la Noblesse doit plustost proceder, que des autres, il ne faut point douter, que celles des Gouuerneurs des Prouinces & villes, Capitaines & membres principaux des gendarmes des Ordonnances du Roy, n'annoblissent ceux qui en sont honorez. Mesme on a autrefois estimé que toutes les places de ces compagnies, ensemble les charges de Capitaines en chef de gens de pied, Lieutenans ou Enseignes eussent droict d'annoblir: mais le reglement de l'an 1600. a decidé le contraire en l'article 58. les declarant seulement exempts des tailles, comme simples priuilegiez, & tant qu'ils continueront le seruice, sauf à eux, apres vingt ans de seruice, d'obtenir priuilege de Veteran: & adiouste, qu'à l'aduenir les roturiers, qui tiendront ces places, ne iouïront d'aucune exemption, qu'apres auoir seruy dix ans entiers, & pour autant de temps qu'ils continueront à seruir. Et neantmoins elle enjoint aux Capitaines des gendarmes, de remplir leurs compagnies de Gentils-hommes.

49. Charges affectées aux Nobles n'annoblissent pas. En quoy faut tenir vne regle assez notable, que les Offices ou charges affectées aux simples Nobles, n'annoblissent pas pourtant le pourueu, s'il apparoist qu'il soit roturier. Il est bien vray, que tant qu'il y est toleré, il est presumé noble, & si le pere & l'ayeul ont tenu successiuement de tels Offices, c'est vne preuue de Noblesse, pour ceux de la troisiéme generation, suiuant le 56. article de ce reglement que ie viens d'interpreter.

50. Offices priuilegiez. Il faut aussi distinguer d'auec les Nobles les simples exempts des tailles par priuilege, comme les menus Officiers domestiques du Roy & des Princes priuilegiez, les Officiers des Eslections, & autres semblables. Car ceux là n'ont que demy-Noblesse, & ne sont pas tenus pour Nobles en autre occurrence, hors l'exemption des tailles: mesme quand ces Offices auroient esté en six generations, ils n'apportent ny Noblesse, ny exemption aux descendans.

51. Annoblissement par lettres du Roy. Voilà quant à l'annoblissement taisible procedant des Offices ou Seigneuries, & quant à l'exprés, qui est concedé par lettres du Prince, puisque la vraye Noblesse prouient de vertu, dont l'honneur est la plus sortable recompense, mesme que la vertu de l'homme est plus propre à luy produire de l'honneur, que non pas celle de ses predecesseurs, & comme disoit Antigonus que l'Andragathie doit plustost estre recompensée que la Patragathie, il est bien raisonnable, que le Prince Souuerain honore du titre de Noblesse celuy qu'il void doüé d'vne insigne vertu, & afin de recompenser son merite particulier, & afin d'exciter vn chacun à la vertu.

52. Le Roy seul peut annoblir. Mais quoy qu'il en soit, cét annoblissement ne peut estre fait que par le Prince, que Dieu (duquel tout honneur procede) a étably distributeur en ce monde de ce don diuin. C'est pourquoy, joint que l'annoblissement diminuë les droicts du Souuerain, on a osté à bon droict aux Ducs & Comtes le pouuoir de faire Cheualiers, & mesme d'annoblir, qu'ils auoient autrefois vsurpé parmy les autres droicts de Souueraineté. Et ceux-là mesme d'en- 53. Et non les Princes sujets. tr'eux, qui iouyssent des droicts de Souueraineté, ont esté excluds & empeschez de celuy-cy, témoin l'ancien Arrest contre le Comte de Flandres de l'an 1280. rapporté par Pithou, sur la Coustume de Troyes, *Dictum fuit, quod, non obstante contrario vsu ex parte Comitis Flandrensis proposito, non poterat, nec debebat facere de villano Militem sine authoritate Regis.* Et pareil-

lement par plusieurs Ordonnances on a retranché ce droict aux Gouuerneurs des Prouinces, mesme de celles qu'on pretend n'estre pas tout à fait vnies & incorporées au Royaume, comme celles de Prouence & de Dauphiné, & desquelles partant les Gouuerneurs pretendent auoir plus d'authorité, que ceux des autres Prouinces, ainsi que i'ay dit ailleurs.

54. *Clauses des lettres d'annoblissement.*

Le formulaire des lettres d'annoblissement est rapporté tout au long par Bacquet, & mesme Tierriat en rapporte trois. Ce qui s'y void de plus notable, est, que comme és amortissemens des heritages, aussi aux annoblissemens des personnes, le Roy doit estre indemnisé par le payement de certaine finance, qui est taxée par sa Chambre des Comptes, en consideration de ce que la lignée de l'annobly est affranchie de subsides, n'estans sa Maiesté reputée auoir donné que ce qui est de l'honneur, sans diminution de ses droicts. Si ce n'est que les lettres d'annoblissement contiennent remise & quittement exprés de cette finance, clause qui n'est gueres oubliée à present. Mesme, encore que le Roy quitte la finance de son indemnité, on considere d'ailleurs la surcharge qui reuient au peuple par le moyen de l'exemption de l'annobly & de sa lignée à perpetuité : c'est pourquoy il en est deub aumosne, c'est à dire, vne petite somme de deniers, que taxent pareillement Messieurs des Comptes en verifiant l'annoblissement, pour estre conuertie en œuures charitables. Aumosne, qui n'est pas si communément remise par le Roy (pource qu'elle concerne les pauures) que la finance de son indemnité, neantmoins il la remet quelquefois, & n'y a point de doute qu'il ne le puisse faire.

55. *Finance deuë pour l'annoblissement.*

56. *Aumosne deuë pour l'annoblissement.*

57. *Où il faut verifier les lettres d'annoblissement.*

Au surplus ces lettres d'annoblissement doiuent estre verifiées, tant à la Chambre des Comptes, à cause de la diminution des droicts du Roy, qu'à la Cour des Aydes, à cause de l'exemption des tailles. Mesme c'est le plus seur de les faire verifier au Parlement, qui est la Iustice ordinaire & naturelle des droicts du Roy, & la Iustice Souueraine des personnes de ses sujets, tant à cause de l'exemption des francs fiefs, que sur tout à cause du droict different introduit par plusieurs Coustumes pour les Nobles. Et de fait le mesme Pithou nous rapporte vn Arrest de l'an 1543. par lequel fut ordonné, que la succession d'vn qui auoit obtenu lettres d'annoblissement, & ne les auoit fait verifier de son viuant, mais seulement sa veufue apres son deceds, seroit partagée roturierement.

58. *Lettres d'annoblissement ne profitent aux enfans nais & à naistre.*

Or la Noblesse prouenant de l'annoblissement, soit exprés ou taisible, s'étend sans difficulté aux enfans, pource qu'elle affecte le sang & la lignée, *est enim nobilitas virtus generis*, comme la definit Aristote. Mesme elle s'étend à ceux qui estoient nais auparauant iceluy, suiuant la disposition du Droict Romain en la loy *Mort.* §. *vlt. D. De pœnis.* Et sur tout en la loy *Senatoris filium. D. De Senator. Nihil interest*, dit-elle, *in Senatoria Dignitate constitutus patrem filium susceperit, an ante Senatoriam dignitatem.* A quoy ne contrarie la loy *Si Senator. C. De Dignit.* Car, comme dit Cujas, il ne la faut entendre qu'à l'égard des charges onereuses, & non des honneurs, comme ces termes le montrent. *Honores paternos filius inuideri non oportet.* De sorte que c'est vne regle perpetuelle en droict, que le fils du Senateur, ou du Decurion, nay auparauant la dignité de son pere, en doit auoir les honneurs & priuileges, mais non pas les charges & incommoditez, comme il est dit precisement en la loy 2. §. *In filijs. D. De Decur.*

59. *Explication de la loy Si Senator. C De dignit.*

60. *Noblesse de Dignité est perpetuelle en France.*

Mais bien qu'au Droict Romain la Noblesse de dignité, & les priuileges d'icelle ne passent point outre la troisiéme generation des descendans, appellez *pronepotes. leg. Diuo. Cod. De quæst.* comme tous les Docteurs tiennent sur la loy premiere *Cod. de Dignitat.* neantmoins en France, où toute nostre Noblesse est enfin referée à celle de race, tous les descendans des annoblis sont Nobles : mesme aucuns pensent, que la vraye Noblesse ne commence qu'à la troisiéme generation, comme dit Budée sur la loy derniere *De Senat.* quoy qu'il en soit, il est bien certain entre nous, que cette Noblesse se renforce & augmente tousiours de ligne en ligne.

61. *Si les bastards des Gentils-hommes sont Nobles.*

Quand ie parle des descendans, i'entend de ceux qui naissent en loyal mariage, & non pas des bastards : Car bien que tous nos Docteurs François sans exception, comme Chassanée sur la Coustume, Guy Pape Decis. 580. Boyer Decis. 127. Benedicti au commencement de sa repetition, Imbert en son Enchirid. *in verb. Spurius*, & Rebuffe sur le Concordat, au § *Quia verò. De collat.* tiennent que c'est vne coustume generale de France, que les bastards des Gentils-hommes sont exempts de tailles, neantmoins le contraire est veritable, comme nous apprend le reglement de l'an 1600. article 26. dont voicy les mots ; *Encore que les bastards soient issus de peres Nobles, ne se pourront attribuer le titre & qualité de Gentils-hommes, s'ils n'en obtiennent nos lettres d'annoblissement, fondées sur quelque grande consideration de leurs merites, ou de leurs peres, verifiées où il appartient.* On tient mesme qu'encore qu'ils soient legitimez par le Roy, ils ne deuiennent pas pourtant Nobles, comme Monsieur le Bret nous apprend en son 52. plaidoyé, pource que les lettres d'annoblissement sont autres que celles de legitimation, & quant à la Noblesse de race, elle doit venir du pere & de l'ayeul. Or le bastard legitimé à la poursuite de son pere, n'est pas pourtant, ny legitimé ny reconnu pour enfant par le pere de son pere. C'est pourquoy il faut que le bastard du simple Gentil-

62. *Legitimation ne produit annoblissement.*

homme, obtenant ses lettres de legitimation, y fasse inserer la clause d'annoblissement.

63. *Que les bastards des Seigneurs sont Gentils-hommes.* I'estime neantmoins, qu'il faut restraindre selon ses termes cette rigoureuse Ordonnance, qui sans doute est contraire à l'ancienne coustume de France, attestée par tous nos Docteurs. Et attendu qu'elle ne parle simplement que des Gentils-hommes, il ne la faut pas étendre aux bastards des Seigneurs, pource que cette derniere raison n'a lieu à leur égard; mais les enfans de ceux de la haute Noblesse n'ont pas besoin de prouuer que leur ayeul ait esté Noble: aussi qu'on obserue notoirement encore à present, que les bastards des Seigneurs portent les armes des maisons de leur pere, sans autre distinction, sinon de la barre gauchere: & qui voudroit dire que le bastard d'vn grand Seigneur deust payer la taille?

64 *Proportiõ des bastards auec les legitimes.* Aussi ay-je leu quelque part vne resolution fort équitable en cette matiere: A sçauoir que n'estant raisonnable que les bastards soient en pareille dignité & degré d'honneur que les enfans legitimes, ils doiuent tousiours estre mis d'vn degré plus bas qu'eux: De sorte que les bastards des Roys sont Princes, ceux des Princes sont Seigneurs, ceux des Seigneurs sont Gentils hommes, & ceux des Gentils-hommes, sont roturiers, afin que le concubinage n'ait autant d'honneur, que le loyal mariage. Ce que ie n'entens pas des legitimez par mariage subsequent, car ceux-là sont en tout & par tout égalez à ceux qui sont nais en loyal mariage.

65 *Bastards ne suiuent la Noblesse de leur mere.* Mais reuenant aux bastards on demande, si au moins ils se peuuent préualoir de la Noblesse de leur mere, attendu que *Lex naturæ est, vt qui nascitur extra legitimum matrimonium, matrem sequatur*, dit la loy *Lex naturæ. D. De statu hom.* & la loy premiere § 1. *D. Ad municip.* dit que *cum priuilegio aliquo materna origo censetur, maternæ originis est filius etiam vulgò quæsitus.* Mais ces loix parlent de *statu, non de familia, quæ nunquam à matre ducitur, imò ex sola agnatione proficiscitur. leg. Liberos. D. De Senator.* qui est ce que nous disons en France, que *le ventre affranchit, & la verge annoblit*, & faut prendre garde que tout ce qui est au dessous de l'estre naturel, qui est la liberté, se mesure du costé de la mere: & ce qui est au dessus, prouient de l'estoc du pere. D'où il s'ensuit, que mesme les enfans legitimes d'vne mere noble & d'vn roturier, sont roturiers: c'est ce que dit cette loy *Liberos, Licet ex filia Senatoris natus sit, spectare debemus patris conditionem.* Car tant s'en faut que la femme Noble mariée à vn roturier transfere sa noblesse à son mary, ny à ses enfans, qu'au contraire, elle mesme la perd, pource que c'est vne regle perpetuelle, que la femme suit la qualité de son mary, *leg. Fœminæ, eod. tit.*

66. *Noblesse en Champagne de par la mere.* Il est vray que les Coustumes de la Prouince de Champagne, à sçauoir de Troyes, Sens, Meaux, Chaumont, Vitry, portent expressement, que pour estre Noble il suffit d'estre descendu de pere, ou mere Noble: ce qui est prouenu d'vn priuilege donné aux Champenois, apres la bataille de Fontenay prés Auxerre, entre le Roy Charles le Chauue, & ses freres, selon aucuns; ou selon autres à Iaunes prés Bray, où la pluspart de la Noblesse de Champagne fut tuée, priuilege semblable à ceux mentionnez en cette loy 1. § 1. *Ad municip.* 67 *Abolie à present.* Mais Monsieur Conan *lib. 2. capite De Ingenuis*, & apres luy Monsieur Pithou, qui a traité amplement cette question, sur le premier article de la Coustume de Troyes, nous apprennent que cette Coustume ne se garde plus qu'à l'égard des effets coustumiers, mais non pas pour l'exemption des tailles, comme il fut jugé par Arrest de la Cour des Aydes, de l'an 1566. qui fut ordonné estre publié au Siege de l'Eslection de Troyes: quoy que Bacquet au Traité des francs fiefs, Chapitre 11. en rapporte vn autre tout contraire, du 7. Aoust 1583.

68 *Noblesse de pere & mere aucunesfois requise.* Aussi la glose de la Pragmatique-Sanction, qui requiert en certains cas la Noblesse du costé de pere & de mere, dit, que c'est parler improprement, pource qu'il ne peut y auoir de Noblesse du costé de la mere. Toutefois c'est la verité, que la Noblesse de celuy qui est issu de pere & mere Nobles, est reputée plus pure, pour n'estre souillée du meslange de sang roturier, & telle Noblesse est requise à nos Cheualiers du Saint Esprit, par l'Edict de leur institution.

69. *Des droits & priuileges des Gentils-hommes.* Voilà ceux qui sont Nobles; voyons maintenant quels droicts ils ont. Dont Tiraqueau & Tierriat (qui n'a fait que le traduire par abregé) en cottent plus d'vne vingtaine de fantasques & ridicules, mesme la pluspart faux: & qui en voudroit croire nostre menuë Noblesse des champs, elle s'attribuë tant de priuileges, qu'il luy faudroit composer vn droict à part, assigner vn pays à part en ce monde, & vn Paradis à part en l'autre: car l'insolence des menus Gentils-hommes des champs est si grande (ie ne parle point de ceux qui ont esté nourris en Cour, & notamment des grands) qu'il n'y a pas moyen de viure en repos auec eux, & eux-mesmes ne peuuent demeurer d'accord les vns auec les autres: ce sont des animaux sauuages, ou oyseaux de proye, qui n'ont autre exercice que de courir sus aux plus paisibles, de viure de la substance d'autruy, & enfin de se persecuter l'vn l'autre.

70 *N'ont aucun pouuoir en vertu de leur qualité.* Or voicy les vrays droicts de Noblesse. Premierement quant au pouuoir, il a esté dit au premier Chapitre que les Ordres n'en ont point en particulier, ainsi qu'ont les Offices, mais que seulement ils produisent vne aptitude aux Offices, Benefices, & Seigneuries. Ce qui se verifie principalement en l'Ordre de Noblesse, y en ayant plusieurs affectez particulierement à la Noblesse.

Les Offices affectez à la Noblesse, sont premierement en la Maison du Roy, tous les chefs d'Office, & beaucoup des Offices de compagnie, à sçauoir, ceux des Gentils-hommes de la Chambre, des cent Gentilshommes, des Gentilshommes seruans, des Escuyers d'Escurie, des Gentilshommes de la Venerie & Fauconnerie, & quelques autres, comme i'ay dit au 3. chapitre du Liure 4. *Des Offices*. Item toutes les principales Charges militaires, soit des places, ou des compagnies, notamment celles des gens de cheual, mesme iusques aux simples places des compagnies d'Ordonnances. Et quant aux Capitaineries de gens de pied, encore les Gentilshommes y sont-ils preferez, comme pareillement les Edicts, qui ont voulu remettre la nomination des Offices de Iudicature, contiennent qu'en iceux les Gentilshommes seront preferez aux roturiers. *71. Offices affectez aux Gentilshommes.*

Quant est des Benefices, encore que l'Ordre Ecclesiastique soit distinct de celuy de la Noblesse, si est-ce qu'il y a plusieurs Eglises Cathedrales, mesme plusieurs Abbayes, dont les dignitez, & les simples Chanointes & places de Religieux sont affectées aux Gentils-hommes, mais generalement les Gentilshommes sont fauorisez en l'Eglise és dispenses, soit de l'aage, ou de la pluralité des Benefices, soit mesme au temps d'etude requis pour paruenir aux degrez de Docteur, ou Licentié. *72. Benefices affectez aux Gentilshommes.*

Finalement à l'égard des Seigneuries, on pretend que les fiefs sont affectez de toute ancienneté aux Nobles, & que les roturiers n'en sont capables aujourd'huy que par dispense, pour laquelle ils payoient au Roy le subside des francs-fiefs; c'est à dire, affectez aux francs & Gentilshommes. Quoy qu'il en soit, il est vray, qu'encore aujourd'huy les Gentils-hommes sont seuls capables des grandes & des mediocres Seigneuries; de sorte que le Procureur du Roy, & mesme le Seigneur suzerain peuuent contraindre le roturier d'en vuider ses mains, s'il n'en a esté sciemment inuesty par le Roy, comme ie diray au chapitre suiuant. Mesme M. Choppin sur la Coustume d'Anjou nous apprend, qu'és Estats de Blois, la Noblesse requit par ses cahiers, que les simples Seigneuries, c'est à dire, les hautes Iustices & fiefs de Haubert, luy fussent affectées à l'exclusion des roturiers. *73. Fiefs & Seigneuries affectées aux Gentilshommes.*

Voilà pour le pouuoir : quant à l'honneur appartenant à la Noblesse, comme c'est le vray effet des Ordres de produire vn rang d'honneur, ainsi que leur nom dénote, il est bien raisonnable que la Noblesse, qui hazarde sa vie pour la défẽse de l'Estat, soit honorée par le peuple, comme sa protectrice : & partant c'est vn droict estably parmy nous, que ceux de l'Ordre de Noblesse doiuent preceder & deuancer en rang ceux du Tiers-Estat. En quoy il n'y a que deux exceptions, toutes deux concernantes les Offices ayant rang estably ; à sçauoir en premier lieu, que tous ceux qui sont Magistrats precedent dans l'estenduë de leur pouuoir les Gentilshommes, à cause du commandement qu'ils ont sur eux, en consequence duquel tous ceux qui sont residens en leur territoire peuuent estre dits leurs sujets justiciables : ayans les Magistrats pouuoir de iuger de leurs biens, de leur honneur, & de leur vie, quand le cas y échet. En second lieu, ceux qui tiennent les Offices annoblissans, comme les Officiers des Cours Souueraines, les Secretaires du Roy, & autres semblables, doiuent marcher par tout deuant les simples Gentilshommes de race, pource qu'outre qu'ils sont Nobles comme eux, ils ont cela de plus qu'eux, d'estre Officiers du Roy, & par consequent d'auoir la puissance publique, & vne fonction excellente, que les simples Gentilshommes n'ont pas. *74. Gentilshommes precedent ceux du Tiers-Estat.* *75. Sauf en deux cas.*

Pour le regard des autres marques d'honneur, les Nobles ont droict de se qualifier Escuyers, de porter armoiries timbrées, fussent-ils gens de ville & de longue robe, annoblis seulement par leurs dignitez. D'ailleurs, tous les Nobles, fors ceux de longue robe, ont droict de porter l'épée, comme estant l'enseigne & ornement de Noblesse, mesme la portent en France, iusques dans le cabinet du Roy, comme dit Seissel en sa Monarchie, Liure premier chapitre 14. Bien que par la Constitution de l'Empereur Lothaire *De pace tenenda. lib. 5. feud.* il leur soit défendu de la porter dans le Palais des Comtez, sans leur congé : duquel droict il sera traité au chapitre suiuant. *76. Autres remarques d'honneur de la Noblesse.* *77. Gentilshommes portent l'épée par tout.*

Mais c'est la question si les roturiers sont tenus par deuoir de les saluër, ainsi qu'ils se persuadent, bien que le contraire soit veritable : car comme i'ay touché au 7. ch. du 1. Liu. *Des Offices*, le salut est vne reconnoissance & redeuance de sujection, qui partant n'est deuë par deuoir formel, que par les sujets à ceux qui ont commandement sur eux, soit en proprieté, comme leurs Seigneurs, soit en exercice, comme leurs Magistrats. Mais par honneur & bien-seance le salut est rendu à ceux de la haute Noblesse ; à sçauoir aux grands Seigneurs & Officiers d'éminente dignité, & tous ceux qui ont droict de se qualifier Cheualiers : tout ainsi que par cette mesme bien-seance, nous rendons le salut à ceux de nos parents, qui ont sur nous vn degré de parenté superieure. Mesme les mieux appris & plus ciuilisez saluënt tous les gens d'honneur, ainsi qu'on saluë ses parents égaux, & ses amis par simple ciuilité & courtoisie. Mais enfin ces deux derniers poincts, *non consistunt in iure, sed in moribus*. *78. Si les roturiers sont tenus saluër les Gentilshommes.* *79. A qui est deuë la salutation.*

Quant aux profits & émolumens pecuniaires, il a esté dit cy-deuant, qu'il n'y en a point aux purs Ordres, mais les priuileges de la Noblesse sont tres-grands A sçauoir d'estre *80. Gentilshommes sont* exempts des tailles. exempts des tailles, & toute autre cotisation personnelle qui se leue pour la guerre. Priuilege certes tres-raisonnable, que ceux qui contribuent leur vie pour la défense de l'Estat, soient exempts d'y contribuer leurs biens. Comme pareillement pour le mesme sujet, les Gentilshommes sont exempts de loger Gendarmes, ce qui s'appelle és anciennes Ordonnances, *droict de Giste*, que le droict Romain nomme *hospitis recipiendi necessitatem. l. Ab his. D. De iure immunitatis.*

81. Gentilshommes ont droict de chasser. Les Gentilshommes ont en outre le priuilege de la chasse és lieux, saisons, gibiers, & auec engins non défendus, qui est interdit justement aux roturiers, de peur qu'à l'occasion d'icelle ils n'abandonnent leurs employs ordinaires au dommage du public, & à bon droit reseruée aux Nobles, afin qu'en paix ils soient maintenus en vn exercice ressemblant à la guerre, comme est celuy de la chasse, & comme dit Ciceron au 2. *De Diuin. vt exerceantur venatu, ad similitudinem bellicæ disciplinæ*. Bien donc qu'au droict Romain (où la Noblesse n'étoit si auantagée, ny la chasse si vsitée, qu'elle a esté de tout temps parmy les François, ainsi que Tiraqueau prouue par plusieurs belles authoritez) la chasse fut indifferemment permise à vn chacun, en consequence de la liberté naturelle, neantmoins par les Ordonnances de France, tant anciennes que modernes, elle est seulement concedée aux Gentilshommes, comme traite amplement Benedicti, sur le chapitre *Raynutius, in verb. Et vxorem. Decis. vlt. num.* 336. où il remarque, apres Gaguin, que l'vne des principales causes de cette memorable guerre ciuile, appelée *la guerre du bien public*, fut pource que le Roy XI. auoit

82. Chasse permise aux Nobles de ville. prohibé la chasse à la Noblesse, ce qu'il soûtient ne pouuoir estre iustemẽt fait. Au contraire il rapporte l'Ordõnance du Roy Charles VI. de l'an 1496. par laquelle la chasse est permise, non seulement aux Gentilshommes, mais aussi aux honnestes Bourgeois viuans de leurs

83. Explication du 4. & 8. art. de l'Edict des chasses de 1601. rentes. A quoy semble se rapporter le reglement des chasses fait par le Roy Henry IV. en l'an 1601. qui en l'art. 4. permet nommément aux Gentilshommes, & aux Nobles, de chasser & de tirer de l'arquebuse, & en l'art. 8. le défend seulement *aux Marchands, Artisans, Laboureurs, Paysans, & autres telles sortes de gens roturiers*, ce sont les termes de l'article, & non à tous roturiers indistinctement. D'où il est aisé à inferer, que les honnestes Bourgeois viuans de leurs rentes, notamment ceux qui ont droict de porter qualité de *Noble-homme*, lesquels ie specifieray cy-apres au dernier chapitre, peuuent suiuant cét Edict chasser & tirer de l'arquebuse. *Et in eo non est deterior conditio eorum qui posteros habere Nobiles merentur, quàm eorum, qui parentes Nobiles habuerunt*, comme parle Pline en son Panegyrique à Trajan.

84. Gentilshommes plus doucement punis que les roturiers. C'est encore vn autre priuilege des Gentilshommes, que quand ils viennent à commettre quelque crime, ils ne sont pas punis si rigoureusement que les roturiers, comme Tiraqueau chapitre 10. nombre 104. a prouué par plusieurs allegations, ausquels i'adjouteray ces Vers de Prudentius.

Plebeia clarum pœna ne damnet virum:
Persona quæque competenter plectitur,
Magnique refert, vilis, an sit nobilis:
Gradu reorum forma tormentis datur.

85. Ampliation de cette regle. Ce qui a lieu, & quant à la seuerité de la condamnation, & quant au genre de peine (pource qu'il y a des peines esquelles les Gentilshommes ne sont iamais condamnez, à sçauoir le fouët & la hart, au contraire les roturiers ne sont iamais décapitez, au moins en ce Parlement) & encore en ce que les Nobles obtiennent plustost grace & remission du Prince, que les roturiers.

86. Exceptions de cette regle. Mais à tout cela il y a deux exceptions, l'vne, aux delits repugnants à la Noblesse, comme trahison, larcin, parjure, fausseté, qui partant sont aggrauez & augmentez par la dignité de la personne, *Tunc enim augetur delictum dignitate, gradu, specie militiæ*, dit la Loy 2. *D. De re milit.* & la Loy *Quædam delicta. D. De pœnis.* L'autre qu'à la verité és peines corporelles les Gentilshommes sont plus doucement punis, mais és amendes, ou peines pecuniaires, ils le doiuent estre plus rigoureusement, comme Tiraqueau prouue, & en rend la raison en ce mesme chap. 10. nomb. 120. ce qui se void souuent és Coûtumes, qui taxent les amendes.

87. Gentilshommes ne se battent en duel contre les roturiers. Les Gentilshommes cotent encore pour vn priuilege, qu'ils ne sont tenus se battre en duel contre les roturiers, ce qui est vray, & est contenu en la Constitution de Federic *De pace tenenda. §. Si miles. 2. lib. 5. Feud.* où Cujas, & les autres Interpretes disent, que le roturier doit fournir au Noble, qu'il veut défier & appeler en duel, vn pareil, ou champion noble. Mais ie ne tiens pas cela pour vn priuilege, pource que par les Loix Diuines & Humaines les duels sont défendus indifferemment à toutes personnes. Toutefois parmy nostre Noblesse *hoc malum semper prohibebitur, & semper retinebitur.* & semble que ce soit vn trait de la Prouidence Diuine, que comme naturellement les animaux les plus nuisibles, s'exterminent par eux-mesmes, ainsi en arriue-t'il à nostre Noblesse, qui certes est, comme la plus vaillante, aussi la plus violente & la plus insolente du monde.

88. Comment se perd la Noblesse. Reste de voir comment la Noblesse se perd. Sur quoy premierement c'est vne grande & importante question, si elle se perd par condamnation infamante, cõme on tient commu-

nément, & Tiraqueau le resout indistinctement au chapitre 14. où il le prouue par plusieurs belles allegations.

89. Si par condamnation infamante.

Toutesfois, à mon aduis, il faut faire distinction de Noblesse. Car quant à celle de dignité, i'estime indistinctement, à cause des allegations de Tiraqueau, qu'elle se perd par l'infamie, ainsi que l'Office sur lequel elle est fondée, comme i'ay prouué au premier Liure *Des Offices*, chapitre 13. dont Pithou nous cite vn Arrest memorable de l'an 1534. par lequel il fut défendu au sieur de Crem Maistre des Comptes, de se qualifier Cheualier, pource qu'il auoit fait amende honorable. Et quant à celle qui prouient de la Seigneurie, bien que par la simple condamnation infamante, sans la confiscation de biens, la Seigneurie ne soit perduë, & que Balde sur la Loy premiere *C. De nupt.* dise que telle Noblesse ne se perd par infamie, pource, dit-il, que *retinetur aliquid in consequentiam, quod non potest principaliter, arg. leg. Si is qui duos. D. De lib. leg.* si est-ce que i'estime, qu'vn roturier qui auroit esté annobly par le moyen de l'inuestiture à luy faite sciemment par le Roy, d'vne Seigneurie annoblissante, ayant perdu sa Noblesse par infamie, peut de nouueau estre contraint, par ceux qui y ont interest, à vuider les mains de la Seigneurie: mais tant qu'il y est toleré, il est reputé Noble, ainsi qu'il sera dit au chapitre suiuant du roturier, qui tient vne Seigneurie annoblissante, sans l'inuestiture du Roy.

90. Noblesse de race ne se perd par condamnation infamante.

Mais quant à la Noblesse de race, qui est comme naturelle à l'homme, ie tiens contre Tiraqueau, qu'elle n'est point perduë tout à fait par l'infamie, *quia iura sanguinis nullo iure ciuili dirimi possunt. leg. 8. D. De reg. iuris. & ciuilis ratio naturalia iura corrumpere nequit. l. Eos. D. De cap. minut.* En quoy il n'y a qu'vne exception, quand la condamnation porte, que le Gentilhomme est declaré roturier, ou degradé de Noblesse, comme il se fait ordinairement au crime de trahison, & en tout vray crime de leze Majesté. Aussi a-t'il esté dit au 1. chapitre que l'Ordre n'est pas si aisé à perdre que l'Office. Toutesfois il semble, que pour ce qui est des droits honorifiques de la Noblesse, l'infame n'en peut vser, parce que, comme dit la Loy vnique. *C. De infam. infames honoribus, qui integrè dignitatibus hominibus deferri solent, vti non possunt*: & la Loy 1. *D. Ad leg. Iul. De vi pub.* dit *omni honore quasi infamis carebit*: & la Loy *Infamia. C. Ex quib. caus. infa. irrogatur*, dit *Infamia quæsitum adimit honorem.* C'est pourquoy i'estime qu'on peut iustement disputer au Gentilhomme, qui a fait amende honorable, le rang & seance en qualité de Gentilhomme. Mais ie croy que les priuileges de Noblesse luy demeurent, & partant qu'il ne pourroit pas estre imposé aux tailles, ny sa succession partagée roturierement.

91. Exception. *92. Autre exception.*

93. Annoblissement ne se perd par infamie.

Que dirons-nous donc de celuy qui a obtenu Lettres d'annoblissement? Quant à moy, i'estime qu'en ce regard il le faut mettre au rang des Gentilshommes de race; pource que le Roy a purgé & éteint en luy toute tache & marque de roture, & l'a mis en tel rang & dignité, comme s'il estoit nay de noble race: qui est pourquoy Budée appelle ces Lettres *restitutionem natalium*, comme il a esté dit au chapitre precedent.

94. Pourquoy la Noblesse de dignité se perd par l'infamie plustost que celle de race.

Car au surplus, ce que la Noblesse de dignité est éteinte par l'infamie, plustost que celle de race, est pour deux raisons particulieres, qui ne conuiennent pas à l'annoblissement exprés: l'vne, que la Noblesse de dignité est indirecte, accessoire, & accidentale, comme l'appelle la gl. sur la Loy 1. *C. De Dignitatibus*, à sçauoir deferée à la personne, non à cause d'elle-mesme, mais à l'occasion de son Office, ou de sa Seigneurie: c'est pourquoy elle n'est pas de si forte tenuë, comme celle de l'annoblissement, qui est conferée directement & immediatement à la personne, à cause de son propre merite. L'autre, que la Noblesse de dignité est fondée sur la dignité, qui n'est pas compatible auec l'infamie, mais celle qui prouient de l'annoblissement, est fondée sur la puissance absoluë du Prince, qui a voulu la conferer à l'annobly.

95. Si le pere ayant perdu sa noblesse, sa posterité la perd aussi.

C'est encore vne plus grande difficulté, si le pere ayant perdu tout à fait sa noblesse, comme quand le Gentilhomme de race est degradé de noblesse, ses enfans la perdent par mesme moyen. Difficulté qui prouient de la fausse lecture de la Loy *Diuo Marco C. De quæst.* dont voicy les mots, *Diuo Marco placuit, eminentissimorum quidem, necnon etiam perfectissimorum virorum, vsque ad pronepotes, liberos plebeiorum pœnis non subjici: si tamen proprioris gradus liberos, per quos id priuilegium transgreditur, nulla violati pudoris macula aspergit. In Decurionibus autem, & filiis eorum, hoc obseruari vir prudentissimus Vlpianus in publicarum disputationum libris refert*: où Cujas en son Obseruation 29. du 20. Liure, prouue bien qu'il faut lire, *non obseruari*, pource que le passage d'Vlpian *in lib. Disput.* est rapporté tout au long en la Loy 2. §. 2. *D. De Decur.* où il dit, suiuant l'opinion de Papinian, que *filius, cujus auus fuit Decurio, patris nota non maculatur.* Ce qui est decidé encore plus apertement en la Loy *Emancipatum* §. *vlt. D. De Senat. Siquis & patrem & auum habuerit Senatorem, & quasi filius & quasi nepos Senatoris intelligitur: sed si pater amiserit dignitatem ante conceptionem hujus, quæri poterit, an, quamuis Senatoris filius non sit, quasi nepos tamen intelligi debeat: & magis est vt debeat, ita vt aui potius ei dignitas prosit, quàm obsit casus patris.*

96. Correction de la Loy D. Marco, C. de quæst.

97. Contre Cujas.

Toutesfois ie ne puis approuuer tout à fait la raison de difference, que rapporte

Cujas, pourquoy les enfans des Decurions retenoient le priuilege de leur ayeul, encore que leur pere fust tombé en infamie, & que le contraire estoit aux petits enfans de ceux qui estoient appelez *Perfectißimi*, à sçauoir, qu'il est requis plus d'integrité *in genere Perfectißimorum quàm Decurionum*, qui estoient de moindre qualité. Car cette Loy *Emancipatum*, en dit autant des Senateurs, *qui erant Clarißimi*, & partant estoient encore en plus haut degré, que *Perfectißimi*, comme il sera prouué au penultiéme Chapitre.

98. *Vraye raison.* Mais il me semble, sauf le respect d'vn si grand personnage, qu'il y a plus de raison de dire, que *Perfectißimi* estoient ceux qui auoient ce titre de dignité, à cause de leurs Offices. Or il est certain que les priuileges des Offices ne passent pas aux enfans, comme il se iustifie par la Loy *Et si exempto. C. de Malef. & Mathem.* fors celuy-là seulement de n'estre sujets à la torture, ny aux peines populaires : lequel encore n'y passoit pas, si l'obstacle d'infamie interuenoit. Au contraire, cela estoit particulier en l'Ordre des Senateurs & des Decurions, qu'ils transferoient leur dignité presque entiere à leurs descendans, lesquels pareillement demeuroient obligez aux charges d'icelle, comme i'ay touché au 2. chapitre, de sorte que c'étoit comme vne condition particuliere de leur race.

99. *Que les enfans ne perdent la Noblesse de race par la faute de leur pere.* Ce qui fait la resolution de nostre question. Car comme la Noblesse est transmissible aux descendans, encore plus que l'Ordre Senatoire ou de Decurion, les enfans, qui ont perdu leur Noblesse, ausquels elle est acquise d'ailleurs que par le moyen de leur pere, ne la perdent point par sa faute, témoin celuy, qui pour iustifier sa Noblesse produisit l'Arrest, par lequel son pere auoit esté condamné à estre décapité. Mais quant à ceux qui ne la tiennent que de leur pere, comme ceux des pourueus d'Offices d'éminente dignité, ou bien de simples Offices annoblissans, qui neantmoins, cessant cette perte, eussent transferé la Noblesse à leurs enfans, pource que l'ayeul auoit aussi possedé vn semblable Office, encore faut-il distinguer, à sçauoir, que les enfans conceus auparauant le malheur du pere, ne perdent par sa faute l'Ordre de Noblesse, qui leur a appartenu lors de leur conception, mais seulement

100. *Quid en ceux qui ne tiennent la Noblesse de dignité que par leur pere.* qui ont esté conceus du depuis, suiuant le §. dernier de la Loy *Emancipatum. De Senat.* & le §. 2. de la Loy 1. *D. De Decur.* Bien que cette opinion soit fort douteuse, à l'égard de ceux qui tiennent leur Noblesse *à patre & auo*, pource que le reglement de l'an 1600. requiert, que le pere & l'ayeul ayent tousiours vécu noblement, sans déroger à la Noblesse.

101. *Pourquoy l'exercice des Arts mecaniques priue plustost le Noble de l'exemption des tailles, que le crime* Puis donc que la Noblesse de race n'est point éteinte tout à fait par crime, il s'ensuit à plus forte raison, qu'elle ne le doit estre par l'exercice des Arts mécaniques. Et toutefois (ce qui semble estrange d'abord) encore que le crime ne priue le Gentilhomme de l'exemption des Tailles, neantmoins il est notoire, que les exercices vils & mécaniques l'en priuent : dont la raison est, qu'és commissions des Tailles il est porté, que les exempts, & non exempts y seront cotisez, fors entr'autres, les Nobles viuans noblement ; de sorte que ce n'est pas assez d'estre noble, si on ne vit noblement : joint que de la surcharge qui reuient au peuple à cause de l'exemption des Gentilshommes, il en est recompensé en ce qu'ils ne participent

102 *Noblesse n'est que suspenduë par l'exercice des Arts mecaniques.* point au gain de la Marchandise & métiers. Mais il faut tousiours reuenir à ce poinct, que la Noblesse n'est pas éteinte absolument par tels actes dérogeans, mais est seulement tenuë en suspens, de sorte que le Gentilhomme est tousiours sur ses pieds, pour r'entrer à sa noblesse, quand il voudra s'abstenir d'y déroger.

103. *Moyen de la reprendre par apres.* 104. *Lettres de réhabilitation à qui necessaires.* Toutefois pource qu'on ne connoistroit pas publiquement son intention, s'il ne s'en trouuoit quelque declaration publique, on a accoûtumé en ce cas de prendre Lettres de réhabilitation du Roy, qui sont Lettres de Iustice, qui s'expedient sans connoissance de cause, & qu'on n'a point accoûtumé de refuser, mais seulement sont inuentées, pour faire éclater dauantage la puissance du Roy. Encore pourroit-on soûtenir, qu'il n'en faudroit point au Gentilhomme de race qui a dérogé ; ny à ses descendans, pource que c'est vn droict commun, que les droicts de sang & de nature, ne peuuent estre perdus par moyens ciuils. Mais i'estimerois auec Choppin, sur la Coûtume d'Anjou, contre Bacquet, au Traité des francs-Fiefs, chapitre 9. que ces Lettres sont necessaires absolument à la femme noble de race qui est vefue d'vn roturier, pource que sans la grace du Prince elle ne peut rentrer en sa premiere condition, qu'elle a perduë, en se mettant par mariage en vne famille roturiere. Comme aussi ces Lettres sont sans doute necessaires aux enfans, desquels le pere & l'ayeul ont dérogé, pource que comme la Noblesse des descendans est presumée par la vie noble du pere & de l'ayeul, aussi semble-t-il qu'elle soit perduë par leur vie ignoble, si le Prince ne la rétablit.

105 *Quand elle n'est suffisante.* Laquelle rehabilitation Monsieur le Bret en son 37. plaidoyé tient estre suffisante, pourueu que la dérogation n'ait continué iusques au septiéme degré, auquel cas il faudroit vn annoblissement tout nouueau. Ce que ie tiens deuoir aussi estre dit du fils de l'annobly par dignité, qui auoit dérogé à sa noblesse, sans auoir esté rehabilité de son viuant. Car i'estime que sa noblesse est entierement éteinte, & encore plûtost de celuy qui la pretend à cause des Offices annoblissans du pere & de l'ayeul, par la raison qui vient d'estre dite cy-dessus.

Les exercices dérogeans à la noblesse, sont ceux de Procureur postulant, Greffier,

Notaire, Sergent, Clerc, Marchand & Artisan de tous métiers, fors de la Verrerie, qui *106. Arts & exercices derogeans à la noblesse.*
toutefois n'attribuë pas la Noblesse, & n'est pas affectée aux Nobles, comme aucuns pen-
sent, ainsi que Monsieur le Bret, nous apprend en son 38. Plaidoyé. Ce qui s'entend quand
on fait tous ces exercices pour le gain : car c'est proprement le gain vil & solide, qui déro- *107. Limitation.*
ge à la Noblesse, de laquelle le propre est de viure de ses rentes, ou du moins de ne point *108. Arts qui n'y derogent point.*
vendre sa peine & son labeur. Et toutefois les Iuges, Aduocats, Medecins, & Professeurs
des sciences liberales ne dérogent point à la Noblesse qu'ils ont d'ailleurs, encore qu'ils gagnent leur vie par le moyen de leur estat : pource que ce gain (outre qu'il procede du trauail de l'esprit, & non du trauail des mains) est plustost honoraire que mercenaire, *Nec
propriè merces est, sed honorarium. leg. 1. §. Si cui, D. De Var. & extraor. cognit.* Dont on n'a *109. Si les Aduocats derogent à leur noblesse.*
iamais douté à l'égard des Iuges : & quant aux Aduocats des Cours Souueraines, il y a l'Ar-
rest vulgaire de Maistre Anne de Terrieres, sieur de Chappes, rapporté par du Luc : & pour
ceux des Cours inferieures, Pithou nous en rapporte vn Arrest du Conseil Priué, donné à
Paris, le 4. Mars 1547. entre les habitans Nobles, & gens du Tiers Estat de Rennes, par
lequel le Roy casse l'imposition faite sur les Nobles, exerçans Offices de Iudicature, postulans pour les parties, en prenans salaire, & declare qu'ils ne contreuiennent à la Noblesse,
& partant ordonne que ce qu'ils ont payé leur sera rendu. Ce qui ne doit estre entendu
que de ceux qui postulent, comme Aduocats, & non de ceux qui font Office de Procureur,
ainsi que font les Aduocats en plusieurs Sieges, suiuant l'Ordonnance de Roussillon. Car
sans doute l'Estat de Procureur, mesme en Cour Souueraine, est vil, & déroge à la Noblesse, comme prouue Tiraqueau, Chapitre 30.

Mais le labourage ne déroge point à la Noblesse, non pas comme on estime communé- *110. Labourage & fermes quand derogent à Noblesse.*
ment, à cause de l'vtilité d'iceluy ; mais dautant que nul exercice que fait le Gentil-homme
pour soy, & sans tirer argent d'autruy, n'est derogeant. Car s'il prend des fermes à labourer, il n'y a point de doute qu'il ne déroge pas, nonobstant le Chapitre *Ex litteris. ext. De iur.
patron.* qui s'entend des fermes à longues années, que nous appellons *rentes*, & que les Anglois, dont parle ce Chapitre, appellent *fermes*, comme i'ay monstré au 2. Chapitre du dernier Liure *Des Offices*, n'estant pas deffendu aux Nobles de prendre des métairies à tousiours,
à longues années, ou à vies : pource qu'en ces baux, la Seigneurie vtile de la terre est transferée au preneur, *leg. 1. D. Si ager vectig. vel emphyt. pet.* de sorte que desormais le Gentil-homme est dit labourer sa terre, & non celle d'autruy.

Toute la plus difficile question, que ie sçache en cette matiere, & possible la moins trai- *111. Si les Estrangers sont Nobles en France.*
tée, est de sçauoir, si les Gentils-hommes étrangers habituez en France, iouyssent des pri-
uileges de Noblesse, notamment de l'exemption des tailles. Il semble d'abord que non :
car n'estans pas Citoyens de France, moins peuuent-ils estre Nobles : attendu que la Noblesse est le second degré du peuple François, lequel presuppose le premier. Mais quand ils
seroient faits Citoyens par lettres de naturalité, comme i'ay dit que la legitimation n'includ
pas l'annoblissement, aussi ne font pas les lettres de naturalité. Et comment les étrangers
seroient-ils francs & exempts des subsides que payent les naturels Citoyens, veu qu'anciennement ils payoient vn subside particulier, pour la licence de resider en France, qui s'appelloit *Cheuage*, ou *estrayere*, *quasi estrangere*, comme Bacquet nous apprend en son Traité du
droict d'Aubaine ?

Aussi est-il certain, qu'entre les Romains, la Noblesse ne pouuoit appartenir qu'aux *112. Domi-nobiles.*
Citoyens de Rome : & quant aux étrangers, & mesme les habitans des autres villes, suje-
tes à celle de Rome, qui estoient Nobles en leur pays, ils estoient appellez *Domi-Nobiles*,
c'est à dire, Nobles chez eux, ou à leur mode. *Ex multis municipiys & coloniys domi-nobiles*, dit
Saluste *in Catil.* terme qui se trouue plus de dix fois dans Ciceron, dont i'obmets les passages
de sorte qu'Erasme l'a mis entre les Prouerbes, que toutefois il interprete mal, disant, que
domi-nobilis est celuy, *qui non opibus tantùm & potentia clarus est, sed ex nobilibus nobilis prognatus
est.* Car il faut prendre garde que tous ces passages de Ciceron, ramassez par Nizole, où ce
terme est vsurpé, parlent d'étrangers, ou du moins d'autres que d'habitans de Rome : &
sur tout le passage d'vne Epistre *ad Q. fratrem, lib. 2. Epist.* où il luy recommande *M. Orphium
hominem domi splendidum, gratiosum etiam extra domum.*

Mais les François sont si courtois enuers les étrangers (quoy qu'ils ne leur rendent pas *113. Quels Estrangers vrayement nobles, sont nobles en France.*
le reciproque) que ie tiens pour certain, que l'étranger, & notamment celuy qui est des
Estats amis & alliez de ce Royaume, estant asseurément noble en son pays, sera tenu pour
tel en France, & sera exempt de toutes subsides roturiers. Chose certes fort seante &
vtiles à la societé des hommes, principalement entre les Chrestiens, & sur tout entre
les Estats alliez, de reconnoistre chez soy reciproquement son voisin, en la qualité
qu'il a en son pays, soit que l'Estranger ne soit naturalisé, pource qu'en ce cas il de- *114. Naturalisez, ou non.*
meure en la qualité de son pays, soit qu'il ait esté fait Citoyen du Royaume : car il est
presumé y auoir esté receu en sa propre & primitiue qualité, posé qu'il puisse faire
clairement apparoir d'icelle. Car autrement il a beau mentir qui vient de loin,

comme on dit, & d'ailleurs cette preuue est souuent mal-aisée, de sorte, qu'à mon aduis, la difficulté est plus en fait qu'en droit. Mais s'il en appert par preuue concluante, ou par notorieté de fait, comme vn fils d'vn grand Seigneur de païs étrange, qui sera venu s'habituer en France, luy ferons nous payer la taille, ou bien luy ferons-nous acheter son annoblissement? veu que la Noblesse est vne qualité inherente à la personne, & qui partant se porte par tout, *Cœlum, non animum mutant, qui trans mare currunt.*

115. *Qu'il faut qu'ils soient Nobles à la mode de France.*

Quoy qu'il en soit, i'entens qu'il apparoisse d'vne vraye & parfaite Noblesse, prouenuë par les moyens vsitez en France, à sçauoir d'antiquité de race, de concession du Souuerain, ou des grandes dignitez. Car il est bien certain, qu'il n'y a païs au monde, où la Noblesse soit plus auantagee, qu'en France. Mais presque par tout ailleurs, elle n'est qu'honoraire n'ayant aucunes franchises particulieres, pource que les tailles n'y sont pas ordinaires sur le Tiers-Estat seulement, comme en France, mais les subsides s'y leuent indifferemment sur tout le peuple. C'est pourquoy elle y est plus facilement concedée, estant plutost à ornement, qu'à charge au païs, & plus au soulagement qu'à la foule du menu peuple. Comme

116. *Noblesse comment s'acquiert en Angleterre.*

le traite fort bien Thomas Smith, Liure premier, *De Repub Angl.* où il dit, que *les Gentils-hommes sont faits à bon marché en Angleterre. Car quiconque fait profession des sciences liberales: mesme quiconque peut viure commodement de son reuenu, sans trauail manuel: & a le port, contenance & la dépense d'vn Gentil-homme, il sera appellé Gentil-homme, & estimé pour Gentil-homme. Et pour l'asseurer dauantage de sa Noblesse, le Roy des Herauts luy donnera, pour de l'argent, des armoiries nouuellement forgées, & luy baillera lettres contenantes, que pour ses merites, il luy a donné lesdites armes: & lors il peut estre appellé Escuyer: telles gens sont souuent appellez par mocquerie, Gentils-hommes du premier chef,* & montre par apres que cette obseruance est fort vtile au païs.

117. *Les Estrangers, qui ne sont parfaitement Nobles, ne portent leur Noblesse hors leur pays.*

Or ie n'estimerois pas, que tels annoblis, venans resider en France, y deussent ioüir des priuileges de Noblesse. Car comme resout excellemment Aristote, Liure premier des Polit. Chapitre 4. il y en a qui sont nobles proprement & absolument, ἁπλῶς, & d'autres, qui ne le sont qu'improprement, & aucunement, κατά τι Ceux-là, dit-il, sont nobles par tout le monde, & quelque part qu'ils aillent, ils y portent leur noblesse. Mais les autres, dont la Noblesse est particuliere pour leur patrie, & non receuë indifferemment par tout, ne sont reconnus pour nobles en autre pays. Duquel passage Hierosme Orose, *De Nobilit. ciu. lib. 1. capite 4.* s'est bien sçeu seruir, disant que, *Nobilitas alia est ex omni parte absoluta, alia verò domi tantùm locum habet. Illa quidem nunquam loco dimouetur, & vbiuis gentium fuerit, semper altis defixa radicibus hæret, & eandem apud omnes nationes dignitatem suam habet. Hæc verò in solo tantùm patrio & inter suos eminet, magis opinione vulgi, quàm veris dignitatis luminibus illustrata.*

118. Domi-Nobiles *des Romains.*

Et c'est ceux là, que les Romains appelloient *Domi-Nobiles*, termes qui estans adaptez aux habitans des autres villes suiettes à Rome, signifioient les descendus de ceux qui auoient eu en ces villes les Offices correspondans aux grands Offices de Rome: & quant aux étrangers, ils estoient pareillement appellez par les Romains, *Domi-Nobiles*, c'est à dire, Nobles chez eux; pource que les Romains, se pretendans Seigneurs de tout le monde, ne vouloient point aduoüer que les étrangers eussent aucune Souueraineté legitime, mesme dans leur propre pays, pour y établir vne parfaite Noblesse: quoy qu'il en soit, ils ne permettoient point qu'ils eussent aucune participation, ou communication d'honneur auec eux.

119. *Qu'ils auoient vne consideratiõ que nous n'auõs pas.*

Mais toutes ces deux considerations cessent en France. Car d'vne part toutes nos villes sont égales, & n'ont point de commandement les vnes sur les autres, mais sont toutes suiettes à nostre Roy, & toutes font partie de nostre Monarchie. Et d'autre part, nous tenons que les Estats Souuerains sont limitez, selon les bornes, que Dieu y a mises, & qu'ils sont tous legitimes en leurs limites: de sorte que nous ne faisons point de difficulté de reconnoistre pour parfaitement Nobles, & ceux du moindre village de France, & encore ceux des pays étrangers, qui sont reputez Nobles en leurs pays, principalement si la Noblesse y est établie en la forme de France, & ainsi le resout Bacquet au Traitté *Des francs fiefs*, Chapitre second.

SOMMAIRE DV SIXIESME CHAPITRE.

DE LA HAVTE NOBLESSE.

CHAPITRE VI.

Les derniers propos du precedent Chapitre me font souuenir d'vne plaisante question que proposent Chassanée & Tiraqueau, si le commun dire de nos Gentils-hommes des champs se peut soustenir, *Qu'ils sont aussi Gentils-hommes que le Roy.* Tous deux le reprouuent, tant par les passages de Ciceron & d'Aristote, qui viennent d'estre rapportez, que sur tout, pour ce que notoirement y a plusieurs degrez en l'Ordre de Noblesse. 1 *S'il est bien dit*, Ie suis aussi Noble que le Roy.

2 L'Ordre est une qualité absolue. Pour moy, ie confesse bien que cette comparaison du subiet auec son Roy est odieuse, insolente, & comme blasphematoire : mais au reste i'estime qu'elle est veritable en soy ; attendu que qui est Gentil-homme absolumnet & parfaitement ne le peut estre dauantage, comme ce passage d'Aristote l'énonce clairement. Aussi est-ce la verité, que le vray Ordre est vne qualité substantiue, positiue, & qui ne reçoit point le plus & le moins, non plus que la substance de Dialectique : tout ainsi qu'il est vray, que le moindre Prestre est autant Prestre, que le plus grand Euesque; & le plus petit Euesque, s'il faut ainsi parler, est autant Euesque que le Pape, Qui est la solution de ce fameux passage de saint Cyprian, que ceux de la Religion pretenduë reformée alleguent contre nous, *Hoc erant vtique cæteri Apostoli, quod & Petrus, pari consortio honoris & potestatis : scilicet quatenus Apostoli.*

3. Noblesse peut s'entendre en deux façons. Mais ce qui fait la grande difficulté en ce prouerbe est, quand on dit, *Ie suis aussi noble que le Roy.* Et lors à la verité, si on entend ce mot de *noble*, pour vn adiectif, signifiant *excellent*, le prouerbe est apparemment faux : si pour vn substantif, comme est le mot de *Gentil-homme*, signifiant celuy qui a l'Ordre de Noblesse, le prouerbe est veritable, hors le vice de la comparaison. Tout ainsi qu'il seroit faux de dire qu'vn indocte Docteur seroit aussi docte que le plus docte : mais il est bien vray de dire qu'il est autant Docteur.

4. Plusieurs degrez de Noblesse. Comme donc il y a des degrez qui rehaussent l'Ordre de Prestrise, aussi y en a t il qui releuent celuy de Noblesse, & bien que les degrez de Prestrise soient conformes par toute la Chrestienté, qui est regie par vn mesme Chef, neantmoins les degrez de Noblesse sont differens selon la diuersité des Estats ou Souuerainetez, dont ils dépendent.

5. Ceux d'Espagne. Et pour dire vn mot de ceux qui sont vsitez entre nos principaux voisins, vn Espagnol, qui a commencé les regles de Chancellerie, rapporte six degrez de la noblesse d'Espagne, *paruam, minorem, minimam, magnam, maiorem, maximam. Paruam scilicet non habentium dignitatem, sed tantùm iurisdictionem. Minorem non habentium iurisdictionem, sed tantùm sanguinem Nobilium. Minimam, eorum qui licet genere sint ignobiles, nobiliter tamen & ex suis reditibus viuunt. Magnam Baronum : Maiorem Ducum & Comitum: Maximam denique Regum & Imperatorum.*

6 Ceux d'Angleterre. Quant aux Anglois, ils ont les simples Nobles, ou Gentils-hommes, puis les Escuyers (qu'ils distinguent communément des simples nobles, appellans particulierement *Escuyers* ceux qui viuent aux champs, & ne font profession que des armes) les Cheualiers, & finalement les Lords, ou Milords, à sçauoir les Ducs, Marquis, Comtes, Vicomtes, & Barons: mais ils ne reconnoissent point encore de Princes, non plus que les Espagnols, au moins pour auoir Ordre formé, comme en France, n'appellans Prince que le fils aisné du Roy. Et si faut obseruer qu'en Angleterre, il n'y a que les Lords qui soient de la haute Noblesse, mais quant aux Gentils-hommes, Escuyers & Cheualiers, ils sont de l'Ordre du commun peuple. Et de fait il sont meslez auec le peuple en mesme Chambre, aux assemblées de leur Parlement, qui sont leurs Estats generaux, que nous appellions autrefois de ce mesme nom, auparauant que nous l'eussions laissé à la souueraine compagnie de iustice. De sorte qu'en Angleterre il n'y a que deux Estats, ou Ordres, à sçauoir la haute Noblesse, & le commun peuple, ainsi qu'au commencement à Rome il n'y auoit que *Senatus, populusque Romanus* : l'Ordre du Clergé ne faisant corps d'Estat en Angleterre, non plus qu'à Rome ainsi qu'il a fait en nostre France tres-Chrestienne, mais seulement les Archeuesques ont voix & seance parmy les Lords en la Chambre de la haute Noblesse, & les Euesques y ont entrée, mais non pas voix, comme nous dit Thomas Smith en sa Repub. des Anglois.

7 Il n'y a que deux Estats en Angleterre.

Mais en France nous faisons bien plus d'estat de la Noblesse, laquelle nous ne meslons aucunement auec le menu peuple, mais selon la definition de Bartole, rapportée au chap. precedent, nous la tenons pour vn Ordre entierement separé du peuple : mesme nous mettons les Princes parmy la Noblesse, & n'y a maintenant si petit Gentil-homme, qu'vn Prince fasse difficulté de receuoir en sa compagnie & à sa table. Bien qu'anciennement, lors que nous estions meslez parmy les Anglois on dit, que *nul ne deuoit seoir à la table d'vn Baron, s'il n'estoit Cheualier.* Bref, comme il n'y a Noblesse au monde plus genereuse que celle de France, aussi n'y en a-il point de plus honorée & de plus auantagée.

8 En France le plus petit Gentil-homme est de mesme Ordre que les Princes.

Et neantmoins nous auons plus de degrez de Noblesse, qu'il n'y en a en Angleterre. Car outre que nous auons comme eux des Cheualiers & des Seigneurs de plusieurs sortes, nous auons plus qu'eux, les Princes, à sçauoir, ceux qui sont issus de Maison souueraine, qui sont encore de plusieurs especes. De sorte que nous pourrions bien poser autant de degrez de Noblesse, que fait ce Commentateur Espagnol : mais pource que la plus parfaite diuision est celle de trois especes, i'ay diuisé ce me semble, plus à propos nostre Noblesse en simple, haute, & illustre : entendant par la simple Noblesse celle qui n'est rehaussée d'aucun autre degré d'honneur : par la haute, celle qui est éleuée & honorée de quelque dignité soit Cheualerie, grand Office, ou Seigneuries, & finalement par la Noblesse illustre, celle qui prouient du sang illustre & souuerain, touchant de parenté le Prince souuerain, & habile à succeder en son rang à la Souueraineté.

9 Diuision de nostre Noblesse.

Et pour ce que cette generale diuision comprend tous les degrez de Noblesse qui sont en beaucoup plus grand nombre que de trois, il eſt neceſſaire de ſubdiuiſer encore ceux des plus hauts degrez. Et quant à celuy de la haute Nobleſſe, dont nous auons à traiter particulierement en ce chapitre, on le peut ſubdiuiſer en trois, à ſçauoir en Cheualiers, grands Officiers, & Seigneurs, d'autant que la haute Nobleſſe procede de trois diuerſes ſources, à ſçauoir de l'Ordre des Cheualiers, des grands Offices, & des Seigneuries de dignité : mais toutes ces trois eſpeces ſe rapportent enfin à meſmes titres de dignité, dont ſe qualifient preſque indifferemment tous ceux de la haute Nobleſſe, à ſçauoir de Cheualiers & de Seigneurs. Car d'vne part ceux qui ont les grands Offices, & les Seigneuries de dignité, ſe qualifient Cheualiers en leurs titres, auſſi-bien que ceux qui ont l'Ordre de Cheualerie ; & d'autre part les Cheualiers & grands Officiers ſe qualifient auſſi-bien *Seigneurs*, ou *Meſſeigneurs*, que ceux qui poſſedent les grandes Seigneuries. *10. Subdiuiſion de la haute Nobleſſe.* *11. Tous ceux de la haute Nobleſſe ſont qualifiez Seigneurs & Cheualiers.*

Il faut donc expliquer l'vne apres l'autre ces trois ſortes de la haute Nobleſſe : & quant à celle de Cheualerie, qui eſt la moindre des trois, nos modernes la comparent à ces Milices honoraires, que Suetone dit auoir eſté inuentées par l'Empereur Claudius, qu'il appelle *imaginarias Militias, quibus titulo tenus abſentes fungebantur, vel oſtenſionalibus illis Militiis, de quibus Lampridius in Alexandro Seuero.* Mais c'eſt vn abus de penſer touſiours rapporter les façons de Rome aux noſtres. *12. Des Cheualiers.*

Tant y a que l'Ordre de Cheualerie eſt vne qualité d'honneur, que les Rois & autres Princes ſouuerains attribuent à ceux qu'ils veulent ſignaler par deſſus les autres Gentilshommes, comme les plus genereux : Ce qu'ils font auec certaines ceremonies, afin de les faire éclater & paroiſtre dauantage. Ceremonies, que les vieux Romans nous ſpecifient mieux, qu'aucuns bons Liures. Qui ſont en vn mot, qu'apres auoir veillé en prieres dans l'Egliſe, puis fait faire prieres publiques & ſolemnelles, le Roy leur bailloit l'accollée, c'eſt à dire, ſelon aucuns, qu'il les frappoit ſur les épaules du plat de ſon épée, eux eſtans à genoux, comme remarque le meſme Thomas Smith, & du Tillet au chapitre *Des Cheualiers*, ainſi que les eſclaues, auſquels on donnoit liberté à Rome, eſtoient frappez par le Preteur de ſa verge appelée *vindicta*, & qu'en la collation que fait l'Eueſque de l'Ordre de Tonſure, & qu'on fait aux Vniuerſitez du degré de Docteur, on baille vn ſoufflet ou buffe à celuy qui y eſt promeu : comme le dernier coup, que doit receuoir celuy qui entre en vne qualité, qui l'en exempte deſormais. *13. Ceremonies à faire des Cheualiers.* *14. De l'accollée des Cheualiers.*

Ou pluſtoſt l'accollée eſt l'embraſſement, que le nouueau Cheualier reçoit de ſon Roy ou Prince ſouuerain, au moyen duquel il eſt deſormais reputé ſon amy & fauory, meſme comme ſorty de ſon coſté, ou pluſtoſt comme ſon couſtillier, *lateris ipſius protector*, s'il eſt Cheualier d'armes : & comme ſon Conſeiller & Aſſeſſeur lateral, s'il eſt Cheualier de Loix, ainſi que les Cardinaux s'appellent *à latere Papæ*. Et pour marque & ſouuenance de cette accollée du Prince ſouuerain, ils portent deſormais vn collier, ou vne écharpe, afin que ce col, ou ces épaules, qui ont vne fois eu l'attouchement amiable de la Majeſté, ſoient touſiours ornez de ſa liurée. *15. Autre interpretation de l'accollée.*

Or à mon aduis, il y a grande apparence, que cette façon d'accollée a eſté imitée de la magnificence des Empereurs Romains, qui admettoient peu de gens à les embraſſer & accoller, témoin ce que dit Dion de l'Empereur Claudius. Ἐφίλει ὀλιγίστοις τοῖς δὲ πλείστοις καὶ τὴν συμβολὴν τὴν, ἢ τὴν χεῖρα, ἢ τὸν πόδα προσκυνεῖν ὤρεγε, qui eſt à peu prés ce que dit Pline en ſon Panegyrique, *amplexus ad pedes deprimere, atque oſculum manu reddere.* *16. Salutation, ou adoration des Empereurs Romains.*

Et cela s'appeloit *adorare Imperatorem, vel adorare purpuram*, comme il ſe trouue plus de dix fois dans les trois derniers Liures du Code, pource que ceux qui ſaluoient l'Empereur, ſe mettoient à genoux, ainſi que nous apprend Zonare, tome 3. *in Iuſtiniano.* Ἤδη καὶ ἐφθακὼς ἄναπτ τοῦ κραπιῶτος, ὁ Βελλισάριος πείθει τὸν Γελιμέρα εἰς ἔδαφος καταβαλεῖν ἑαυτὸν, οὐδὲ οὕτως ἀπονεῖμαι τῷ βασιλεῖ τὴν προσκύνησιν, ὁ δὲ ἐποίει τὸ προσταττόμενον, καταχεόμενος δάκρυσιν. Αὐτὸς δὲ Βελλισάριος προσέδησεν ἑαυτὸν, ἐνδεικνύμενος τῷ Γελιμέρι, ὅτι οὐχ ὡς αἰχμάλωτος ἐκεῖνος τοῦτο ποιῆσαι ἀπῄτηται, ἀλλ' ὅτι οὕτω νενόμισται προσκυνεῖσθαι τοὺς Ῥωμαίων βασιλεῖς. *17. Forme d'icelle.*

Ce qui fut premierement mis en vſage ordinaire par Diocletian. *Primus, inquit Eutropius, Regiæ conſuetudinis formam magis quàm Romanæ libertatis inuexit, adorarique ſe juſſit, cum ante eum Imperatores tantùm ſaluarentur.* Toutefois Lampride *in Alexandro*, nous apprend que ce fut Heliogabale, qui le premier ſe fit adorer. *Ipſe, inquit, adorari ſe vetuit, cum jam cepiſſet Heliogabalus adorari more Regum Perſarum :* & Capitolin *in Maximino, In ſalutationibus, inquit, ſuperbiſſimus erat : Nam & manum porrigebat, & genua ſibi oſculari patiebatur, quod nunquam paſſus eſt ſenior Maximinus, qui dicebat : Dij prohibeant, vt quiſquam ingenuorum pedibus meis oſculum figat.* *18. Par qui inuentée.*

Tant y a que cela procedoit de l'ancienne façon de faire des Romains, dont les grands Seigneurs eſtoient iournellement ſalüez en ceremonie par leurs cliens & leurs amis : de ſorte que ceux qui eſtoient admis à ſalüer ainſi le Prince, eſtoient reputez ſes amis & fauoris, & partant cela eſtoit reputé à grand honneur & priuilege.

Auſſi n'y admettoit-on que les gens de marque, & les plus vaillans hommes, notamment ceux qui auoient paſſé par tous les degrez militaires, ſoit de la Milice armée, ou Palatine, *19. Origine d'icelle.*

comme il se void en la Loy 1. *C. de Apparit. Præt. vrbis. Præter eos qui de Officio eminentium potestatum, numero stipendiorum & curriculis euolutis Serenitatis nostræ, annis singulis attingere purpuram venerarique præcepti sunt, nulli prorsus eorum, qui prouincialia Officia peregerint, tranquillitatis nostræ muricem adorare sit liberum, omnium suffragiorum obreptione cessante.* Ce qui paroist encore des Loix 1. *De Comit. & Trib. schol. 4. C. De Consul. 1. De Apparit. Præf. Præt. l. 3. De domest. & protect. C. Theod.* que si d'autres s'en ingeroient, ils étoient punis, témoin ce que recite Spartian de l'Empereur Seuere, *qui Leptitianum suum municipem, olimque contubernalem fustibus cædi iussit, quòd, cùm plebeius esset, se amplexus fuisset, & ei qui Præconem præcepit Legatum Pop. Rom. plebeius temerè amplecti nolit.* Mesme Capitolin *in Maximino*, nous apprend qu'estant Tribun il n'estoit pas admis à saluër l'Empereur son predecesseur, *nunquàm ad manum eius accessit, nunquam illum salutauit.*

20 *Ceinture des Cheualiers.* Mais nos Cheualiers ont encore emprunté des Empereurs Romains vne ceremonie notable, à sçauoir, que le Prince, en leur baillant l'Ordre de Cheualerie, leur donne & leur ceint l'épée, *dat eis cingulum militare, seu Balteum*, que nous appelons proprement *Baudrier*, qui estoit sous les Empereurs Romains, l'enseigne commune des dignitez, soit de la Milice armée, ou Palatine : & de fait *cingulum* est pris communément dans le droict *pro Dignitate*, & mesme Suidas interprete ζώνη τὸ ἀξίωμα : mesme le baudrier, ou ceinture militaire, faisoit la distinction du rang ou degré d'honneur de ceux qui auoient les mesmes titres des simples dignitez honoraires, *vt in l. 2. C. Vt Dignit. ord. seru.* ce qui sera expliqué tout incontinent.

21 *Origine d'icelle.* Or voicy à mon aduis comment cela vint à Rome de degré en degré, & de Rome à nous. Il est bien certain, que les Soldats Romains estoient autrement habillez que les Citoyens residans aux Villes, & notamment leur principale marque estoit de porter l'épée, ξιφηφορεῖν, *cinctos esse.* Car comme les Romains estoient particulierement curieux de leur toge, ou habit de paix, il n'y auoit que ceux qui estoient actuellement Soldats, c'est à dire enrollez, qui eussent ce droict de porter l'épée, que Suidas appelle ξιφηφορεία. Mesme du commencement tous les Gouuerneurs des Prouinces ne l'auoient pas, à sçauoir ceux des Prouinces Proconsulaires, qui au partage qu'en fit Auguste, auoient esté laissées au Senat comme les plus paisibles : ce que Dion Liure 52. a mieux remarqué qu'aucun autre Autheur de l'Histoire Romaine. Quoy qu'il en soit, ce droit de porter épée hors la guerre, n'estoit attribué du commencement qu'aux éminentes Dignitez, témoin ce qu'écrit Herodian de Plautiane, Liure 3. *Latum clauum perpetuò habebat, ensémque gestabat, cæteráque omnia supremæ Dignitatis insignia.*

22. *ξιφηφορεία.*

23. *Droict de porter l'épée, attribué à plusieurs Officiers.* Toutefois à succession de temps, pource que les priuileges des Soldats étoient tres-grands chacun y voulut auoir part : de sorte que tous les Officiers de la Maison de l'Empereur, & encore plusieurs autres, voulurent porter l'épée, & auoir la ceinture militaire, encore que ce fust l'enseigne du Soldat, τὸ τῆς στρατείας σύμβολον, dit Zonare *in comment. Nicænæ Synodi* : Et partant leur *cingulum* signifie vn Office ou charge publique, pource que tous ceux qui auoient Offices honorables, portoient l'épée comme gendarmes, ainsi qu'il se void en la Loy 5. *Qui militare poss. lib. 12. cod.*

24. *Mesme aux dignitez honoraires.* Mesme encore depuis que l'Empire eu esté transferé en Grece, l'ambition Grecque s'étant installée en la Cour des Empereurs, chacun desira de plus en plus des dignitez & rangs d'honneur : & dautant que ce qu'il y auoit d'Offices ne suffisoit pas à beaucoup prés, pour assortir & appointer tous ceux qui en demandoient, les Empereurs inuenterent les simples dignitez, c'est à dire qu'ils donnoient des titres & qualitez d'Offices à ceux qui n'auoient iamais esté Officiers, qui s'appeloient *vacantes siue honorariæ dignitates* : & afin que ces Dignitez honorables eussent plus de pretexte & d'apparence, ils bailloient auec ceremonie, à ceux qu'ils en honoroient, les enseignes de la dignité ou Office, dont ils leur donnoient le titre, & notamment la ceinture militaire, qui estoit lors l'enseigne commune à toutes les dignitez.

25. *Explication de la Loy 2. C. Vt dignit. ordo seruet.* Ce qui est clairement exprimé en la Loy 2. *C. Vt Dignit. ordo. seruetur.* Où l'Empereur specifiant le rang des dignitez de mesme titre, met au premier rang ceux qui auoient eu l'exercice actuel de l'Office, puis fait plusieurs rangs ou dignitez de ceux qui n'auoient iamais eu cét exercice, mais étoient simples Officiers honoraires, mettant au second rang ceux ausquels, estans en Cour, l'Empereur auoit baillé la ceinture militaire : au troisiéme, ceux ausquels il l'auoit seulement enuoyée en leur absence : au quatriéme, ceux ausquels cette ceinture n'auoit point esté baillée du tout, mais ausquels, estans en Cour, l'Empereur auoit simplement baillé les Lettres de dignité : & en cinquiéme & dernier, ceux ausquels il auoit seulement enuoyé ces simples Lettres en leur absence : de sorte qu'entre ces Officiers honoraires, ceux qui auoient eu la ceinture militaire precedoient ceux qui n'auoient que de simples Lettres : & entre les vns & les autres, ceux qui en auoient esté honorez en presence, étoient plus estimez que ceux ausquels on auoit enuoyé, en leur absence, soit la ceinture militaire, soit les Lettres de Dignité honoraire. D'où il se collige plusieurs poincts, qui seruent grandement

26 *Ce qui est à remarquer en cette Loy.* à l'vsage de nos Cheualiers. Premierement, que la ceinture militaire estoit baillée en solemnité aux personnes de merite, qui n'auoient point d'Office ou charge publique, ce qui leur attribuoit le droict de porter continuellement l'épée, & consequemment de joüir des priui-

leges de gens-d'armes : secondement qu'estant baillée par l'Empereur mesme, c'estoit plus d'honneur, que si elle estoit simplement enuoyée : Tiercement, que c'estoit plus d'honneur d'auoir la ceinture militaire, mesme par simple enuoy de l'Empereur, que d'auoir de simples Lettres de Dignité.

De mesme donc en France, ceux que les Rois reconnoissoient de grand merite, ou du moins qu'ils vouloient éleuer en dignité, lors qu'ils n'auoient point d'Office à leur conferer, ils les faisoient Cheualiers, c'est à dire les declaroient gens-d'armes honoraires, pour iouyr des priuileges de gens-d'armes, encore qu'ils ne fussent pas enrollez entre les gens de guerre:& de fait, la plûpart de nos Autheurs François appellent en Latin le Cheualier *militem*, & non pas *equitem*. Mais notamment ils les declaroient gens-d'armes de cheual, pource qu'en France principalement ils sont beaucoup plus estimez que ceux de pied. Et en signe de ce qu'ils les faisoient gens-d'armes, ils leur bailloient de leur main le baudrier ou ceinture militaire, sous ces belles & notables ceremonies que ie viens de rapporter : qui pour estre plus signalées & plus remarquables, se faisoient auec telle magnificence & dépense, qu'on voit en plusieurs Coustumes, que pour y fournir, les Seigneurs auoient droict de leuer tailles sur leurs vassaux, censiers & iusticiables, quand eux, ou leur fils aisné estoit fait Cheualier, ainsi que quand ils marioient leur fille aisnée, ou qu'ils payoient leur rançon : ce qui est appelé en nos Coustumes, *Droict de Taille aux quatre cas*. 27. *Origine des Cheualiers.* 28 *Dépense à faire les Cheualiers.*

Et pource qu'en France, non seulement les Soldats enrollez, mais aussi les simples Gentilshommes, comme Soldats nez, & naturellement destinez à la guerre, ont droit de porter l'épée en tout temps, & par tout, mesme iusques dans le cabinet du Roy, comme i'ay dit au chapitre precedent, il a fallu bailler aux Cheualiers, qui ont vn degré de dignité pardessus les simples Gentilshommes, vne enseigne ou marque plus particuliere de leur dignité, qui est d'auoir les éperons dorez, & tout autre harnois ou équipage de cheual : ce qui n'estoit anciennement permis de porter qu'aux seuls Cheualiers, comme Bouteiller a bien remarqué, & apres luy du Tillet, c'est pourquoy aucuns de nos Escriuains modernes appellent les Cheualiers, *Equites auratos*. 29. *Harnois doré attribué pour marque aux Cheualiers.*

Mais ces belles ceremonies & magnificences, qui se faisoient à la creation des Cheualiers, notamment que le Roy mesme prenoit la peine le plus souuent de leur ceindre l'épée, furent cause, que non seulement les simples Gentilshommes, mais aussi les Seigneurs, mesme les Princes, & iusques aux Enfans des Rois, voulurent auoir cette dignité de Cheualiers : estimans que ce leur estoit non seulement vn honneur, mais aussi vn bon presage, & mesme vn engagement à la vaillance & generosité, de receuoir l'épée de la main de leur Prince. Ainsi nous voyons dans nos Annales, que le Roy Charlemagne ceignit l'épée à Louys le Debonnaire son fils, estant prest d'aller en guerre contre les Auarrois, & que mesme Louys le Debonnaire en fit autant à Charles le Chauue son fils, dit Aimon, Liu. 5. ch. 17. Pareillement le bon Roy saint Louys fit Cheualier son fils aisné Philippe III. & celuy-cy ses trois enfans. Et l'Histoire remarque, qu'en tels actes les Rois auoient leurs couronnes en teste, & tenoient Cour pleniere, & table ouuerte. 30. *Princes & enfans des Rois faits Cheualiers.*

Aussi étoit-ce l'ancienne façon de faire les Cheualiers, soit deuant vne bataille ou assaut, afin d'encourager les braue Gentilshommes de s'y porter vaillamment : soit apres la bataille ou prise de la place, pour recompenser ceux qui y auoient bien fait. Dont il y a vn bel exemple dans Monstrelet au 55. chapitre du premier volume, & dans Froissart Liure premier, où il fait le conte des Cheualiers du Liévre, que du Tillet rapporte pareillement au chapitre des Cheualiers. On en faisoit encore lors des mariages des Rois, ou de leurs Enfans, pour honorer les tournois qui s'y faisoient, & sont ceux-là, à mon aduis, qui dans les Romans & autres anciens Liures sont appelez *Cheualiers du Bain*, pource qu'on les faisoit au sortir du Bain solemnel, qu'on auoit accoustumé de faire auant le mariage : ou bien on peut dire auec du Tillet, que ceux, qui estoient faits Cheualiers hors la guerre, estoient nommez *Cheualiers du Bain*, pource qu'entr'autres ceremonies il falloit qu'ils se baignassent, auant que receuoir l'Ordre de Cheualerie. 31. *Quand estoient faits les Cheualiers.* 32. *Cheualiers du Bain.*

Quoy qu'il en soit, bien que les Nobles des deux autres degrez, à sçauoir, les simples Gentilshommes, & les Princes, ayent leur qualité par nature, au moins dés leur naissance, contre la regle commune des autres dignitez, si est-ce que la Cheualerie retient la regle commune des Ordres, que nul ne naist Cheualier, mais faut que cét Ordre ou qualité soit actuellement conferée à la personne. Et encore que les Princes soient au dessus des Cheualiers, si est-ce que les Princes ne sont pas vrais Cheualiers, s'ils n'ont receu l'Ordre de Cheualerie : mesme les Enfans des Rois ne naissent pas Cheualiers, comme prouue Chopin au second Liure. *De Domanio*, chap. 29. témoin les exemples qui viennent d'estre rapportez de nos Rois, qui en grande solemnité ont fait leurs enfans Cheualiers. Et mesme Chopin rapporte vn ancien Arrest du Parlement de l'an 1534. par lequel il est porté, que le Roy a droict de leuer vne taille sur son peuple, quand il fait vn de ses fils Cheualier. 33. *Nul ne naist Cheualier.*

Mesme on doute, si les Empereurs & les Rois sont eux-mesmes Cheualiers, auant qu'en 34 *Rois faits Cheualiers.*

auoir receu l'Ordre : & de fait nous voyons dans *Petrus Vinea, lib. 3. epist. 20.* que le Roy Conrad, fils de l'Empereur Federic II. écrit aux habitans de Panorme, qu'il a voulu estre fait Cheualier : *Licet*, dit-il, *ex generositate sanguinis, qua nos natura dotauit, & ex Dignitatis officio, qua duorum regnorum nos in solio gratia diuina præficit, nobis militaris honoris auspicia non deessent : quia tamen Militiæ cingulum, quod reuerenda sanciuit antiquitas, nondum Serenitas nostra susceperat, prima die præsentis mensis Augusti, cum solemnitate tyrociniј, latus nostrum elegimus decorandum.* Pareillement nous lisons dans Sigebert, que Malcome Roy d'Escosse voulut estre fait Cheualier par le Roy de France Henry I. & nous lisons en nos Annales, qu'apres la iournée de Marignan, le Roy François fut fait Cheualier par le Capitaine Bayart, qui luy ceignit l'épée. Bref du Tillet nous apprend que le Roy Louys XI. incontinent apres son sacre, se fit passer Cheualier par le bon Duc Philippe de Bourgogne, dautant, dit-il, *que c'est vne remarque & éguillon de proüesse és armes, & toute autre vertu & honneur, les Princes Souuerains descendent volontiers de leur hautesse & Majesté, pour estre en fraternité & compagnie d'aucuns leurs sujets les plus preux & vertueux : preferans le merite & los de vertu à tous les aduantages de la fortune.*

35. Pourquoy. Bien que la verité soit, que la dignité Royale comprend en soy toutes dignitez, mesme toutes dignitez procedent d'icelle, ainsi que toute la lumiere du monde procede du Soleil: de sorte que ce qu'aucuns Rois ont voulu estre faits Cheualiers, étoit plûtost pour honorer l'Ordre de Cheualerie, ou bien la personne de celuy, par les mains duquel ils le receuoient, que pour en auoir eux-mesmes vn accroissemẽt d'honneur. Aussi voyons-nous que par les institutions des Ordres particuliers des Cheualiers, dont il sera parlé cy-apres, les Princes Instituteurs d'iceux ont ordonné, qu'eux & leurs successeurs en leurs Estats, en demeureroient Chefs à perpetuité, lesquels pour cét effet n'ont besoin que l'Ordre leur soit cōferé

36. Cheualiers honoraires. D'ailleurs cette regle que les Cheualiers sont *facti, & non nati*, s'entend seulemẽt des vrais Cheualiers, & du vray Ordre de Cheualier. Car comme en toutes dignitez il y en a qui ne sont qu'honoraires, *& titulo tenus*, cōme il sera discouru aux deux derniers ch. de ce Liu. aussi il y a plusieurs Cheualiers honoraires & par titre seulement, c'est à dire qui n'ont pas l'Ordre de Cheualerie, à sçauoir tous ceux qui possedent les hautes Seigneuries & les grãds Offices : bref tous ceux de la haute Noblesse se qualifient Cheualiers, cōme reciproquement les Cheualiers se qualifient hauts Seigneurs, bien qu'ils n'ayent point de haute Seigneurie.

37. Cheualier. Car comme il a esté touché cy-deuant, quiconque est fait Cheualier par le Roy, mesme quiconque a Seigneurie ou Office, auquel le titre de Cheualier appartient, est absolument noble luy & sa posterité, attendu que la Cheualerie est vn degré par dessus la simple Noblesse, & est comparée au Patriciat des Romains, *qui omnem natalium maculam eluebat. l. 5. & vlt. De Consul. lib. 12. Cod.* comme M. Choppin prouue sur le 93. art. de la Coust. d'Anjou. Ce que du Tillet traite élegamment, *Le Roy*, dit-il, *faisant Cheualier vn roturier, l'ennoblit & luy donne Cheualerie tout d'vn temps. Plusieurs voulant prendre nobilitation à part, de peur d'en auoir belle Lettre, comme on dit, se font par le Roy faire Cheualiers. Car la Lettre de Cheualerie porte noblesse, sans confesser roture. Mais si c'est autre que le Roy, qui seul a pouuoir d'ennoblir, qui fasse le roturier Cheualier, tous deux le doiuent amender* : dont en suite il rapporte quelques Arrests.

38 Anciens Ducs & Cōtes pouuoient faire les Nobles Cheualiers, mais non pas annoblir les roturiers. Distinction qui est fort notable. Car du temps que les Ducs & Comtes de France auoient vsurpé presque tous les droits de Souueraineté, ils entreprenoient aussi de conferer l'Ordre de Cheualerie: mesme les Capitaines & Cheualiers signalez en faisoient d'autres: dautant que les ieunes Seigneurs reputoient à bonheur d'estre faits Cheualiers de leur main, comme les Romains nous apprennent. Ce qui estoit toleré, pourueu que ceux qu'ils faisoient Cheualiers fussent Nobles de race, pource que la faculté d'annoblir le roturier, a tousiours esté reseruée aux purs Souuerains : & de fait les Ordonnances & les anciens Praticiens, qui rapportent les droits Royaux & cas de Souueraineté, n'y mettent pas le pouuoir de faire Cheualiers, mais seulement le pouuoir d'annoblir, c'est aussi ce que nous apprend le vieil Liure intitulé, *Coustume de Paris, Orleans, & de Beronnie. Si aucun*, porte-t-il, *qui n'est Gentilhomme de par son pere, le fust-il de par sa mere, souffroit estre fait Cheualier, son Seigneur luy peut faire trencher ses éperons sur vn fumier* : & l'ancien Arrest du Parlement de Pentecoste, 1280. porte, *quòd, nonobstante vsu contrario ex parte Comitis Flandrensis proposito, non poterat facere de villano Milites, sine auctoritate Regis : secus ergo de Nobili.* Mesme du Tillet & Pithou sur le premier article de la Coustume de Troyes, rapportent vn vieil extraict de la Chambre du Thresor, portant qu'en Prouence & Beaucaire, les Bourgeois peuuent estre faits Cheualiers par les Barons, & mesme par les Prelats Ecclesiastiques.

39. Cheualerie tombée en mépris. Cette facilité de faire Cheualiers, joint que la coûtume de nos Rois fut à la fin d'en faire quasi autant qu'il s'en presentoit (iusques-là, que Charles VI. au siege de Bourges en fit 500. en vn iour, deuant le gibet d'icelle ville, dit Monstrelet) fut cause que pour releuer l'Ordre & dignité de Cheualerie, qui tomboit en mépris, à cause de la multitude, & du peu de

40. Inuétion des Cheualiers de l'Ordre. merite d'aucuns qui y estoient admis, il fallut tirer de cette multitude les principaux & plus signalez Cheualiers, & les reduire à vne petite bande ou troupe : pourquoy faire on inuenta certains nouueaux Ordres ou milices de Cheualiers, esquels on retint seulement

seulement ceux de plus grand merite, soit pour la valeur, ou pour le lignage : estant chose
remarquable, qu'on n'y reçoit encore aujourd'huy que ceux qui d'ailleurs ont le titre de simples
Cheualiers : & pour les rendre plus augustes & venerables, on les astreignit à certaines
ceremonies de Religion, les redaisant en forme de Confrairie, comme aussi, afin de les rendre
remarquables & reconnoissables parmy les simples Cheualiers, on leur fit porter vn collier 41. Collier de l'Ordre.
d'or que le Roy leur donnoit & appliquoit en leur conferant l'Ordre, au lieu de l'accollee
des anciens Cheualiers, ou bien comme entre les prix militaires on donnoit des colliers
d'or aux signalez gendarmes des Romains, qui desormais estoient appelez *Torquati*, dit Vegece,
Liure 2. dont l'inuention vint de ce collier, qui fut donné à Manlius Torquatus, pour
auoir heureusemẽt tué en duel ce brauache Gaulois, qui estoit venu defier l'armée Romaine.

Et c'est à cause de ce collier, qu'on appelle vulgairement en Latin nos Cheualiers de 42. Equites torquati.
l'Ordre, *Equites torquatos* : mais d'autant qu'il leur feroit incommode de le porter continuellement,
ils le reseruent pour les actes de ceremonie, & au lieu d'iceluy, ils portent iournellement
sur leurs habits quelque marque ou enseigne visible de leur Ordre.

Le premier Ordre (au moins qui ait esté de durée, car il y a eu l'Ordre de la Genette, in- 43. Ordre de l'Estoile.
stitué par Charles Martel, qui ne dura point) fut celuy des Cheualiers de la Vierge Marie,
institué en l'an 1351. par le Roy Iean, au Chasteau sainct Ouen prés Paris, maintenant appelé
Clichy : & pource qu'ils portoient vne étoile en leurs chapperons, puis en leurs manteaux,
apres l'vsage des chapperons aboly, on les appela *Cheualiers de l'Estoile*.

Le second fut l'Ordre de S. Michel, institué en l'honneur de l'Ange tutelaire de la Fran- 44. Ordre de S. Michel.
ce, par le Roy Louys XI. qui pour l'annoblir par l'aneantissement du precedent, donna la
marque de l'Estoile au Cheualier du Guet de Paris & à ses Archers.

Finalement le feu Roy Henry III. grand inuenteur & amateur de nouuelles ceremonies, 45. Ordre du S. Esprit.
institua l'Ordre & milice du S. Esprit, en souuenance de ce qu'au iour de Pentecoste il auoit
esté esleu & fait Roy. Et ces Cheualiers, outre la marque de leur Ordre, qu'ils portent sur
leurs manteaux, en portent encore vne autre penduë au col à vn ruban de taferas bleu.

A l'exemple des Rois de France les autres Rois & Princes souuerains, ou pretendans l'e- 46. Ordres de la Iarretiere, de l'Escharpe, du Croissant, de la Toison d'or, de l'Annonciade, du Porc-espy.
stre, ont fait aussi des Ordres de Cheualiers, comme les Rois d'Angleterre celuy de la Iar-
tiere : ceux de Castille celuy de la Bande ou Escharpe : les Rois de Sicile, de la seconde branche d'Anjou, celuy du Croissant : les Ducs de Bourgongne celuy de la Toison d'or : les Ducs
de Sauoye l'Ordre de l'Annonciade : ceux d'Orleans l'Ordre du Porc-espy : & ainsi des autres, que ie ne m'amuseray pas à rapporter.

Or auparauant l'inuention de ces Cheualiers de l'Ordre, ceux d'entre les simples Che-
ualiers, qui auoient moyen de leuer banniere, c'est à dire qui auoient si grand nombre de vas- 47. Cheualiers bannerets.
saux releuans de leurs Seigneuries, qu'ils estoient suffisans pour faire vne compagnie complet-
te de gens de cheual, estoient appelez *Cheualiers bannerets*. Ce qui estoit reputé à grand honneur, & leur estoit baillée la banniere auec grande solennité, qui est rapportée par Froissart au
1. vol. Mais au contraire les Cheualiers, qui n'auoient pas moyen de leuer banniere, & partant
estoient contraints de marcher sous les bannieres d'autruy, s'estoient appelez *Bacheliers*, se- 48. Bacheliers.
lon aucuns, notamment Monsieur du Tillet, qui prouue bien qu'ils estoient opposez aux bannerets,
quoy qu'il en soit, il est certain que la qualité de Bachelier estoit au dessus de celle d'Escuyer,
& au dessous de celle de Banneret. Car il rapporte plusieurs authoritez, desquelles il appert
que le Banneret auoit deux payes du Bachelier, & le Bachelier deux payes de l'Escuyer.

Mais il y a grande apparence, que les Bacheliers estoient les jeunes gens de bonne mai- 49. Bachelier, que signifie proprement.
son, fils ou arriere-fils des Seigneurs ou Cheualiers, qui aspiroient à l'Ordre de Cheualerie : com-
me estans au bas eschelon de Cheualerie, ainsi qu'il se void és degrez des sciences, que le Bachelier est celuy qui s'est mis au cours, pour estre Docteur, & és Arts mecaniques, le Bachelier
est celuy qui est prest d'estre passé Maistre de son mestier : mesme en vieil langage Frãçois, que
les Picards retiennent encore à present, le Bachelier est le poursuiuant ou amoureux d'vne fille à
marier, laquelle aussi est apelée *bachelete*, c'est à dire aspirãt à deuenir maistresse estant mariée.

Etymologie qui me semble plus vray-semblable, que toutes celles de nos DD. de droict, & de 50. Les Etymologies.
nos modernes Escriuains François, qui s'y sont fort alembiqué le cerueau : les vns deriuant le
Bachelier, *à baculo seu bacillo*, pource qu'on mettoit vn baston en la main de ceux à qui on
permettoit de faire publiquement, ou que de certains fiefs on estoit inuesty *per baculum*, comme il se void aux Liures des Fiefs. Les autres *à buccellarii*, & de fait ils le tournent en Latin
Baccalaureum. Autres viennent à *buccellariis*, qui estoient les cossilliers & gardes corps des Seigneurs Visigots, dont il est parlé ... & en la glose des Basiliques. Autres, *ab illis Buccellariis*, qui ... dont est fait mẽtion en la Loy *Omnibus C. Ad l. Iul.
de vi publica*, ... voyez ce qu'en rapporte Cujas sur le 1. tit. du 2 li. *des Fiefs*. Alciat 3.
Dispunct. cap. ... *cap.* ... *lib. 26 c. 15*. Finalement Fauchet en ses Origines dit, que les Bacheliers sont des *bas Cheualiers*, dont il ne rapporte point de preuue :
mais on le peut ayder du passage de Froissart, Liu. 1. ch. 127. où il vse du mot *Bas-Cheualereux*.

Ie ne puis toutesfois me departir de mon etymologie, que *Bachelier* vient de bas echelon,
signifiant celuy, qui estant au plus bas echelon ou degré, est en train de monter aux plus hauts.

51. Bachelier signifie le pretendant. & partant que Bachelier signifie celuy qui est au chemin de deuenir Cheualier, Docteur, Maistre de mestier, ou pere de famille. Car en toutes vacations il y a ordinairement des poursuiuans ou postulans, qui en ayant l'aptitude & habilité s'attendent d'y estre admis actuellement, & ceux-là en Grec sont appelez μέλλοντες, dit Budée en ses Commentaires, en Latin *Candidati*, & aux trois derniers Liures du Code *Supernumerarij*, & à nous *retenus*, desquels il sera traité cy-apres au penultiéme chapitre.

52. Bachelier en Noblesse se prẽd en deux façons. Donc en matiere de Noblesse, le Bachelier se prend en deux façons dans les Liures anciens, l'vne, quand il est opposé au Cheualier, & lors il signifie celuy qui attend ou poursuit l'Ordre de Cheualerie. L'autre quand il est opposé au Seigneur, ou au Banneret, & alors il signifie celuy qui est fils d'vn grand Seigneur, & qui peut succeder à sa Seigneurie, & cependant joüyt d'vne portion des terres d'icelle, auec mesmes droits & prerogatiues, que le principal Seigneur. 53. Bachelier opposé au Cheualier & au Banneret. Ce que nous apprennent les Coustumes d'Anjou, art. 63. & du Maine, art. 72. dont voicy les termes ; *Il y a audit pays aucuns autres Seigneurs, qui ne sont Comtes, Vicomtes, Barons, ne Chastelains qui ont Chasteaux, forteresses grosses maisons & places qui sont parties des Comtez, Vicomtez, Baronnies, ou Chastellenies : & tels s'appellent Bacheliers, & ont telle & semblable justice que ceux dont ils sont partis, & en sont fondez par la Loy & Coustume.* 54. Origine des Parages. D'où vient possible l'origine des Pairs de fief, & des Parages, à sçauoir, que c'estoient les puisnez des grandes Maisons, ausquels certains membres ou dépendances des hautes Seigneuries estoient baillées en partage, pour les tenir à pareils droits & prerogatiues d'honneur, que l'aisné tenoit le chef lieu & membre principal, & neantmoins les releuer de luy en Parage.

55. Offices emportans haute Noblesse. Ce qui nous donne sujet de parler des grandes Seigneuries, & fiefs de dignité, desquels pareillement procede la haute Noblesse, aussi-bien que des grands Offices, dont ayant traité assez amplement au 9. chapitre du 1. Liu. *Des Offices*, ie ne diray autre chose en ce lieu, sinon qu'au dénombrement que i'ay fait des Offices qui produisent la haute Noblesse, il faut encore adjouster les Gouuerneurs des Prouinces & des bonnes villes, & les Capitaines en chef des Compagnies d'Ordonnances retenuës en paix & en guerre, & encore leurs Lieutenans selon aucuns, bien que ce ne soient Offices, mais simples commissions permanentes toutefois, ainsi que nous viuons, & qui n'ont point accoustumé d'estre reuoquées : joint que c'est le propre de la Noblesse de prouenir & d'estre accreuë par la valeur militaire.

56. Pourquoy les Seigneuries de dignité emportent haute Noblesse. Comme donc les Capitaineries emportent haute Noblesse, aussi font les principales Seigneuries, qui de leur premiere origine estoient Capitaineries : pource que les Francs ou Francons d'Allemagne ayans conquis les Gaules, distribuerent presque toutes les terres d'icelles à leurs Capitaines, donnant à tel vne Prouince entiere à titre de Duché, à tel autre vn pays de frontiere à titre de Marquisat, à vn autre vne ville auec son territoire adjacent à titre de Comté : bref à d'autres des chasteaux ou villages, auec quelques terres d'alentour, à titre de Baronnie ou Chastellenie, selon les merites particuliers d'vn chacun, & selon le nombre de soldats que chaque Capitaine auoit sous luy : pource que c'estoit tant pour luy, que pour ses soldats, & à la charge de leur en faire part à titre de fief, au moyen duquel ses soldats demeuroient obligez d'assister toûjours en guerre leur Capitaine, lequel en outre estoit le chef, Gouuerneur & Iuge du territoire entier à luy attribué : pource qu'anciennement les armes & la justice n'estoient point separez.

57. Capitanei Regis aut regni qui veré. C'est pourquoy ces principaux vassaux sont appelez *Capitanei Regis, aut regni*, comme il est contenu tout au 1. titre Des fiefs ; *Dux, Marchio & Comes, propriè regni vel Regis Capitanei dicuntur. Sunt & alij, qui ab istis feuda accipiunt, qui propriè Regis vel regni Valuassores dicuntur, sed hodie Capitanei appellantur* : passage qui est tres-mal interpreté. Car on a referé ces mots (*ab istis*) *ad Ducem, Marchionem, & Comitem*, bien qu'ils deussent estre referez *ad Regem vel regnum*, comme i'ay prouué au 6. chap. *Des Seigneuries*. De sorte qu'il signifie, que du commencement il n'y auoit que les Ducs, Marquis & Comtes, qui fussent Capitaines du Roy ou du Royaume, & que les autres tenans d'eux des fiefs, qui n'auoient ces titres, estoient appelez simplement *vassaux du Roy*, ou *du Royaume*, mais non pas Capitaines. Neantmoins à succession de temps, ceux-là furent aussi appelez *Capitaines*. C'est pourquoy au titre, *Quis dicatur Dux, &c.* apres auoir definy le Duc, le Marquis & le Comte, le simple Capitaine est definy, *is qui à principe de plebe, vel plebis parte inuestitus est.*

58. Barons de France. D'où il s'ensuit, que ces Capitaines sont proprement ceux, que nous appellions anciennement *les Barons de France*. Car, comme dit du Tillet, le mot de *Baron* est general, comprenant tous ceux qui tiennent leur principale Seigneurie immediatement de la Couronne en tous droits, fors la Souueraineté. Et dautant qu'il y auoit lors plusieurs fiefs releuans de la Couronne, qui n'estoient Duchez, Marquisats ny Comtez, & qui n'auoient autre titre de dignité, que le terme general de *Baron* : delà est venu, qu'à succession de temps ce terme a esté pris pour vne particuliere espece de dignité, principalement lors que les Ducs, Marquis, & Comtes, voulans vsurper les droits de souueraineté, ont cessé de s'appeler *Barons*, pource que la Baronnie n'est pas capable de Souueraineté, & qu'au contraire les vassaux releuans, non de la Couronne, mais simplement du Roy, à cause des anciens Duchez & Comtez réünis à icelle, ont voulu estre appelez Barons, comme il a esté dit plus particulierement au Liu. *Des Seign.*

59. *Chastelains sont de la haute Noblesse.*

Et de là semble resulter, que les Seigneurs, qui sont au dessous des Barons n'estans pas Capitaines, ne doiuent estre du rang de la haute Noblesse, & toutefois, pour la grande conuenance & affinité, qu'ont les Chastelains auec les Barons, estans les Chastelains petits Barons, & les Barons grands Chastelains, & aussi qu'en matiere de dignité, on monte tousiours par succession de temps, ils ont gagné ce poinct d'estre de la haute Noblesse. Et partant il faut tenir, que toute Seigneurie ou fief de Dignité, c'est à dire qui a vn nom & titre particulier, comme sont toutes les grandes & mediocres Seigneuries, emporte haute Noblesse. De sorte qu'il n'y a que les simples Seigneuries, ou Iustices, qui n'ont pas cét auantage.

60. *Pourquoy.*

Car bien qu'il y ait apparence, que les mediocres Seigneuries, qui ne releuent pas du Roy, ne deuroient pas emporter haute Noblesse, pource qu'il n'y a que ceux-là qui releuent du Roy, qui puissent estre appelez Capitaines, selon la vraye interpretation du 1. tit. *Des fiefs* : neantmoins la fausse interpretation que nos Docteurs luy ont baillée, a donné cét auantage aux mediocres Seigneurs, releuans des Ducs, Marquis & Comtes, qu'ils ont esté mis au rang des Capitaines, & par consequent de la haute Noblesse.

61. *Modification notable.*

En quoy toutefois il faut prendre garde, que si le possesseur de la mediocre Seigneurie, comme Vicomté, Vidamé, Baronnie, & Chastellenie releuant d'autre que du Roy, est noble de race, il entre au rang de la haute Noblesse par le moyen de l'inuestiture, qui luy en est donnée par son Seigneur suzerain, tout ainsi qu'on toleroit anciennement, que les Ducs & Comtes fissent Cheualiers ceux qui estoient nobles, & non pas roturiers. Mais tant s'en faut que l'inuestiture de telles Seigneuries, données par autre que par le Roy à vn roturier, le mette au rang de la haute Noblesse, que mesme elle ne l'annoblit pas, pource que c'est vne regle infaillible, qu'autre que le Roy ne peut conferer la Noblesse : mesme quand vn roturier auroit esté inuesty d'vne grande, ou mediocre Seigneurie releuante du Roy, par ses Officiers des lieux, ou mesme par la Chambre des Comptes, il n'est pas pourtant annobly, pource que l'annoblissement est vn droict Royal, & vn cas de souueraineté qui est inseparable de la personne du Roy.

62. *Grande Seigneurie attribuée par autre que le Roy, n'annoblit le roturier.*

63. *Si la terre peut annoblir l'homme.*

Mesme on doute fort, comment il se peut faire, qu'vne terre & Seigneurie puisse annoblir vn homme, veu que ce seroit plustost l'homme qui deuroit annoblir la terre appartenante à l'homme, & que Dieu a creée pour le seruice de l'homme : joint que c'est chose repugnante, que la Noblesse puisse estre achetée indirectement, en achetant vn fief de Dignité. Et toutefois on ne peut nier, que selon les Coustumes des Lombards, non seulement les fiefs de dignité n'annoblissent leur possesseur, mais encore tous les anciens fiefs releuans des Capitaines, ou grands vassaux, comme il se collige *à contrario sensu*, de ce que dit le titre *Quis dicatur Dux, &c.* que les acquereurs des fiefs nouueaux *plebeij nihilominus sunt*, & que *per ea nullum habent Paragium*, ainsi faut il lire auec Cujas, & non pas *Paradogium*, ou *Padagium*, auec le vulgaire. Car les anciens vassaux des Capitaines ou grands vassaux estoient Pairs de leur Cour, assistans leur Seigneur, à commander en guerre aux moindres vassaux, à iuger les causes de leurs fiefs, & à l'occasion de ce pouuoir & authorité ils estoient nobles en Lombardie.

64. Paradogium vel potius Paragium.

65. *Le Roy annoblit en trois façons.*

Mais en France nous auons tousiours gardé, que le Roy seul annoblit par trois façons, à sçauoir, ou par Lettres expresses d'annoblissement, ou par la collation des grands Offices, ou par l'inuestiture des fiefs de dignité. Et lors à bien entendre, ce n'est pas l'argent baillé, pour obtenir les Lettres d'annoblissement, ny aussi l'Office, ou le fief de Dignité qui annoblit, mais le Roy par sa souueraine puissance, qu'il exerce en baillant les Lettres de Noblesse, ou la prouision de l'Office, ou l'inuestiture du fief.

66. *Comment les fiefs sont dits nobles.*

Ce donc qu'en France, certains fiefs sont appelez *Nobles*, n'est pas qu'ils soient dicts tels *ab effectu; sed potiùs à propria qualitate.* C'est à dire que ce n'est pas pource qu'ils ayent pouuoir d'annoblir leur possesseur, mais plustost parce qu'à cause de leur propre dignité ils sont affectez aux personnes déja nobles, & ne peuuent estre tenus par gens roturiers. Comme à la verité ce seroit chose repugnante qu'vn roturier fût Seigneur d'vn fief de Dignité, qui emporte Cheualerie & haute Noblesse. De sorte qu'vn roturier, ayant esté inuesty par vn autre que par le Roy mesme, peut estre poursuiuy, soit par le Procureur du Roy, ou par son Seigneur de fief, autre toutefois que celuy qui luy a donné l'inuestiture, ou son heritier, & encore mesme par les vassaux de fief, d'en vuider ses mains à personne capable. Et c'est ainsi qu'on accommode & refere les choses aux personnes, & non les personnes aux choses, suiuant la Loy *Iustissimè D. De Ædil. edicto.*

67. *Possesseur de haute Seigneurie est en possession de haute Noblesse.*

Toutefois en consequence de cette repugnance, que le possesseur d'vn fief de dignité soit roturier, il y a quelque apparence de tenir, que ceux qui possedent ces fiefs sont presumez nobles, & qu'à ce regard ils sont en possession de la haute Noblesse, & partant que si le pere & l'ayeul les ont possedez consecutiuement, la Noblesse desormais est comme prescrite pour leurs descendans, en consequence du reglement des Tailles de l'an 1600.

68. *Rang de la haute Noblesse.*

Or pour parler des droicts & prerogatiues de la haute Noblesse, en premier lieu, il est certain qu'elle a toute préseance par dessus la simple Noblesse : & par consequent sur tous les Officiers, horsmis ceux qui sont aussi de la haute Noblesse, mesme il y a apparence de tenir, que les Cheualiers & Seigneurs doiuent marcher deuant les Iuges & Magistrats, desquels ils sont iusticiables, qui ne sont tout au plus qu'au degré de simple Noblesse, fors seulement quand ils sont en l'acte de leur exercice. Car alors ils representent directement la Majesté du Roy, pour lequel ils exercent la Iustice, mesme de Dieu qui est l'autheur de Iustice, & partant ils ne cedent lors à personne. C'est pourquoy ie ne puis adherer aux DD. qui disent que le Iuge doit aller trouuer les Gentilshommes signalez en leur maison, pour les interroger, suiuant la Loy *Ad personas egregias D. De iureiurando*. Car cette Loy ne dit pas qu'il y doit aller luy-mesme, mais seulemẽt y enuoyer. Si donc le Iuge va luy-mesme & les releue de venir chez luy, c'est par ciuilité, & non pas qu'il y soit tenu. Aussi qu'en cette Loy ie ne voudrois pas entendre *per egregias personas* tous ceux de la haute Noblesse, mais seulement les Princes, ou tout au plus, les Ducs & les Comtes, ou les grands Officiers, qui tiennent rang de Comtes, qui en Latin sont appelez *Magnates, Primores, Proceres.*

69. Officiers en exercice ne cedent à la haute Noblesse.

70. Interpretation de la Loy Ad personas. D. De iureiur.

Car en la haute Noblesse il y a plusieurs rangs & degrez subordõnez: dont le plus bas est des Cheualiers, que du Tillet resout absolument n'auoir aucun rang estably, disant qu'ils sont créez, plus pour témoignage de generosité, que pour rang. Termes qu'il faut referer au sujet de son Liure, qui est le Traité du rang des Grands, & partant entendre, que parmy les Grands, qui sont ceux de la haute Noblesse, ils n'ont point de prerogatiue, de sorte que de deux Comtes, celuy qui sera Cheualier de l'Ordre, ne sera pas fondé, pour ce plûtost, à marcher deuant l'autre : mais vn simple Baron doit marcher deuant celuy qui n'a autre dignité que de Cheualier, témoin le dire de ces Praticiens, rapporté par Choppin, que *nul ne doit seoir à la table du Baron, s'il n'est Cheualier.* Et quant aux Seigneuries, elles ont presque autant de degrez, qu'il y en a de diuerses sortes, & de diuers noms: toutefois on les peut reduire toutes à deux classes, à sçauoir, les grandes Seigneuries, qu'on peut appeler fiefs ou dignitez Royales, qui participent à certains honneurs de la Souueraineté, & sont capables d'estre Souueraines; & les mediocres, qui n'ont pas cét auantage, comme i'ay déduit amplement au Liure *Des Seigneuries*, où i'ay rapporté les droits & prerogatiues particulieres de chacune d'icelle.

71. Pourquoy du Tillet dit que les Cheualiers n'ont rang.

72. Deux classes des Seigneuries de Dignité.

Mais ce qu'elles ont de commun ensemble, est que les possesseurs d'icelles ont tous droits de se qualifier Cheualiers, Seigneurs, & Messires : & de faire appeler leurs femmes Mesdames: ce que i'expliqueray plus amplement cy-apres au dernier chapitre. *Item*, ils ont droit d'auoir à leur suitte des personnes Nobles, comme Pages & Escuyers, & leurs femmes des Damoiselles suiuantes: droit de porter harnois doré, c'est à sçauoir, esperons, & tout autre équipage de guerre & de cheual. Chose pourtant que les simples Gentilshommes, mesme les roturiers entreprennent aujourd'huy sans contredit. Comme aussi ils entreprennent de timbrer leurs armoiries, bien qu'anciennement ce fût vn droit de la haute Noblesse, ainsi que de la simple Noblesse de les porter nuës & sans timbre, car les roturiers n'en portoient point du tout: mais maintenant la simple Noblesse timbre ses armoiries d'vn heaume, qui toutefois ne doit estre doré, ny ouuert. Car cela doit estre reserué à ceux de la haute Noblesse, qui l'ont doré comme Cheualiers, & ouuert comme Capitaines, desquels la visiere est leuée, pour auoir l'œil sur leurs Soldats, & au dessus du heaume ils mettent encore quelque animal, ou autre deuise. Et quant à ceux qui ont les grandes Seigneuries, à sçauoir, les Ducs, Marquis, & Comtes, ils mettent vne Couronne en leur timbre, auec le manteau Ducal, ou Comtal, & la deuise. Mais indistinctement les femmes de tous ceux de la haute Noblesse peuuent porter leurs armoiries en quarré ou lozange, en signe de ce que leurs marys sont Capitaines, ayans banniere. Ce qu'aussi i'ay expliqué plus amplement au Liure *Des Seigneuries.*

73. Remarques d'honneur de la haute Noblesse.

74. Timbre des armoiries.

75. Heaume du timbre des Cheualiers.

76. Couronne des Ducs, Marquis, & Comtes.

77. Armoiries des Dames.

SOMMAIRE DV SEPTIESME CHAPITRE.

1. *Importance de cette matiere.*
2. *Etymologie de Prince.*
3. *Fondemens de la prerogatiue des Princes.*
4. *Qu'il n'y a Ordre de Prince qu'en France.*
5. *Ancienne acceptation du mot de* Prince.
6. *Pourquoy* Prince *a depuis signifié celuy qui a la Souueraineté.*
7. *Fils aisnez des Monarques, appelez* Princes.
8. *Et non leurs parens collateraux.*
9. *Rang des Grands reglé autrefois selon les Seigneuries.*
10. *Parens collateraux des Monarques ne peuuent estre Princes qu'en France.*
11. *Principauté ne peut venir par les femmes.*
12. *Fondement particulier des Princes du Sang.*
13. *La Couronne de France est substituée aux Princes du Sang.*
14. *Ducs & Comtes se sont les premiers appelez Princes en France.*
15. *Discours historial de l'origine & progrez des Princes du Sang.*
16. *Les Princes du Sang estoient tous Rois aux deux premieres lignées.*
17. *De mesme.*
18. *Charles de Lorraine, exclus de la Couronne.*

19. Puisnez des Roys exclus des partages en la troisiéme race.
20. Aisné estoit sacré dés le viuant du Roy son pere.
21. Le Royaume n'auoit lors presque point de domaine.
22. Cantonnement & vsurpation des droits de souueraineté faite par les Ducs & Comtes de France.
23. Ces Ducs & Comtes se qualifioient Princes.
24. Foiblesse des puisnez de France.
25. Prenoient lors le nom & armes de leurs femmes.
26. Le premier puisné qui a pris les armes de France.
27. Que du temps de Philippe Auguste ceux de sa lignée estoient precedez par les Ducs & Comtes.
28. Entrerent en authorité sous Louys VIII.
29. Pourquoy s'appellerent Princes du Sang.
30. Accroissement de leur authorité sous Philippe de Valois.
31. N'eurent encore lors la preseance sur les Ducs & Comtes.
32. Exemples.
33. Differend de preseance entre les Princes du Sang & les Pairs de France.
34. Ordonnance sur iceluy.
35. Interpretation d'icelle.
36. Princes marchent à present sans difficulté deuant les Ducs & Comtes.
37. Grande augmentation de l'authorité des Princes arriuée de nostre temps.
38. De Monseigneur le Dauphin.
39. Pourquoy est appelé Monseigneur.
40. Pourquoy il se titre par la grace de Dieu.
41. La qualité de fils aisné de France precede celle des Royaumes.
42. Roy Dauphin.
43. Pourquoy la qualité de Dauphin est mise auant celle de Duc.
44. Le Dauphin est precedé par les Rois, & comment.
45. Il n'est pas besoin qu'il soit sacré du viuant de son pere.
46. Honneur rendu à Monsieur le Dauphin estant Regent.
47. Des puisnez de France.
48. Les titres de leurs Royaumes ne sont mis deuant celuy de Fils de France.
49. Nom qu'ils ont auant qu'estre appanagez.
50. Leurs appanages sont tenus en Pairie.
51. Les Filles de France.
52. Princesses du Sang ne perdent leur qualité par mariage inegal.
53. Officiers des Enfans de France sont priuilegiez.
54. Declaration de l'heritier presomptif de la Couronne.
55. Designation de successeur odieuse.
56. Droict du premier Prince du Sang.
57. Seconde personne de France.
58. Monsieur.
59. Premier Prince du Sang.
60. Princes du Sang marchent les premiers.
61. Du rang des Princes du Sang entr'eux.
62. Les plus proches de la Couronne marchent les premiers.
63. Entre diuerses Maisons les plus anciennes marchent les premieres.
64. Si les Princes du Sang marchent selon les degrez de succession.
65. Que l'aisné de l'aisné, marche & succede deuant ceux de sa branche, bien que plus proches.
66. Viuere vel succedere more Francorum.
67. En succession des maisons priuées on a égard à la proximité.
68. Mais non au Royaume.
69. Aisnesse parmy le peuple de Dieu.
70. Ce Royaume est estably à peu prés comme celuy d'Israël.
71. De mesme.
72. Robe d'aisnesse.
73. Marque de l'aisnesse & des branches de la famille consiste aux armoiries.
74. Resolution de la question.
75. Pourquoy cette question a esté traitée plus au long.
76. Question de l'oncle & du neveu.
77. Rang des Princes du Sang, entr'eux.
78. Degré signifie deux choses.
79. Degré de consanguinité que signifie.
80. Priuileges des Princes du Sang.
81. Importance de conseruer la vie des Princes du Sang.
82. Nul Prince du Sang executé à mort.
83. Ordre des Princes parfaitement estably en France.
84. Rang est mieux estably selon l'extraction, que selon les Seigneuries.
85. Pourquoy autrefois le rang a esté estably selon les Seigneuries.
86. Bastards de France & leurs descendans mis au rang des Princes.
87. Bastards succedoient aux deux premieres lignées.
88. Pourquoy n'ont succedé en la troisiéme.
89. La race du Bastard Amaury.
90. Bastards ont esté rangez à l'Eglise.
91. Maintenant sont aduoüez.
92. Excellence des Bastards de France.
93. Issus des Souuerainetez estrangeres mis au rang des Princes en France.
94. Princes estrangers fort aduancez en France.
95. Deux sortes de Princes, outre ceux du Sang.
96. Pourquoy le Parlement qualifie Princes indefiniment les Princes estrangers.
97. Sont par tout ailleurs qualifiez & reconnus pour Princes.
98. Princes du Sang, pourquoy ainsi appellez.
99. Princes du Sang sont aussi appelez Princes de la Couronne, à la distinction des Princes naturels.
100. Que ce n'est à la distinction des parens feminins.

DES PRINCES.

CHAPITRE VII.

1. *Importance de cette matiere.* ICERON au I. *De Oratore*, fait estat d'vne grande cause, qui fut plaidée de son temps deuant les cent Iuges de Rome, entre les Marcels & les Claudes Patriciens, sur le fait de leurs races, où il fallut, dit-il, rapporter ce qui estoit du droit de lignée & de gentilité, *de toto stirpis & gentilitatis iure dicendum fuit*. Mais c'est vn discours plus haut sans comparaison, de traiter, non pas des races Patriciennes, telles qu'estoient les plus Nobles de Rome, descenduës d'vn simple Senateur, mais des races & Maisons souueraines des Princes, issuës d'vn Monarque & Prince souuerain. Discours encore plus difficile, mesme plus hazardeux, qu'il n'est haut : & toutefois mon dessein m'y engage absolument, pource qu'ayant entrepris de traiter des Ordres & dignitez, il n'y auroit point d'apparence d'obmettre celle des Princes, qui parmy nous est la premiere & la plus haute de toutes.

2. *Etymologie de Prince.* Car le supréme degré de nostre Noblesse, est de ceux que nous appelons *Princes*, leur communiquant par honneur & pour titre de dignité honoraire le nom de Prince, qui en effet n'appartient qu'au seul Souuerain. Attendu que *Prince* selon sa veritable etymologie, signifie le premier chef, c'est à dire celuy qui a la souueraineté de l'Estat : & ainsi l'entendons-nous, quand nous parlons du Prince simplement.

3. *Fondement de la prerogatiue des Princes.* Ce Prince, qui est la viue image de Dieu, εἰκὼν ἔμψυχος Θεοῦ, disoit Menandre, est si auguste & si plein de Majesté, que ceux qui naissent de luy, ou qui luy touchent de parenté masculine, meritent bien vn respect particulier, & vn rang au dessus de ses autres sujets. Comme aussi de cette Lieutenance de Dieu en terre, & cette puissance absoluë sur les hommes, que nous appelons Principauté ou Souueraineté, est si parfaitement excellente, que quelque approchement ou esperance qu'on y ait, ne peut qu'elle ne soit de grand poids & efficace. Si donc les anciens Empereurs ont bien erigé des Offices ou Dignitez honoraires, dont ils tiroient & qualifioient ceux qui n'estoient Officiers, mais meritoient de l'estre, pour leur attribuër rang parmy les vrais Officiers : nos Rois à plus iuste raison ont bien pû communiquer à leurs parens ce titre honoraire de Prince, bien qu'ils n'ayent la ioüyssance de la vraye Principauté, qui est la souueraineté, mais seulement l'aptitude d'y paruenir, eux ou leur posterité, en leur degré de succession.

4. *Qu'il n'y a Ordre de Princes qu'é France.* Ie dy notamment nos Rois. Car il n'y a Royaume au monde, que ie sçache, où il y ait vn Ordre de Prince formé & estably comme en France, soit quant au titre, ou quant au rang.

5. *Ancienne acception du mot de Prince.* Quant au titre, nous trouuons bien le nom de *Prince* dans les plus anciens Autheurs, notamment en la sainte Escriture, mais il n'y signifie que la primauté ou premiere dignité personnelle, & n'est pas referé à l'extraction; quoy qu'il en soit, *Prince* n'y signifie ordinairement que principal, ou premier en dignité, estant quelquefois tourné du Grec μεγιστὰν, ou μεγιστᾶνες, en pluriel, terme duquel ont vsé en Latin Suetone, Tacite, & Ammian Marcellin: & de fait en ces mots du 6. chap. de S. Marc, Ἡρώδης δεῖπνον ἐποίει τοῖς μεγιστᾶσι, Erasme tourne *primatibus*, au lieu que la version commune porte *Principibus*.

6. *Pourquoy Prince a depuis signifié celuy qui a la souueraineté.* Mais depuis que les Empereurs Romains se furent qualifiez du nom de *Prince*, il n'a plus signifié en Latin la simple primauté, mais la puissãce souueraine. C'est pourquoy les Princes souuerains, jaloux de leur propre titre, ne le communiquent encore à present tout au plus qu'à leur fils aisné. Et si ç'a esté du cõmencement auec quelque sujet, à sçauoir, en érigeant vne de leurs Seigneuries en titre de Principauté, affectée perpetuellemẽt à leurs aînez, cõme en Angleterre la Principauté de Galles, en Castille celle des Asturiez, en Arragon celle de Gironne : de sorte qu'ils n'estoient pas au cõmencement qualifiez Princes absolument,

7. *Fils aisnés des Monarques appelez Princes.* mais Princes d'vn tel lieu : or à present c'est vn vsage estably presqu'en toutes les Monarchies de la Chrestienté, que le fils du Souuerain est qualifié le Prince indefiniment, comme son pere est nommé le Roy, ou le Duc, & ainsi que celuy de l'Empereur de Constantinople étoit appelé Δεσπότης, *nimirũ quia viuo patre dominus existimabatur*, cõme a dit la Loy Romaine.

8. *Et non leurs parens collateraux.* Mais quant à leurs parens collateraux, ils ne leur ont point encore communiqué ce titre auguste de Prince. Que si quelquefois nous trouuons en nostre Histoire, qu'il leur soit attribué (comme par exemple, quand Comines dit, qu'en 3. ans il y eut 80 Princes d'Angleterre executez à mort) il faut prendre garde, qu'il parle à la mode de France. Car Camdenus & Thomas Smith, qui ont décrit amplement les Ordres d'Angleterre, n'y mettent point celuy des Princes.

Voilà pour le titre: & quant au rang, il eſt certain qu'és autres Monarchies de la Chrétienté, il a touſiours eſté & eſt encore à preſent reglé ſelon les dignitez perſonnelles, à ſçauoir les hautes Seigneuries ou grands Offices, & non pas ſelon les maiſons, ou races. Il eſt vray, que les Souuerains conferent ordinairement les premieres dignitez à leurs propres parens, en vertu deſquelles ils prennent les premiers rangs, qui ne leur appartiendroient pas en vertu de leur ſeule extraction, ainſi qu'à nos Princes de France. *9. Rang des grands reglé autrefois ſelon les Seigneuries.*

Ce qui ne pourroit auſſi eſtre ſans abſurdité. Car premierement és Monarchies Electiues, il n'y auroit gueres de raiſon, ny principalement de ſureté d'établir en rang de Princes les parens du Souuerain, veu qu'ils n'heritent point à ſa Souueraineté. Et au regard des hereditaires, elles changent ſi ſouuent de famille par le moyen des femmes, qui y heritent regulierement, comme Bodin prouue bien au penultiéme chapitre de ſa Republique, que ſi on y reconnoiſſoit pour Princes tous les deſcendus des Souuerains par les femmes, ainſi qu'ils ſont capables d'y ſucceder, il s'y trouueroit des Princes de diuers noms & de diuerſes familles, & notamment en tel nombre qu'ils feroient, & à charge, & à dés-honneur à l'Eſtat, & meſme à leur qualité, ne pouuant qu'il n'y en euſt beaucoup de pauures, parmy vne ſi grande multitude. Si au contraire on n'y reconnoiſſoit pour Princes du Sang, que les deſcendans des maſles (ainſi qu'en bonne Iuriſprudence les droits de famille, & les dignitez de race ne doiuent venir que des peres, comme i'ay prouué au cinquiéme chapitre, & ſur tout la Principauté ne ſe file pas à la quenoüille) il en arriueroit vn autre inconuenient, à ſçauoir, que ſe rencontrant ordinairement, que les deſcendus des filles ſeroient les plus proches & habiles à ſucceder à l'Eſtat, on tiendroit pour Princes ceux qui ſeroient excluds d'y ſucceder, & non ceux qui en ſeroient ſucceſſeurs : meſme il arriueroit en ce cas, que ceux-là comme Princes marcheroient deuant ceux-cy, qui ſeroient en terme & en eſperance de leur commander. *10. Parens collateraux des Monarques ne peuuent eſtre Princes qu'é France.* *11. Principauté ne peut venir par les femmes.* *12. Fondement particulier des Princes du Sang de France.*

Mais en France, nous auons vne raiſon fort particuliere de donner titre & rang de Princes à ceux qui ſont de la lignée de nos Rois, à ſçauoir, que la Couronne eſt deſtinée à chacun d'eux en ſon rang & degré de conſanguinité: deſtinée, dis-je, non par voye d'heredité, qui transfere le droit du defunt au plus proche heritier, & par conſequent le charge de ſes faits & promeſſes, comme repreſentant ſa perſonne : mais par droict de ſang & de ſon chef, ſans droict & titre d'heritier, comme le Royaume eſtant par ſa propre nature & eſtabliſſement particulier, qu'on appelle la Loy fondamentale d'iceluy, affecté aux Princes du Sang, ainſi que les fiefs, qui par leur condition & premiere inueſtiture ſont affectez à certaines maiſons, ou bien comme les fideicommis laiſſez aux familles, *de quibus in leg. Cum ita §. ult. de leg. 2. leg. Pater filium. D. Ad leg. Falcid. leg. Filiu f. militar. §. Cum pater. De leg. 2.* D'où il s'enſuit que les maſles de la Maiſon de France ont pareil droict, ou pretention à la Couronne, que les ſubſtituez aux biens chargez de ſubſtitution, qui eſt vn droict beaucoup plus fort, que l'eſperance d'vn ſimple parent à l'heredité de ceux de ſa race.

Belle inuention certes, qui empeſche que le Royaume ſoit transferé en race eſtrangere, & quant & quant oblige les Princes, auſquels il eſt affecté, à ſe rendre ſoigneux de ſa conſeruation, pour leur propre intereſt. C'eſt pourquoy particulierement en France, les maſles iſſus de nos Rois, ſont appelez *Princes*, & notamment *Princes du Sang*, comme eſtans de ce Sang, auquel la Principauté & Souueraineté eſt affectée, & encore Princes de la Couronne, comme ſubſtituez à la Couronne. Ce qui n'eſt, comme ie croy, en aucun Eſtat du monde : & partant i'eſtime, qu'il n'y a point au monde de vrais Princes qu'en France. *13. La Couronne de France eſt ſubſtituée aux Princes du Sang.*

Meſme i'eſtime qu'il n'y a pas long-temps, qu'ils ſe qualifient Princes, en vertu de leur extraction. Car c'eſt la verité, qu'ils prirent premierement ce titre, à cauſe des Duchez & Comtez qu'ils poſſedoient, pource que, comme du Tillet a bien prouué, il a eſté vn long-temps, que les Ducs & Comtes de France ſe qualifioient Princes, à cauſe qu'ils auoient vſurpé les droits de Souueraineté : & partant ils eſtoient veritablement Princes ſujets, qui eſt l'vne des quatre eſpeces des Princes par Seigneurie, que i'ay rapportée & expliquée au 2. chapitre du Liure *Des Seigneuries*. C'eſt pourquoy il ne ſera pas hors de propos de reprendre ce diſcours dés ſon origine, & d'expliquer le titre & le rang, que les Princes du Sang ont tenu de temps en temps en ce Royaume. *14. Ducs & Comtes ſe ſont les premiers appelez Princes en France.*

En premier lieu, il ne faut nullement douter, qu'és deux premieres races de nos Rois, ceux de leur lignée ne fuſſent en extreme veneration. Dautant qu'ils ſuccedoient tous enſemble au Royaume, ou du moins chacun d'eux auoit ſon partage en parfaite Souueraineté, & à titre de Royaume, & partant tous les enfans des Rois étoient déja comme Rois par eſperance certaine, dés le viuant de leur pere. Et ce qui les rendoit plus venerables, eſtoit qu'en la premiere race ils portoient les cheueux longs en ſigne de domination Souueraine, comme les ſerfs les portoient raſez en ſigne de parfaite ſujetion. *15. Diſcours hiſtorial de l'origine & progrez des Princes du Sang.*

Toutefois on ne peut pas dire que cette veneration particuliere qu'on rendoit en France pendant les deux premieres races, aux enfans des Rois, ait jamais eſté communiquée à leurs parens collateraux. Car il n'y en pouuoit auoir, ſuppoſé que les enfans des Rois *16. Les Princes du Sang eſtoient tous Rois aux*

...eux premieres lignées. fussent tous Rois, apres la mort de leur pere. Que si ceux-là eussent eu des enfans, par
mesme raison ils eussent encore esté Rois, & y eust eu autant de Rois, ou pour mieux di-
17. De mesme. re, de parts de Royaume en titre de Royaume, qu'ils eussent esté de masles descendans
des Rois: de sorte que si cela eust continué en la troisiéme race, ceux de la lignée des Rois,
que nous appelons maintenant *Princes du Sang*, eussent tous esté Rois.

18. Charles de Lorraine exclus de la Couronne. Mais sur la fin de la seconde race, Charles, fils puisné de Louys d'outre-Mer (surnom-
mé le Ieune, à cause qu'il auoit vn autre frere plus aagé, nommé Carloman) n'ayant pû
auoir part au Royaume par l'intelligence qu'auoit la femme de Lothaire son frere aisné,
19. Puisnez des Rois exclus de partages en la 3. race. auec Hugue Capet, Maire du Palais, se refugia vers Othon Empereur d'Allemagne son cousin germain, qui luy donna le Duché de Lorraine, ce qui fut cause de l'exclure par apres
tout à fait de la Couronne, & de la faire transferer à la troisiéme race.

Race plus adroite & plus prudente que les deux precedentes, qui dés son commence-
20. L'aisné estoit sacré dés le viuant du Roy son pere. ment obserua de maintenir le Royaume en son entier, en excluant les puisnez de la succession d'iceluy, suiuant cette derniere pratique de la precedente race, dont estoit venu son
aduancement, & donnant seulement aux puisnez des appanages, c'est à dire alimens, & en-
tretenemens. A quoy deux choses l'ayderent grandement; l'vne, que les premiers Rois de
cette race ne manquerent point à faire dés leur viuant, sacrer & reconnoître pour Roy auec
eux leur fils aisné, qui partant, lors du deceds du pere, se trouuoit tout estably & reconnu
par tout le Royaume, ainsi que Lothaire dernier Roy de la seconde race auoit fait à l'endroit de son fils Louys, à mesme intention, à sçauoir, de peur que Charles le Ieune son
oncle le troublast.

21. Le Royaume n'auoit lors presque point de domaine. L'autre, qu'au moyen de l'vsurpation des Ducs & Comtes, le Royaume n'auoit quasi
plus de domaine, où les puisnez pussent mettre le pied, mais consistoit en vn droict incor-
porel de superiorité & authorité, & presque comme vn simple baise-main des Ducs &
Comtes. Droict qui n'estoit pas si aisé à partager, ny à enuahir, comme vn domaine solide.
22. Cantonnement & vsurpation des droicts de Souueraineté, faite par les Ducs & Comtes de France. Car ces Ducs & Comtes estans liguez si étroitement ensemble, pour maintenir leur vsurpation, se portoient tous ensemble à reconnoistre pour Roy le fils aisné du Roy decedé,
auquel dés le viuant du pere, ils estoient obligez par foy & hommage: de sorte qu'il est
vray que cette vsurpation & cantonnement des Ducs & Comtes, sauua la France d'vne
diuision & démembrement beaucoup plus dangereux, & duquel ineuitablement sa ruine
entiere fust arriuée.

23. Les Ducs & Comtes se qualifioient Princes. C'estoient sans doute ces Ducs & Comtes, qui lors estoient appelez Princes, & qui
ont esté les premiers qualifiez en France de ce titre, à cause des droicts de Souueraineté,
qu'ils auoient vsurpez. Aussi estoient-ils alors les plus grands Seigneurs de France apres les
Rois & leurs fils aisnez reconnus pour Rois, pendant la vie du pere. Car les puisnez n'ayans
que leur appanage, ou entretien (qui mesme du commencement ne leur pouuoit pas estre
baillé en terres, pource que le Roy n'auoit presque aucun domaine pour soy-mesme) n'é-
24. Noblesse des puisnez en France. toient pas bastans pour leur faire teste, & leur contester la préseance: mais au contraire le
dessein ordinaire de ces puisnez, estoit de se mettre de leur rang, s'alliant auec eux, &
épousant leurs heritieres, par la faueur du Roy, & par la recommandation de leur extraction. Ainsi que fit Hugues, puisné de Henry I. qui épousa la fille du Comte de Verman-
dois, Robert & Pierre puisnez de Louys le Gros, qui épouserent, celuy-là l'heritiere de
25. Prenoiēt lors le nom & les armes de leurs femmes. Dreux, ou de Brenne selon quelques-vns, & celuy-cy celle de Courtenay. En quoy faisant ils prenoient le nom & les armes de leurs femmes, dont ils faisoient plus d'estat que de
celles de la Maison de France, qui leur appartenoient par extraction.

26. Le premier puisné, qui a pris les armes de France. Philippe fils puisné de Philippe Auguste, dit le Conquerant, fut le premier qui chan-
gea, en partie seulement, cette Coustume. Car il prit le nom de Boulogne, pour auoir
épousé l'heritiere du Comté de Boulogne; nom que Ieanne de Boulogne sa fille porta apres
luy, mais il retint les armes de France, chargées seulement d'vn lambeau. Et ce qui l'en-
27. Que du temps de Philippe Auguste, ceux de sa lignée étoient precedez par les Ducs & Cõtes. hardit à ce faire, fut qu'alors la Maison de France commençoit d'entrer en plus grande authorité, comme du Tillet a remarqué, à cause que le Roy Philippe Auguste son pere auoit
conquis & réüny plusieurs de ces Duchez à la faueur des voyages de la Terre Sainte, & autres bonnes occasions, dont il s'estoit bien sceu preualoir. Et neantmoins de son temps,
ceux de la Maison de France ne tenoient pas encore rang de Princes du Sang, & ne marchoient point deuant les Ducs & Comtes, comme il se collige de l'Arrest qu'il donna pour
l'hommage du Comté de Champagne & Brie, auquel tous les Ducs de France & encore
Guillaume de Ponthieu (qui n'estoit ny Prince du Sang, ny Pair de France) sont nommez
deuant Robert Comte de Dreux, & Pierre Comte de Bretagne, qui estoient arriere-fils
du Roy Louys le Gros.

28. Entrerent en authorité sous Louis VIII. Mais comme du Haillan a bien remarqué, ce fut principalement sous le regne du Roy
Louys VIII. pere de saint Louys, que les puisnez de France entrerent en plus grande
creance & authorité. Car ce Roy eut cinq puisnez, trois desquels furent bien appointez &
appanagez, & si eurent ample lignée, & fonderent de grandes Maisons. Et ainsi ceux de

la Maison de France, estans augmentez en nombre & en puissance, & au contraire les Ducs & Comtes estans diminuez, mesme presque tous exterminez, ce fut lors que ceux de la lignée Royale prirent le dessus, & il y a apparence aussi que ce fut alors, qu'ils prirent leur qualité de Princes du Sang, pour remplir la place de ces Princes vsurpateurs : dont les Sei- 29. *Pourquoy s'appellent Princes du Sang.* gneuries auoient esté réünies à la Couronne, & s'appelerent Princes, pource qu'ils auoient des Duchez & Comtez ainsi qu'eux, & Princes du Sang, pource que de plus, ils estoient du Sang de France : toutesfois encore ne trouue-t-on gueres en ce temps-là qu'ils se qualifiassent Princes, mais seulement les Seigneurs du lignage du Roy.

Sur tout, lors que Philippe de Valois premier Prince du Sang paruint à la Couronne, 30. *Accroissement de leur authorité sous Philippe de Valois.* apres la mort des trois freres ses cousins germains, qui furent Rois l'vn apres l'autre, on reconnut par effet le grand auantage de cette qualité, qui éclata encore plus par le moyen du contraste de l'Anglois, à l'occasion duquel il falut rechercher la Loy Salique ; & fonder vne fois pour toutes, le droict & preéminence des masles descendus des Rois qui sont nos Princes du Sang.

Ils ne purent toutefois gagner paisiblement la préseance sur ce qui estoit resté de ces 31. *N'eurent encore lors la preseance sur les Ducs & Comtes.* anciens Ducs & Comtes, ioüyssans des droicts de Souueraineté, ny mesme sur les Pairs de France depuis erigez, comme eux étans les premiers & principaux vassaux de la Couronne, encore qu'ils n'eussent les droits de Souueraineté. En quoy les Princes du Sang se faisoient tort eux-mesmes : car quand il se rencontroit deux Princes du Sang ensemble, celuy qui 32. *Exemple.* estoit le plus éloigné de la Couronne, pretendoit préseance sur l'autre, mesme le puisné sur son aisné, par le moyen de la qualité de Pair, ou de la prerogatiue de sa Seigneurie. Comme fit Philippe Duc de Bourgogne, qui sous pretexte de sa qualité de Pair de France, au banquet du Sacre de Charles VI. s'assit au dessus du Duc d'Anjou son frere aisné. Et sous le mesme Roy y eut procez pour la préseance entre le Comte d'Alençon, & le Duc de Bourbon, qui pretendoit le preceder comme Duc, bien qu'il fust plus éloigné de la Couronne : duquel procez le Conseil du Roy les appointa, qu'ils marcheroient tour à tour, dont le Comte d'Alençon n'estant content, fit eriger son Comté en Duché Pairie, & ainsi la difficulté fut vuidée entr'eux.

Neantmoins le different general est demeuré à vuider iusques à nostre temps, comme 33. *Differend de preseance entre les Princes du Sang & les Pairs de France.* aussi celuy des Pairs pretendans préseance deuant les Princes du Sang, du moins és actes de leur Office de Pairie, à sçauoir au Couronnement des Rois, & au Parlement. Et de fait, pour l'éuiter apres la mort du Roy Henry II. la feuë Reyne Mere, lors du Sacre de François II. son fils aisné, fit vestir ses puisnez en habits de Pairs, & ainsi les fit marcher les premiers, comme Fauchet a rapporté en ses Origines : & desormais on a obserué, de faire representer les anciens Pairs supprimez & réünis par les Princes du Sang, & ainsi il n'y reste plus gueres de sujet de debat, ou mécontentement.

Mais pour vuider tout à fait le different de préseance, entre les Princes Pairs auec les 34. *Ordonnance sur icelle.* autres Pairs plus anciens, qui tousiours la contestoient contr'eux en ces deux actes de Pairie, le Roy Henry III. fit vne notable Ordonnance en l'an 1576. dont voicy les mots, *Ordonnons que les Princes de nostre Sang, Pairs de France, precederont & tiendront rang selon leur degré de consanguinité, deuant les autres Princes & Seigneurs Pairs de France, de quelque qualité qu'ils puissent estre, tant és Sacres & Couronnemens des Rois, qu'és seances des Cours de Parlemens, & autres quelconques solemnitez, assemblées & ceremonies publiques : sans que cela leur puisse estre mis en dispute ny controuerse, sous couleur des titres & prioritez d'erection de Pairies des autres Princes & Seigneurs, ou autrement pour quelque cause, ou occasion que ce soit.*

Ce qui toutefois ne vuide que le rang des Princes du Sang qui sont Pairs, & non de 35. *Interpretation d'icelle.* ceux qui ne le sont pas : de sorte qu'à leur égard, il semble que la difficulté soit demeurée plus grande qu'auparauant. Toutefois on peut dire que cette Ordonnance a esté ainsi conceuë, pource qu'elle n'estoit faite, que pour déterminer le rang des Pairs de France entr'eux, qui estoit lors controuersé en ce qui concernoit les actes de leur Office de Pairs seulement, sçauoir si en iceux ils deuoient marcher selon le titre & l'antiquité de leurs Pairies, ou selon le rang de leur extraction. Mais qu'on n'a pas eu intention de déterminer par icelle l'autre grande question, si les Princes du Sang non Pairs se trouuans assister comme extraordinaires, & *quasi allecti*, au Sacre des Rois, ou au Parlement, doiuent preceder les Pairs, qui en sont les vrays & naturels Officiers.

Quoy qu'il en soit, maintenant que le rang des Princes du Sang est mieux estably que 36. *Princes marchent à present sans difficulté, deuant les Ducs & Comtes.* iamais, encore qu'ils ne soient ny Ducs, ny Comtes, on ne doute plus qu'ils ne doiuent marcher en tous lieux deuant les Ducs & les Cõtes, mesme deuant les Pairs, & qu'entr'eux ils ne doiuent pareillement auoir rang selon leur proximité de la Couronne, non selon le titre de leurs Seigneuries : les autres Seigneuries n'entrent plus en comparaison auec eux, depuis qu'on en a tant veu en peu de temps, qui sont venus à la Couronne quasi cõme sans 37. *Grande augmentation de l'authorité des* y songer, ou du moins en ligne collaterale, comme les Rois Louys XII. & François I. les Rois Charles IX. & Henry III. & sur tout nostre grand Roy Henry IV. qui estoit

Princes, aduenüe de nôtre temps. éloigné de vingt & vn degré de son predecesseur. De sorte que maintenant les Princes du Sang, constituent sans doute vn corps à part, & vn Ordre de dignité supreme, & surpassent de beaucoup toutes les autres Dignitez de France.

38. De Monseigneur le Dauphin. 39. Pourquoy est appelé Monseigneur. Le premier de cét Ordre est le fils aisné du Roy, qu'on appelle *Monseigneur le Dauphin*, pource que la Seigneurie du Dauphiné de Viennois luy est attribuée, au moins il est chargé d'en porter le titre, dautant qu'elle a esté venduë, ou comme aucuns disent, donnée à cette condition au Roy Philippe de Valois par Humbert le Dauphin. Et bien qu'aucuns soustiennent, qu'il le faudroit appeler *le Dauphin* simplement, & non pas *Monseigneur le Dauphin*, comme on dit *le Roy* simplement, & non pas *Monseigneur le Roy*: neantmoins l'vsage contraire a preualu, prouenant, à mon aduis, de ce que le Dauphiné, estant vne Seigneurie, qu'on pretend separée du Royaume, le titre d'icelle n'emporteroit aucune connoissance de Souueraineté sur les François, si on ne laissoit au deuant la qualité de Monseigneur, ou Monsieur, qui estoit l'ancien titre du fils aisné de France, auant qu'il se qualifiast Dauphin: comme en l'Empire de Constantinople le nom de Δεσπότης, & és autres Royaumes & Principautez Souueraines, celle du Prince: dautant que le fils est participant, non pas du pouuoir, mais de l'honneur de la Seigneurie, dés le viuant du pere, *soláque illi administratio deest*, comme disent nos Docteurs, apres la glose sur le canon dernier 24. *quæst. 1.*

40. Pourquoy il se titre par la grace de Dieu. 41. La qualité de fils aisné de France precede celle des Royaumes. 42. Roy Dauphin. Qui est la raison pourquoy Monseigneur le Dauphin se qualifie en ses Lettres Patentes, *Par la grace de Dieu Fils aisné de France, Dauphin de Viennois*: termes dont les seuls Souuerains peuuent vser, comme estans seuls vassaux & feudataires de Dieu. Et il faut remarquer que la qualité de Fils aisné de France est preposée, non seulement à celle de Dauphin, mais aussi au titre des Royaumes, comme du Tillet & Belle-Forest prouuent par l'exemple de ceux qui ont esté Rois de Nauarre, auant qu'estre Rois de France, qui mettoient en leurs Lettres le titre de Fils aisné de France, auant celuy de Roy de Nauarre. Et autant en fit le Roy François II. ayant épousé la Reyne d'Escosse, bien qu'il fust porté par le contract de son mariage, qu'il prendroit le nom de Roy d'Escosse: c'est pourquoy on l'appella le Roy Dauphin, pendant la vie de son pere, pource que tous les aisnez de France sont obligez de porter la qualité de Dauphin.

43. Pourquoy la qualité de Dauphin est mise deuant celle de Duc. De sorte que ie m'estonne, comme du Tillet trouue estrange, qu'ils mettent le titre de Dauphin deuant celuy de Duc, disant que c'est plus d'estre Duc, que d'estre Dauphin: ce qui pourroit estre vray, si le Duché, dont le Fils aisné de France prendroit le nom, estoit vn Duché Souuerain. Mais le Dauphiné estant Seigneurie Souueraine, est sans doute vn plus haut titre, que celuy de toutes les subalternes. Et ce qui se faisoit autrefois autrement, estoit qu'on n'auoit pas encore bien distingué en France les Duchez & Comtez Souuerains, d'auec les subalternes: tous les Ducs & Comtes pretendans la Souueraineté. Mais depuis que nos Rois ont pris garde à retrancher leurs entreprises, c'est à bon droict que le Roy Henry II. estant Dauphin, s'intituloit Dauphin de Viennois, & Duc de Bretagne, pour monstrer que le Duché de Bretagne n'estoit pas Souuerain.

44. Le Dauphin est precedé par les Rois, & comment. Or bien que le Dauphin de France mette sa qualité de Fils aisné auant celle des Royaumes qu'il tient, si est-ce qu'il cede aux Rois estrangers, comme du Tillet en rapporte les exemples. Ce qui est de deuoir & droict commun hors la France, mais en France ce n'est que par honneur, ciuilité & courtoisie, coustumiere aux François. Car selon la raison nul Prince estranger, fust-il Empereur, ne deuroit marcher deuant luy en France, à cause de la participation qu'il a aux honneurs de la Couronne, comme il se void qu'aux petites Seigneuries nul Gentilhomme n'entreprend de marcher deuant le fils du Seigneur du Village, qui est vn poinct que i'ay traité amplement au Liure *Des Seigneuries*.

45. N'est besoin qu'il soit Sacré du viuant de son pere. Participation reconnuë par le droict Romain, & qui est seule suffisante pour ce qui concerne le simple honneur, sans qu'il soit besoin, que nos Rois fassent de leur viuant sacrer, ou autrement reconnoistre leurs enfans pour Rois, ainsi qu'ils faisoient au commencement de la lignée, afin de les establir plus asseurément. Mais à present qu'ils sont establis par vne si longue succession, le plus seur est de ne leur bailler la qualité de Roy, pendant la vie de leur pere, crainte de l'inconuenient tout contraire: quoy que nos Docteurs ramassez par Tiraqueau, *in tract. Primigen. 33.* tiennent tous que le fils aisné du Roy se peut qualifier Roy pendant la vie de son pere.

46. Honneur rendu à Monsieur le Dauphin estant Regent. Quoy qu'il en soit, quand le Fils aisné de France a l'exercice du Souuerain commandement, soit en qualité de Regent du Royaume, ou de Lieutenant General du Roy son pere, il ne cede à aucuns dans le Royaume. Et quand en cette qualité il va au Parlement, on luy rend les mesmes honneurs qu'au Roy, fors qu'il ne sied pas au lict de Iustice, mais en la premiere place d'auprés, & que les Arrests qui se donnent en sa presence, sont conceus au nom de la Cour, & à elle la parole adressée par les Aduocats, dit du Tillet.

47. Des puisnez de France. Pour le regard des fils puisnez de France, qui sont les tiges & Autheurs des branches & familles des Princes du Sang, du Tillet dit qu'ils portoient anciennement le surnom de France. Mais du Haillan nous asseure, qu'ils ne le portent plus à present. Et de vray, comme leur pere n'a aucun surnom, aussi eux n'en peuuent-ils auoir dés leur naissance: & de fait nous voyons, qu'ils ne signent que leur propre nom, & qu'en leurs Patentes ils s'intitulent seulement d'iceluy: auquel ils adioustent immediatement la qualité de fils de France, sans mettre *Par la grace de Dieu*, comme ne participans pas à l'honneur de la Souueraineté, ainsi que leur aisné. C'est pourquoy aussi s'ils ont quelque Royaume, ils en mettent le titre auant celuy de fils de France, comme il s'est veu en Charles Roy de Sicile frere de saint Louys, qui s'intituloit *Charles Roy de Hierusalem, Naples & Sicile, Fils du Roy de France, Comte d'Anjou, de Prouence & Folcaquier.* De mesme vn autre Charles fils puisné du Roy Philippe III. ayant esté inuesty par le Pape des Royaumes d'Aragon & de Valence, s'intitula *Roy d'Aragon & de Valence, fils du Roy de France & Comte de Valois.* 48. Lesti-tres de leurs Royaumes sont mis deuant celuy de fils de France.

Mesme en propos communs on ne nommoit anciennement les puisnez de France, que par leur propre nom, y adioustant la qualité de Monsieur, comme *François Monsieur, Henry Monsieur*, au moins auant qu'ils eussent appanage certain, & par apres on les nommoit du titre de leur appanage. Mais sous le Roy d'apresent, pource qu'on a differé le Baptesme de ses puisnez, on leur a baillé les noms d'Orleans & d'Anjou, bien qu'ils ne leur soient encore concedez en appanage: car i'estime que c'est vne erreur de penser, qu'ils leur soient affectez, ainsi qu'est le Dauphiné à l'aisné. 49. Noms qu'ils ont auant estre appanagez.

Desquels appanages ie ne parleray point icy, pource que ie ne traite en ce Liure, que des Ordres & rangs d'honneur, & non pas des Seigneuries, ou successions. Ie diray seulement, qu'autrefois on érigeoit volontiers en Pairie leur terre d'appanage par les Lettres de concession d'icelle. Mais à present que les Princes du Sang sont mieux establis qu'ils n'estoient par le passé, on tient qu'il n'en est plus besoin, que sans Pairie ils ont tous les mesmes droits & priuileges que les Pairs de France: & quant à leur appanage, puis qu'il demeure tousiours du Domaine de la Couronne, il n'y a nul doute qu'il ne ressortisse nuëment au Parlement, ce qui s'appelle vulgairement *tenir en Pairie*, notamment à present qu'on commence à pratiquer, par vne belle accommodation, que la Iustice des terres d'appanage demeure Royale, & s'exerce au nom du Roy, & du Prince appanagé conjointement, comme i'ay dit au Liure *Des Offices.* 50. Leurs appanages sont tenus en Pairie.

Quant aux filles de France, on les appelle toutes *Mesdames*, & portent le surnom de France, ce qui n'est attribué qu'aux filles du Roy. Car celles mesme de Monseigneur le Dauphin sont appelées *Mesdamoiselles*, & portent le surnom de l'appanage, ou tout au plus de la principale Seigneurie de leur mary, iusques à ce qu'il soit Roy, & lors elles prennent le titre de *Mesdames*, & le surnom de France. Et si il y a eu vn temps qu'elles s'appeloient Reines, tant auparauant qu'apres estre mariées: bien que ce fust à moindres que Rois, comme ie diray plus amplement au dernier chapitre en traitant des titres honoraires. Quoy qu'il en soit, il est tout certain, que ny elles, ny les autres Princesses ne perdent point leur rang & qualité de Princesses, pour estre mariées à gens de moindre qualité, pource que la Principauté est vne qualité par dessus toutes les autres, qui met ceux qui en sont tirez en vn rang separé des autres hommes, parmy lesquels ils ne rentrent iamais: & d'ailleurs cette qualité est si illustre qu'elle communique sa splendeur à ce qui se joint à elle, plustost que de perdre son lustre & éclat par l'approche d'vne lumiere moins forte. 51. Des filles de France. 52. Princesses du sang ne perdent leur qualité par mariage inégal.

Or les Enfans de France, tant masles que filles, ont d'ordinaire à present vn beau priuilege, qu'autrefois Monseigneur le Dauphin auoit seul, à sçauoir, que leurs Officiers domestiques sont priuilegiez, ainsi que ceux du Roy. Et mesme le Roy François priuilegia en l'an 1539. les Officiers domestiques de la Reine de Nauarre sa sœur, bien qu'elle ne fust pas fille de France, & le Roy Henry II. ceux de Madame Marguerite sa sœur, en l'an 1549. & finalement le Roy Henry IV. ceux de Madame la Duchesse de Bar. Par dessus lequel priuilege Monsieur le Dauphin en a encore vn, qui est d'auoir vn Chancelier & autres grands Officiers. Priuileges que les puisnez de France n'ont pas, sinon qu'ils deuiennent secondes personnes de France. 53. Officiers des enfans de France sont priuilegiez.

Voilà pour les Enfans des Rois: mais quand ils n'en ont point, ils ont accoustumé, tant pour obuier aux dangereux differends, qui pourroient naistre apres leur mort, touchant la succession du Royaume, que pour gratifier, & éleuer en honneur dés leur viuant le presomptif Successeur de la Couronne, de luy bailler lettre de premier Prince du Sang, ou comme dit du Tillet, de seconde personne de France; dont il rapporte plusieurs exemples, qui nous apprennent que nos Rois ont telle confiance, tant en la pieté des Princes du Sang, qu'en la fidelité de leurs Sujets, qu'ils n'entrent point aux doutes, qui retiennent les Princes estrangers de designer leur Successeur, ce que la Reine d'Angleterre appelloit, mettre vn bandeau funeral deuant ses yeux. Designation, que mesme les petits Officiers & Beneficiers ont en horreur: & que les Romains craignoient tellement aux successions priuées, que pour en oster l'assurance, mesme à ceux qui y estoient appelez par nature, ils mirent en vsage ordinaire les testamens, lesquels encore ils cachetoient de telle sorte, que les témoins ne sçauoient rien du contenu en iceux, afin que leurs propres enfans fussent en doute s'ils seroient leurs heritiers. 54. Declaration d'heritier presomptif de la Couronne. 55. Designation de successeur odieuse.

56. *Droicts du premier Prince du Sang.* En consequence de laquelle declaration ou designation, le premier Prince du Sang a droict de bailler vne fois en sa vie vne, deux, ou trois Lettres de Maistrise de chacun mestier en toutes les villes de France, mesme en celles des Seigneurs. Priuilege qu'on attribue à present à tous les puisnez de France, mais ils n'en iouïssent pas eux mesmes, non plus que Monsieur le Dauphin, mais c'est la Reine qui en iouït, & en baille les Lettres au lieu d'eux incontinent apres leur naissance. Comme aussi les Officiers domestiques du premier Prince sont priuilegiez, ainsi que ceux des puisnez de France : lequel priuilege il ne perd plus pendant sa vie, bien que le Roy vienne desormais à auoir des enfans, comme il s'obserue notoirement à present en la personne de Monsieur le Prince de Condé.

57. *Seconde personne de France.* Que si le premier Prince du Sang est fils d'vn Roy de France, il est reconnu seconde personne, si tost que le cas y échet, & en a les priuileges, sans qu'il ait besoin de Declaration du Roy, ainsi qu'ont les autres plus éloignez : au moins en ont-ils besoin pour iouïr des priuileges qui en dépendent. Car pour le titre, aucuns tiennent qu'il se peut prendre sans Lettres : & font difference entre le premier Prince du Sang, qu'ils disent estre celuy qui est le premier de la lignée Royale, apres les Enfans de France, & la seconde personne de France, qui est le puisné des fils de France, habile à succeder, quand le Roy son frere aisné n'a point d'enfans. Lequel lors est appelé, *Monsieur,* absolument, & sans queuë, comme autrefois

58. *Monsieur.* se nommoit le Fils aisné de France, & comme luy, peut auoir de grands Officiers, ainsi qu'il s'est veu en feu Monsieur le Duc d'Anjou dernier decedé. Ce que i'estime n'auoir lieu, sinon tant qu'il demeure heritier presomptif de la Couronne seulement : pource que ce titre de *Monsieur*, & d'auoir grands Officiers, sont marques de participation à l'honneur de la Souueraineté.

59. *Premier Prince du Sang.* Mais le premier Prince du Sang, qui n'est fils du Roy, retient seulement le nom de son appanage, ainsi que les autres Princes du Sang, d'autant que c'est vne regle generale, que tous les descendans des puisnez de France, ont le nom de l'appanage de leur pere, & non pas le nom de France, mais seulement les armes : encore non pas pleines, mais chargées.

60. *Princes du Sang marchent tous les premiers.* Or apres le premier, marchent sans doute immediatement les autres Princes du Sang, iusques au dernier, deuant tous les autres Sujets du Roy, sans exception aucune, soit enfans naturels du Roy, ou Princes estrangers, ou Prelats Ecclesiastiques, ou Ducs, & autres grands Seigneurs ; mesme deuant les grands Officiers, horsmis seulement quand ils sont en l'acte de leur principal exercice. Car alors ils representent directement la personne du Roy, sous l'authorité duquel ils exercent. Encore mesme ils laissent bien souuent la preseance honoraire, & deferent ce qui se peut de leur exercice aux Princes du Sang. Mais i'estime en ce cas, que ce n'est que par honneur, & non pas par deuoir.

61. *Du rang des Princes du Sang entr'eux.* Et quant au rang, que les Princes du Sang ont entr'eux, ie dy en premier lieu que comme leur qualité est la plus honorable & illustre que puisse auoir le Sujet d'vn Prince Souuerain, aussi elle couure & obscurcit toutes les autres qualitez qu'ils ont d'ailleurs ; de sorte que c'est à present vn poinct resolu, qu'ils ne marchent pas entr'eux, ny selon les titres de leurs Seigneuries, ny selon l'antiquité de leurs Pairies, ny selon le rang de leurs Offices, fors comme il vient d'estre dit, en l'acte du principal exercice d'iceux, mais ils marchent selon la prerogatiue de leur Sang, & comme parle cette Ordonnance de l'an 1576. *selon leur degré de consanguinité.*

62. *Les plus proches de la Couronne marchent les premiers.* Et certainement puisque la Principauté consiste en ce qu'ils sont issus des Rois, parens du Roy regnant, & sur tout qu'ils sont capables de succeder au Royaume à leur tour, ou d'engendrer enfans qui y succederont, il est aisé à entendre, que plus ils en sont proches, plus ils sont illustrez des rayons de la Souueraineté : bien que le contraire soit en la Noblesse, qui est plus estimée quand elle est plus ancienne, dont la raison de difference est, que la Noblesse consiste en l'éloignement de la lie du peuple, & la Principauté en l'approche de la Souueraineté.

63. *Entre diuerses maisons les plus anciennes marchent les premieres.* Bien que, quand il s'agit du rang des Maisons entieres, prouenantes de diuers estoc, & d'ailleurs estans en mesme titre de Souueraineté, les plus anciennes ont le deuant, par la prerogatiue du temps, *& quia* (comme dit vn Ancien) *propiùs ad Deum immortalem accedunt.*

64. *Si les Princes du Sang marchent selon les degrez de succession.* Mais c'est vne grande difficulté, comment doit estre entenduë cette regle de l'Ordonnance de l'an 1576. que *les Princes du Sang marchent selon leurs degrez de consanguinité.* Car qui entendra par ces mots *degrez de consanguinité*, les degrez des personnes, les comptant en la forme de droict, selon l'ordre de proximité, dont ils touchent au Roy, comme ils semblent signifier à la Lettre, & comme il s'obserue aux successions priuées, conclura que le Neveu fils de l'aisné, sera precedé par son oncle ; attendu qu'il en est plus éloigné que luy, d'vn degré. Ioint que d'ailleurs, il semble que la parenté superieure donne rang & authorité à l'oncle sur le Neveu. Et de fait, du Tillet nous rapporte des exemples, comme les oncles des Rois ont precedé leurs freres : d'où il s'ensuit, que puisque cela s'est obserué, quand les oncles estoient plus éloignez que les neveux, il doit estre gardé à plus forte raison, quand ils sont les plus proches.

Neantmoins

Neantmoins, il s'obserue notoirement à present, que le neueu fils de l'aisné marche deuant son oncle, comme estant le Chef de la famille, ou branche, & par consequent du nom & des armes d'icelle: Non seulement du nom, mais aussi de la Seigneurie de l'appanage qui luy appartient infailliblement selon le droict François, comme succedant à son pere, ou bien le representant au droict d'aisnesse. Car nous obseruons en France, mesme entre les simples Gentilshommes, que les puisnez & leurs descendans déferent tousiours le premier rang à leur aisné, & à celuy des siens, qui est le chef de leur nom & armes, & qui est ordinairement le Seigneur de la principale terre de leur maison: & de fait, cela s'appelle par maniere de Prouerbe vsité parmy nos Docteurs de Droict, *viuere vel succedere more Francorum*, *vt not. Andr. Iserni. in capite 1. §. Praeterea Ducatus. in princ. tit. De prohib. Feud. alien. per Federic. & in capite 1. §. Hoc quoque. col. 2. tit. De success. Feud. & in cap. §. omnis. col. penult. tit. si de feudo controu. fuerit inter dom. & agnatum. Philippus Decius Consil. 445. Math. de Afflictis. decis. Neapol. 119. Paulus Paris. Consil. 72. col. vlt. lib. 4.*

65 Que l'aisné de l'aisné marche & succede deuant ceux de la branche, bien que plus proches.

66 Viuere vel succedere more Franco(rum).

Si est-ce qu'en France, entre Gentilshommes, les successions, mesme des fiefs qui sont à present patrimoniaux, sont déferées selon la proximité de parenté, tant aux masles qu'aux filles, sauf seulement le preciput d'aisnesse en ligne directe, & qu'en collaterale les masles excluënt les femelles en pareil degré: de sorte que bien souuent la Seigneurie de la maison tombe en vne autre famille, par le moyen des filles: & bien souuent aussi, celuy qui n'est pas chef du nom & armes, mais descendu du puisné, en exclud les descendans de l'aisné, quand il se rencontre plus proche qu'eux en degré de parenté.

67. En succession des maisons priuées on a égard à la proximité.

Mais quant au Royaume, il n'est pas deferé selon l'ordre des successions ordinaires, & selon les degrez de parenté, mais selon l'Ordre & prerogatiue des branches & familles deriuées de la Maison de France: & encore en chacune d'icelles selon la prerogatiue des personnes, en preferant tousiours les aisnez: comme Chefs de la branche ou famille, qui (comme Dieu mesme les qualifie au sixiéme de l'Exode) *sunt Principes domorum per familias, & Principes familiarum per cognitiones suas*, & au 4. Chapitre du premier *Paralypom.* ils sont appelez *Principes in cognationibus suis, & in domo affinitatum suarum*: & au 5. *Principes domus cognationis suae.* Ausquels passages il se void clairement, que la prerogatiue d'aisnesse s'estendoit successiuement aux Chefs de chacune branche. Car le droict d'aisnesse est estably par la Loy de Dieu, qui au vingt septiéme de la Genese a dit, que *Primogenitus erit Dominus fratrum suorum*, & que *filij matris eius incuruabuntur ante eum*: & au Chapitre 43. il est dit, que *Sederunt primogenitus iuxta primogenita sua, & minimus iuxta aetatem suam*; ce que nous tenons maintenant en France pour la succession de la Couronne, en consequence de cette substitution graduelle, establie à perpetuité par la loy fondamentale de l'Estat, qui defere la Couronne graduellement aux branches, qui en sont issuës les dernieres, & qui partant en sont les plus proches: & en chacune branche, au chef d'icelle, d'aisné en aisné successiuement, fust-ce au miliéme degré, comme Balde a dit, nommément de la Maison de Bourbon. Car le docte Benedicti nous enseigne, que ce Royaume a esté estably, à peu prés, comme celuy du peuple de Dieu, *in verb. Duas habens filias num. 70.*

68 Mais non au Royaume.

69. Aisnesse parmy le peuple de Dieu.

Or c'estoit en cette preéminence perpetuelle sur les puisnez, que consistoit proprement l'effet de la benediction de l'aisné parmy le peuple de Dieu, appelée par Philon Iuif, τὸ ἀξίωμα καὶ διαδόχεως πρεσβεῖα: Dont la marque visible estoit cette robbe d'aisnesse, appelée particulierement *Primogenita*, qui estant parfumée, fut cause de tromper par l'odorat le bon Isaac, quand il donna sa benediction à Iacob, qui l'auoit vestuë. Robe que sainct Hierôme, apres les Commentateurs Hebreux, dit estre celle de Prestrise, pource que la Prestrise estoit exercée par l'aisné des familles, sanctifié à Dieu & dedié à son seruice auant qu'Aaron eust esté destiné Prestre de tout le peuple: ainsi que mesme parmy les Payens, les sacrifices estoient particuliers aux maisons, & residoient par deuers le Chef d'icelles.

70. Ce Royaume est estably à peu prés comme celuy d'Israël.

71. De mesme.

72. Resolution d'aisnesse.

Et nous partant, qui n'auons point de sacrifices priuez, auons donné vne autre marque à l'aisné de la race, pour le discerner eternellement d'auec tous les puisnez, sçauoir est, qu'il en porte les armes pleines, qui tousiours passent d'aisné en aisné, au lieu que les puisnez les chargent & distinguent de quelque marque: & autant qu'il y surcroist de nouuelles branches, autant les doit-on charger de diuerses marques, par lesquelles se reconnoist tousiours chacune mutation des branches, & partant se remarque l'aisné de chacune branche: & ainsi est conserué perpetuellement le rang & la preéminence de tous ceux de la race.

73. Marque de l'aisnesse, & des branches de la famille consiste aux armoiries.

Si donc les simples Gentilshommes déferent & cedent au Chef les Armes de leur famille, bien que la terre principale de la maison ne luy appartienne pas tousiours par droict successif: à plus forte raison cela doit-il auoir lieu en la Couronne, qui tousiours est deferée à l'aisné de la maison, estant demeurée en la nature ancienne de ces nobles fiefs, affectez au Chef des familles, ou des substitutions graduelles appelans à l'infiny l'aisné de l'aisné des maisons, pour la conseruation perpetuelle d'icelles: comme il s'est pratiqué en la personne de nostre grand Roy Henry IV. & encore en celle de Monsieur le Prince de Condé, qui

74. Resolution de la question.

a esté declaré premier Prince du Sang, comme estant à present Chef de la branche de Bourbon, bien qu'il ne soit qu'arriere cousin de sa Majesté, & qu'il ait des oncles, qui sont cousins germains d'icelle, & partant plus proches d'vn degré, s'il falloit compter selon les degrez de parenté, comme és hereditez ordinaires.

75 Pourquoy cette question a esté traitée plus au long. Ce que i'ay traitté plus amplement, à cause de l'importance, & aussi de la difficulté de la question, qui bien qu'elle ait esté traitée par toutes sortes d'esprits au commencement des troubles derniers, pendant la vie de feu Monsieur le Cardinal de Bourbon, qui se pretendoit successeur de la Couronne, comme plus proche, selon les degrez des successeurs ordinaires, au prejudice de nostre Roy, qui estoit l'aisné de la branche : neantmoins ceux qui l'ont traitée, se sont presque tous amusez à la question fameuse de l'oncle contre le neveu, *76. Questiõ de l'oncle & du neveu.* en laquelle Tiraqueau n'a rien laissé à dire, ne prenans pas garde que cette question n'a iamais esté disputée, sinon au dedans des degrez de representation, qui égale le neveu à l'oncle, ou qu'on pretend le preferer és choses indiuisibles : & partant n'ont pas touché la vraye & particuliere raison, qui concerne la Couronne de France, à sçauoir qu'elle est affectée à l'aisné de l'aisné. Ce que les Princes du Sang, les Officiers de la Couronne, & la meilleure partie de la Noblesse de France ont tousiours tenu. Mais sur tout le grand Dieu des Armées, par qui les Rois regnent, & les Princes sont maintenus, en a fait la decision, non seulement en establissant nostre inuincible Roy en son Throsne, malgré tant d'ennemis & de Sujets rebelles, mais le faisant florir & regner aussi paisiblement & heureusement, que iamais aucun de ses predecesseurs ait fait, & outre tout cela, luy a donné vne si belle lignée, *Non hæc sine numine Diuûm.*

77. Rang des Princes du Sang entre-eux. Puis donc que le respect, & le rang qui est deferé aux Princes du Sang, est à l'occasion de ce qu'ils sont successeurs presomptifs du Royaume à leur tour, il s'ensuit que le rang de marcher entr'eux doit estre pareil à celuy de succeder : pource qu'il n'y auroit pas apparence, que les plus éloignez de la Couronne marchassent deuant ceux qui peut-estre vn iour leur commanderont. Et partant, i'estime que non seulement le Chef de la branche doit marcher deuant les puisnez d'icelle, bien que plus proches parens du Roy, selon le compte ordinaire des degrez de parenté : mais aussi que le dernier de la plus prochaine branche, à sçauoir celle qui est issuë la derniere, & plus recemment de la Maison & famille Royale, doit marcher deuant les Chefs de toutes les autres branches, & ainsi consequemment. Et que c'est en cette façon qu'il faut entendre la regle de l'Ordonnance de 1576. que les Princes du Sang marchent selon leur degré de consanguinité, c'est à dire, selon le rang & auantage de leur Sang.

78. Degré signifie deux choses. Car ce mot de *degré* a deux significations en droict, attendu qu'outre la vulgaire, qui est de compter chaque personne pour vn degré, il signifie souuent l'ordre & le rang de diuerses especes, ou qualitez de propinquité, s'il faut ainsi dire. Comme Vlpian *tit. 18. regul.* expliquant cette regle de droict que les successions sont déferées graduellement, *Datur, inquit, bonorum possessio intestati per septem gradus : primo gradu liberis, secundo legitimis hæredibus, tertio proximis cognatis, quarto familiæ, &c.* Et en la Loy premiere, *Si tab. testam. nul. ext. Prætor fecit gradus varios succedendi, primum liberorum, secundum legitimorum, tertium cognatorum, &c.* & Iustinian en dit autant du titre *De bonor. poss.* aux Institutes.

79. Degré de consanguinité, que signifie. D'ailleurs quand cette Ordonnance dit, *degré de consanguinité*, elle n'entend pas dire *de parenté masculine, ou agnation*, mais par degré de consanguinité, elle entend l'ordre & prerogatiues du sang, à cause duquel tous ces Princes sont appelez *Princes du Sang*, & partant son intention est, de preferer de degré en degré *Principes domorum per familias, siue Principes familiarum per cognationes suas.*

80. Priuileges des Princes du Sang. Voilà donc le rang des Princes du Sang, & quant à leurs autres priuileges, ie me contenteray de faire icy vne sommaire énumeration des principaux, pource que du Tillet, du Haillan, & autres en ont traité. Premierement, ils sont Conseillers nais du Conseil Priué du Roy, & mesme de son Parlement, qui estoit anciennement le Conseil d'Estat, sans qu'ils soient tenus d'y faire serment, ainsi que les Pairs. Il est vray que sans serment ils n'ont entrée qu'aux Audiences du Parlement. *Item*, & en vn mot, toutes les prerogatiues des Pairs de France, sans exception, leur appartiennent, lesquelles i'ay rapportées particulierement au sixiéme Chapitre du Liure *Des Seigneuries.* Ils sont en outre exempts de tous peages, mesme de rien payer des Seaux du Roy. Ils ne perdent point leur rang pour estre d'Eglise, ny les filles pour estre mariées à ceux qui ne sont Princes du Sang. *81. Importance de conseruer les Princes du Sang.* Ils assistent & opinent au jugement des Pairs de France, & des autres Princes du Sang. Ils sont exempts des duels, & par consequent doiuent estre exceptez, apres le Roy, en tous cartels, & deffis : Mais il leur est défendu de combatre aux joustes & tournois : dont i'ay leu quelque part, que le Roy saint Louys en fit vne Ordonnance : à l'occasion de ce que son fils Robert Comte de Clermont receut en sa jeunesse tant de coups de masse à vn tournoy, qu'il en pensa mourir, & s'en porta mal le reste de sa vie. Surquoy nous pouuons bien considerer, quel malheur c'eust esté pour la France, si ce Prince eust lors esté tué, pource qu'en ce cas, la

82. Nul Prince du Sang, executé à mort.

Couronne eust esté vacante apres la mort du Roy Henry III. sans qu'il y eust eu aucun Prince du Sang pour y succeder, d'autant que nostre grand Roy d'apresent, & tout tant qu'il y a maintenant de Princes du Sang, sont issus de ce Prince Robert.

83. Ordre des Princes, parfaitement estably en France.

Et sur ce mesme propos faut remarquer, que iusques icy on a tellement épargné le Sang de France, que nul Prince d'iceluy n'a iamais esté executé à mort par Iustice, mesme il ne s'en trouue qu'vn seul, qui ait esté condamné, sans toutefois auoir esté executé : qui n'est pas pourtant vn priuilege d'impunité : mais plustost vne marque de leur vertu & fidelité, ou bien de la bonté & affection de nos Rois en leur endroit.

84. Rang est mieux estably selon l'extraction, que selon les Seigneuries.

85. Pourquoy autrefois a esté estably selon les Seigneuries.

De ce que dessus, il s'ensuit que l'Ordre des Princes est à present formé & estably parfaitement en France, & à l'égard du titre, que nos Princes ont commun auec le Prince Souuerain : & quant au rang, qu'ils ont à present sans controuerse par dessus tous les grands du Royaume : & finalement quant à ces autres grands priuileges, que ie viens de rapporter. D'où il resulte, que maintenant au rang des grands de France, on a plustost égard à leur extraction, qu'à leurs Seigneuries. Comme de vray la dignité prouenante de la race est de plus grand merite, que celle qui procede des Seigneuries, notamment des subalternes, attendu que celle-là subsiste en la personne mesme, & en son sang immediatement, naturellement & inseparablement : & celle-cy reside formellement en vne terre, & n'est communiquée à la personne qu'accessoirement, accidentellement & separablement. Et il y a grande apparence, que ce qu'anciennement en France, & encore à present és autres Monarchies, les Seigneurs marchent selon la prerogatiue de leurs Seigneuries, & non pas de leur maison, a pris son commencement & son premier establissement du temps que les Ducs & Comtes iouyssoient des droicts de Souueraineté, de sorte qu'ils estoient Princes par Seigneurie : car tousiours le titre de Prince a emporté la preseance, & les premiers rangs de l'Estat.

Principauté natiue & non dative.

Mais à present c'est vn droict estably en France sans controuerse, que le titre & le rang de Prince ne peut venir que de race ; n'estant la Principauté datiue, mais natiue. Car tant s'en faut que ces petites Seigneuries érigées en titre de Principauté produisent l'Ordre & le rang de Prince, qu'au contraire les Duchez & Comtez les deuancent sans difficulté, comme i'ay prouué au Liure *Des Seigneuries*. Et il me souuient d'vne rencontre du Comte de saint Paul, Prince du Sang de la Maison de Bourbon, qui dit au Roy François, luy demandant aduis sur l'érection d'vne telle Principauté, que sa Majesté ne pouuoit faire des Princes qu'à la Reine.

Origine des Princes autres que du Sang.

Cette regle estant donc establie parmy nous, que la qualité de Prince, & les premiers rangs sont deferez selon le merite du sang, chacun qui a pû s'est preualu de son extraction, pour s'intituler en l'Ordre des Princes. De sorte qu'il s'y est trouué encore d'autres Princes que ceux du Sang Royal, chose dont il ne faut plus douter ; attendu que l'Ordonnance de l'an 1576. cy-dessus rapportée, en énonce expressément d'autres, & mesme la preface des Edicts de nos Rois contient ordinairement, qu'ils ont sur iceux pris l'aduis des Princes du Sang, & autres Princes & Seigneurs de leur Cour.

86. Bastards de France, & leurs descendans mis au rang des Princes.

Premierement donc les Enfans naturels de nos Rois, ou des Princes du Sang, dont la branche est paruenuë à la Couronne, & leurs descendans ont soustenu, que comme les descendans des legitimes sont Princes legitimes, aussi qu'eux sont Princes naturels du Royaume. Et de vray, ie ne craindray point de dire, apres ce fidel rapporteur des secrets de France, du Tillet, qu'és deux premieres lignées de nos Rois, lors que la pluralité d'heritiers estoit admise au Royaume, les bastards y auoient part auec les legitimes, mesme qu'ils auoient leur partage en titre de Royaume. Car les Annales nous témoignent, que Clouis premier Roy Chrestien (aussi-bien que Constantin premier Empereur Chrestien) estoit bastard, mesme bastard adulterin, nay de Basine femme du Roy de Turinge, & Thierry son fils naturel succeda au Royaume, auec les trois legitimes, & fut Roy de France, au titre d'Austrasie. Clotaire le Grand estoit pareillement bastard, selon la plus commune opinion : & Sigisbert II. son bastard, fut aussi Roy de France en Austrasie. Et en la seconde lignée, dont la tige, qui fut Charles Martel, estoit bastard, Louys & Carloman, bastards de Louys le Begue, furent Rois ensemble.

87. Bastards succedoient aux deux premieres lignées.

88 Pourquoy n'ont succedé en la troisiéme.

Mais la troisiéme lignée a tousiours obserué tres-justement, d'exclure les bastards de la succession du Royaume, selon le droict commun, estably de present, comme ie croy, en tous les Estats de la Chrestienté, où la polygamie, & le concubinage sont defendus : bien qu'anciennement les bastards succedassent auec les legitimes, mesme parmy le peuple de Dieu, où ces prohibitions n'estoient pas.

89. La race du bastard d'Amaury.

Encore trouuons-nous au commencement de cette troisiéme lignée, la Maison illustre de Montfort, descenduë d'Amaury, fils naturel du Roy Robert, auquel il donna le Comté de Montfort prés Paris, encore à present appelé de son nom, Montfort l'Amaury, d'où sont descendus plusieurs grands Princes & Seigneurs rapportez par du Tillet, qui en fait vne branche, comme des Princes du Sang, entr'autres Baudoüin & Amaury, Rois de

Hierusalem, Simon de Mont-fort, qui vainquit les Albigeois, vn autre Simon de Montfort, Comte de Licestre, beau-frere de Henry III. Roy d'Angleterre, qui le vainquit, & prit prisonnier en bataille rangée.

90 Bastards estoient rangez à l'Eglise.

Du depuis à la verité nos Rois, craignans que les naturels ne fissent teste aux legitimes, ou du moins qu'ils pretédissent quelque iour à la succession du Royaume, selon l'obseruance injuste des deux precedentes races, ont pris coustume, ie ne sçay si ie dois dire auec du Tillet, de ne les adoüer, mais bien de les ranger & dedier à l'Eglise, ainsi qu'en ces races precedentes, on faisoit Moines ceux qu'on vouloit exclure du Royaume; ou bien, dautant que c'estoit vn moyen plus commode & plus aisé de les auancer, & ensemble pour leur oster l'esperance de lignée. Mais à present que cette regle de les exclure de la Couronne, est establie par tant de siecles, & par vne si longue suite de Rois paisibles que celuy qui la voudroit violer, n'y gagneroit autre chose, que de se rendre ridicule, nos Rois ne font plus de doute, ny d'auoüer leurs enfans naturels, ny de les laisser marier. Mesme ils les legitiment en tout & par tout, fors pour la succession du Royaume, & ce par lettres expresses, qui portent clause, qu'ils marcheront immediatement apres les Princes du Sang, lettres qu'ils font verifier au Parlement: de sorte qu'il ne faut nullement douter, que les enfans naturels des Rois, & tous les decendãs legitimes d'iceux, n'ayent le titre & rang de Prince.

91 Maintenant sont aduoüez & mariez.

92. Excellẽce des Bastards de France.

Ce qui est certainement bien conuenable à l'extréme respect & reuerence, que le peuple de France, plus que tout autre, porte à ses Rois, & à leur Sang; en l'excellence duquel on ne doit imaginer aucune soüilleure ny corruption, mais au contraire ce Sang Royal purifie & annoblit tout autre Sang, auec lequel il se mesle. Car il faut auoüer, qu'il est d'étofe & qualité bien plus noble & plus auguste que celuy des autres hommes: veu que Platon au troisiéme de sa Republique a dit, que ceux qui sont nais pour commander, sont composez d'autre métail que les autres. Et Aristote a dit encore plus à propos, que les Rois sont d'vn genre moyen entre Dieu & le peuple. Comme donc les Poëtes appellent les bastards des Dieux *Heroës*, ou demy-Dieux, aussi nous pouuons dire, que les bastards des Rois sont demy-Rois, c'est à dire Princes, qui est la qualité moyenne entre les Rois & les autres hommes. Et puisque nous les priuons du pouuoir de commander, au moins leur deuons nous laisser l'honneur ou titre honoraire de Prince, & le rang au dessous des Princes capables du commandement souuerain.

93. Issus des Souuerainetez estrangeres, mis au rang des Princes de France.

Pareillement la bonté & adresse de nos Rois a laissé instaler en l'Ordre des Princes, les descendus des Souuerainetez étrangeres. Ce qui s'est pratiqué bien à propos: car il en reuient beaucoup d'honneur, d'assurance & d'accroissement à ce Royaume. Honneur, en ce qu'on void en la Cour de France, comme vn recueil & amas des Maisons Souueraines de la Chrestienté: assurance, entant que ces Princes étrangers nous sont comme des ostages volontaires & perpetuels des alliances, que nous auons auec le Chef de leurs Maisons: accroissement aussi, pource qu'ils apportent en France leurs moyens, leur creance & leurs amis, & sur tout leurs genereuses personnes, qui sont autant de Capitaines au besoin: & de verité, il faut auoüer qu'ils ont fait de signalez seruices au Royaume.

94. Princes estrangers fort auancez en France.

Aussi en sont-ils fort-bien recompensez: car en la grandeur & opulence de la France, ils n'y demeurent gueres, qu'ils ne soient appointez des principales charges, & accreus des principales Seigneuries, & qu'ils n'y trouuent des mariages auantageux: de sorte qu'on ne peut nier, qu'ils n'y soient auancez beaucoup plus qu'ils ne pourroient estre en leur païs.

95. Deux sortes de Princes, outre ceux du Sãg.

Voilà donc deux sortes de Princes reconnus en France, outre ceux du Sang, à sçauoir les Princes François & les Princes étrangers; ou bien les Princes naturels, & les Princes naturalisez: qui à la verité ne sont les vns ny les autres, si vrayement & proprement Princes, que ceux du Sang, pource que la principale marque du Prince, est d'estre capable de succeder à la Souueraineté, i'entends à la Souueraineté du lieu, où ils veulent estre reconnus pour Princes; car les Seigneuries sont bornées: & comme le Souuerain d'vn autre Estat n'est pas Souuerain en France, aussi ses parens n'y sont pas Princes parfaitement, & de leur propre qualité; mais seulement en tant qu'il plaist au Roy les y reconnoistre pour tels.

96 Pourquoy le Parlement ne qualifie Princes indefiniment les Princes estrangers.

C'est pourquoy le Parlement, qui est particulierement jaloux de la conseruation des droicts de la Couronne, & par consequent des Princes d'icelle, ne leur a point encore passé cette qualité, au moins indefiniment & sans adjection de leur païs, pource aussi que la parfaite proprieté des mots doit estre religieusement gardée en iceluy, notamment és matieres de telle importance. Mais i'estime qu'ailleurs on ne peut manquer de les qualifier Princes absolument: puisque le Roy, duquel la simple parole fait la Loy en telles matieres, les honore iournellement de ce titre, en communs propos, & és actes serieux, mesme les maintient en iouyssance des prerogatiues attribuées aux seuls Princes: joint que c'est vne regle de Dialectique, que le nom du genre peut estre énoncé de toutes ses especes.

97. Sont par tout ailleurs qualifiez & reconnus pour Princes.

98 Princes du Sang, pourquoy

Et c'est possible l'occasion pour laquelle les Princes capables de la Couronne, pour se distinguer d'auec eux (comme à la verité ils sont d'vn degré beaucoup plus eminent qualifient, non pas Princes simplement, mais par vne adjection de dignité particuliere, ils [*ainsi appelez.*] se nomment *Princes du Sang*. Comme pareillement, à la distinction des Princes naturels & leurs descendans, ils se qualifient Princes de la Couronne. Car il n'y a point d'apparence, à mon aduis, en ce que dit du Haillan, qu'il n'y a que les enfans de France, qui se puissent qualifier Princes de la Couronne, attendu qu'ils ne peuuent prendre de titre plus releué, que [*99. Princes du Sang sont aussi appelez Princes de la Couronne, à la distinction des Princes naturels.*] celuy de Fils de France: joint que le titre de Prince de la Couronne, selon sa droite signification, conuient aussi bien à leurs descendans, qui sont les autres Princes du Sang, comme à eux. Aussi Belle-forest, en l'auant-propos des Annales de Nicole Gilles, prouue fort bien que tous les Princes du Sang se peuuent qualifier Princes de la Couronne.

Mais il dit, que c'est à la difference des parens du Roy du costé des femmes: ce qui est encore plus éloigné de la raison. Car outre que ceux-là ne sont nullement Princes, il est notoire, qu'en tous cas le titre de Prince du Sang ne leur peut conuenir, & partant qu'il est [*100. Que non pas à la distinction des parens feminins du Roy.*] assez suffisant pour les distinguer d'eux. Consequemment, il faut reuenir à cette verité, que les Princes legitimes de France, pour se distinguer des naturels & leurs descendans (sans les vouloir noter en les appelant Princes bastards) se qualifient Princes de la Couronne, c'est à dire, capables de succeder à la Couronne, en quoy gist la vraye proprieté ou perfection de la Principauté: dautant que d'ailleurs le titre de Prince du Sang peut en quelque façon conuenir aux Princes naturels, en tant que le sang concerne l'effet de la nature.

Or tout ainsi que les Princes naturels, & aussi les naturalisez ont obtenu le titre de Prince, qui leur est à present commun auec ceux du Sang, aussi ont ils trouué moyen d'auoir apres eux plusieurs de leurs autres preéminences. Comme en premier lieu de marcher au [*101. Priuileges de ces deux dernieres especes de Princes.*] rang des Princes, & partant preceder tous les grands Seigneurs, & pareillement tous les grands Officiers, sauf que les grands Officiers ne leur cedent, & ne leur deferent nullement aux actes de leur exercice, comme ils font par honneur aux Princes du Sang. Mesme ces autres Princes marchent entr'eux, non selon le merite de leurs Seigneuries subalternes, mais selon leur degré de Princes. Surquoy ie ne m'amuseray pas à decider, lesquels des naturels, [*102. Leur rang.*] ou naturalisez doiuent preceder, ny à traiter les autres grandes questions qui écheent au rang des vns & des autres, pource qu'il n'appartient qu'au Roy de les determiner.

Item, comme les Princes du Sang, qui sont vrays parens du Roy, sont par luy appelez, ou ses oncles, s'ils sont de beaucoup plus aagez, ou ses cousins, s'ils sont d'aage à peu prés égal, ou ses neveux, s'ils sont de plus bas aage: aussi les autres Princes sont appelez tout de mesme par sa Majesté. Mesme lors que les Ducs & les Comtes de France iouyssoient des [*103. Le Roy les qualifie ses parens.*] droicts de Souueraineté, nos Rois leur firent l'honneur de les qualifier leurs parens: & reciproquement aussi les vrais parens du Roy prirent le titre de Prince, qui auoit esté premierement occupé par ces Ducs & Comtes Souuerains de France. D'où vient que sa Majesté defere encore ce mesme honneur aux Ducs d'aprésent, bien qu'ils ne soient plus Souuerains: pource qu'en matiere d'honneur on n'abaisse iamais. Ce qui se fait aussi à l'égard des Ducs & Comtes Souuerains étrangers: & quant aux autres Rois de la Chrestienté, le nostre qui est le fils aisné de l'Eglise, les appelle ses freres.

Pareillement comme les Princes du Sang sont Conseillers nais du Conseil d'Estat, aussi les autres Princes ont gagné cét aduantage d'y auoir entrée, seance & voix, sans auoir besoin de breuet du Roy à cette fin, comme ont les autres Conseillers d'iceluy. Mais ils n'ont [*104. Sont Conseillers au Conseil d'Estat.*] point d'entrée au Parlement, comme ont les Princes du Sang, s'ils ne sont Pairs de France. Et encore en ce cas ils y gardent le rang de leur Pairie, & non celuy de leur Principauté, ainsi que les Princes du Sang: dont la raison est, que les Princes du Sang y assistent comme Princes, & ceux-cy comme pairs seulement.

Finalement, ils se pretendent exempts de duels: & de verité comme on tient, qu'vn Gentilhomme n'est pas tenu en poinct d'honneur, de se battre contre vn roturier: aussi tienton qu'vn prince n'est pas obligé d'entrer en duel contre vn Gentilhomme, fust-il Cheualier, mesme Duc, à cause de l'inegalité de condition, & qu'en matiere de duel il faut auoir son pareil. Mais i'estime, qu'il n'y a point de difficulté que cessant les Ordonnances prohibi- [*105. S'ils sont exempts de duels.*] tiues des duels, les princes autres que du Sang, ne se puissent battre en duel les vns contre les autres: bien que cela ne soit point approuué entre les princes du Sang, pource qu'il n'est pas à beaucoup prés de telle importance à la France, que leur sang soit épargné, que celuy de France.

SOMMAIRE DV HVITIESME CHAPITRE.

1. *Tiers-Estat n'est pas vray Ordre.*
2. *N'estoit mis en compte en l'ancienne Gaule.*
3. *Ny en ce Royaume anciennement.*
4. *Parlement ancien de France.*
5. *Origine du Tiers-Estat de France.*
6. *Officiers de Iustice & des finances sont la plusplart du Tiers-Estat.*
7. *Bourgeois, Bourg, ville.*
8. *Bourgeoisie ne comprend pas tous les habitans des villes.*
9. *Bourgeoisie ne signifie que les habitans des villes priuilegiées.*
10. *Ordres ou vacations du Tiers-Estat.*
11. *Des gens de Lettres.*
12. *Quatre facultez de gens de Lettres.*
13. *Bachelier, Licencié & Docteur, ou Maistre.*
14. *Ceremonie à conferer ces degrez.*
15. *Des Aduocats.*
16. *Aduocats, qui estoient à Rome.*
17. *Aduocats plaidans de Rome distinguez des Iurisconsultes.*
18. *Des Aduocats plaidans de Rome en l'Estat populaire.*
19. *Et sous les Empereurs.*
20. *Aduocats n'estoient perpetuels.*
21. *Iurisconsultes.*
22. Pragmatici, siue formularij.
23. *Quand commencerent à estre en honneur.*
24. *Leurs trois fonctions.*
25. Disputatio fori, decretum seu recepta Sententia.
26. *Iurisconsultes estoient ordinairement Conseillers des Empereurs.*
27. *Prenoiẽt lettres de l'Empereur pour consulter.*
28. *Aduocats plaidans de France, deuiennent consultans.*
29. *Aduocats consultans autrefois appelez Conseillers.*
30. *Pourquoy les Conseillers Presidiaux sont appelez Conseillers Magistrats.*
31. *Des Financiers.*
32. *Estoient fort honorez à Rome.*
33. *Financiers, qui proprement?*
34. *Sont presque tous Officiers.*
35. *Des Praticiens de longue & courte robe.*
36. *Des Procureurs.*
37. Cognitor & procurator.
38. *Les Romains vsoient de Procureurs* ad lites.
39. *Pourquoy les Procureurs sont en France necessaires à tous plaideurs.*
40. *Leur pouuoir és causes.*
41. *Que c'est vrayement vn Ordre.*
42. *Erigez en Office, puis supprimez.*
43. *Demissions des Procureurs.*
44. *Qualitez necessaires aux Procureurs.*
45. *Des Marchands.*
46. *Leur rang d'honneur.*
47. *Des Laboureurs.*
48. *Sont personnes viles.*
49. *Des artisans, ou gens de mestier.*
50. *Bel ordre en leurs maistrises.*
51. *Lettres de maistrises données par le Roy & les Princes.*
52. *Artisans & Marchands ensemble.*
53. Artifices & opifices.
54. *Des gens de bras.*
55. *Des mendians.*

DES ORDRES DV TIERS-ESTAT.

CHAPITRE VIII.

1. Tiers-Estat n'est pas vray Ordre. ENTANT que l'Ordre est vne espece de Dignité, le Tiers-Estat de France n'est pas proprement vn Ordre : car comme il comprend tout le reste du peuple, outre les Ecclesiastiques, & les Nobles, il faudroit que tout le peuple de France, sans exception, fust en dignité. Mais entant que l'Ordre signifie vne condition ou vacation, ou bien vne espece distincte de personnes, le Tiers-Estat est l'vn des trois Ordres ou Estats Generaux de France : qui neantmoins en l'ancienne Gaule n'estoit mis en compte, ny tenu en aucun respect ou égard, dit Cesar au sixiéme Liure *2. N'estoit mis en compte en l'ancienne Gaule.* *De Bello Gallico. In omni Gallia eorum hominum, qui in aliquo sunt numero & honore, genera sunt duo, alterum Druidum, alterum Equitum. Nam plebs penè seruorum habetur loco, quæ per se nihil audet, nullique adhibetur concilio.* Et suiuant cela Mr. Pasquier au 7. Ch. de son 2. Liure des Recherches, remarque fort à propos, qu'és deux premieres lignées de nos Rois, il n'estoit *3. Ny en ce Royaume anciennement.* aucune mention du Tiers-Estat, & que le simple peuple n'estoit point appelé aux assemblées generales, qui se faisoient pour la reformation de l'Estat, qui lors estoient dites *Parlemens*, & qu'à present nous appelons *Estats Generaux* : mais qu'il n'y auoit que les Prelats & les Barons, *4. Parlemẽt ancien de France.* c'est à dire, les principaux du Clergé & de la Noblesse : d'où vient que nos Cours de Parlement d'apresent sont composées de Clercs, & de Laïcs, qui estoient autrefois gens *5. Origine du Tiers-Estat de France.* d'épée & de robe courte, comme les anciens Liures font foy.

Il adjouste, qu'en la troisiéme lignée, nos Rois ayans pris coustume de demander vn secours ou subside d'argent au menu peuple, pour la necessité des guerres, afin d'en tirer son consentement (sans lequel de ce temps-là ne se faisoit aucune leuée de deniers) ils l'appelerent desormais en ces assemblées, qui à cette cause ont esté appelées *Estats generaux*. C'est pourquoy on appele le menu peuple *Tiers Estat*, comme l'Ordre des Cheualiers Romains, est par Pline, Liure 33. de son histoire, chapitre premier, appelé *le Tiers Ordre*, pource qu'il fut adjousté aux deux autres, qui estoient instituez long-temps auparauant. Et ce Tiers Estat de France, est à present en beaucoup plus grand pouuoir & authorité qu'il n'estoit autrefois, pource que les Officiers de la Iustice & des finances en sont presque tous, depuis que la Noblesse a méprisé les lettres, & embrassé l'oisiueté. La Noblesse, dis-je, du corps de laquelle estoient anciennement choisis les Iuges, & (comme prouue bien Fauchet en ses Origines chapitre premier *Des Cheualiers*) aussi les principaux Officiers des finances, ainsi qu'à Rome les Cheualiers, furent fort long-temps les Iuges, & tousiours les Publicains & principaux financiers furent de leur Corps, mesme les Questeurs, ou Intendans des finances estoient le plus souuent pris d'entre les Senateurs.

6. Officiers de Iustice, & des finances, sont la plus-part du tiers Estat.

Car le mot de *Tiers Estat* est plus ample que celuy de *Bourgeois*, qui ne comprend que les habitans des villes, lesquels en vieil François, & encore maintenant en Allemand, s'appelent bourgs, d'où vient que nous appelons *fors-bourgs*, ce qui est hors le bourg, & les villes signifioient anciennement les maisons des champs, ainsi que le Latin *villa*, d'où vient, que la plus-part des villages de Beausse retiennent encore la terminaison de ville, à la suite du nom de leur ancien Seigneur, & de present les villageois appellent en plusieurs contrées leurs villages, villes.

7. Bourgeois, bourg, ville.

Encore le terme de Bourgeois ne comprend-il pas proprement tous les habitans des villes. Car les nobles, encore qu'ils fassent leur demeure dans les villes, ne se qualifient pas Bourgeois, pource que la Noblesse est vn Ordre du tout separé du Tiers Estat, auquel la Bourgeoisie conuient : c'est pourquoy le bourgeois est ordinairement opposé au noble, comme quand nous disons la Garde-Noble & Bourgeoise. Et d'ailleurs les viles personnes du menu peuple n'ont pas droict de se qualifier Bourgeois : aussi n'ont-ils pas part aux honneurs de la Cité, ny voix aux assemblées, en quoy consiste la bourgeoisie.

8. Bourgeois ne comprend pas tous les habitans des villes.

Qui plus est, à proprement parler, les Bourgeois ne sont pas en toutes les villes, mais seulement és villes priuilegiées, qui ont droit de corps & communauté. Car estre citoyen ou bourgeois, comme Plutarque définit tres-bien *in Solone*, est auoir part aux droits & priuileges d'vne cité : de sorte que si la cité n'a communauté & corps de ville, Officiers ny priuileges, elle ne peut auoir de bourgeois. Ainsi sont-ils dits en droict *municipes à muneribus capiendis*, comme dit Bodin au 6. chap. du premier Liure, soustenant qu'en nostre langue, *bourgeois*, a ie ne sçay quoy de plus special, que citoyen.

9. Bourgeois ne signifie que les habitans des villes priuilegiées.

Or en France, ainsi qu'à Rome, il y a plusieurs Ordres ou degrez au Tiers Estat : & comme les Romains auoient *Tribunos ærarij, scribas, mercatores, apparitores, artifices, opifices, & turbam forensem* : aussi nous auons en France les gens de lettres, les financiers, les praticiens, les marchands, les laboureurs, les Ministres de Iustice, & les gens de bras : desquels il faut parler separément.

10. Ordres ou vacations du Tiers Estat.

Pour l'honneur deub à la science, i'ay mis au premier rang les gens de Lettres, dont les Romains ne faisoient point d'Ordre à part, mais les laissoient meslez dans les Trois Estats : aussi ils n'auoient pas tant de personnes que nous, qui eussent les Lettres pour leur profession & vacation speciale, & si peu qu'ils en auoient, ils les reduisoient en milices, qui estoient Offices quasi perpetuels : de sorte qu'ils leur faisoient plus d'honneur que nous, & leur donnoient de tres grands priuileges, comme il se void au titre *De Profess. & Medic.* Aussi n'y en auoit-il, qu'vn certain nombre, au lieu qu'en France on en reçoit autant qu'il s'en presente de capables.

11. Des gens de Lettres.

Or nos gens de Lettres sont diuisez en quatre facultez ou sciences principales, à sçauoir, la Theologie, la Iurisprudence (sous laquelle ie comprend le droit Ciuil & Canon) la Medecine, & les Arts, qui comprennent la Grammaire, Rhetorique, & Philosophie : & en chacune de ces quatre Facultez il y a trois degrez, sçauoir est, de Bachelier, de Licencié, & de Docteur ou Maistre.

12. Quatre facultez des gens de Lettres.

Le Bachelier (dont l'etymologie a esté expliquée au chap. 6.) est celuy qui ayant acheué ses estudes, est admis au cours de la Faculté, pour aspirer au Doctorat ou Maistrise : le Licencié est celuy, qui ayant acheué son cours, & fait tous les actes & épreuues requises, est declaré capable d'obtenir le grade de Docteur, ou Maistre ; c'est pourquoy il a presque les mesmes auantages que le Docteur : bref le Docteur Maistre est celuy, qui ayant solennellement receu les marques & enseignes de cette dignité, obtient la puissance d'enseigner publiquement les autres, & leur conferer le mesme degré, laquelle puissance le simple Licencié n'a pas.

13. Le Bachelier, Licencié, & Docteur, ou Maistre.

Ie ne m'amuseray point à rapporter icy les ceremonies qu'on garde à la collation de chacun degré, pource qu'elles sont differentes selon les diuerses Facultez, & encore selon les diuerses Vniuersitez, esquelles ces degrez se baillent, n'estans ces ceremonies inuentées, que

14. Ceremonies à conferer ces degrez.

pour maintenir dauantage l'honneur des sciences par ces apparences exterieures. Tant y a que tous ces Ordres ou degrez sont dignitez de l'école. Mais voicy vn autre Ordre ou dignité de gens de lettres, qui au sortir de l'école est conferée publiquement par le Magistrat, sçauoir est celle d'Aduocat, qui ne peut estre conferée qu'à ceux qui ont déja le degré de Docteur, ou pour le moins de Licencié au droict ciuil ou canon.

15. Des Aduocats.

16. Aduocats qui assistoient à Rome. Les Romains appeloient premierement Aduocats, ceux qui assistoient les parties de leur simple presence, lors que leur cause estoit plaidee par ceux qu'ils appeloient *patronos causarum. Qui defendit alterum in judicio, inquit Asconius, aut Patronus dicitur, si orator est, aut Iurisconsultus, si ius suggerit: aut Aduocatus, si præsentiam suam amico commodat: aut Procurator, si negotium suscepit: aut cognitor, si præsentis causam nouit, & sic tuetur vt suam. Sed hodiè his nominibus abutimur, & aduocamus patronum, inuocamus judicem, prouocamus aduersarium, euocamus testem.* Enfin on appela generalement Aduocats, *omnes omnino qui in causis agendis quoque studio operabantur*, dit la Loy 1. §. *Aduocatos. D. De extraord. cognit.*

17. Aduocats plaidans de Rome distinguez des Iurisconsultes. Neantmoins en prenant les Aduocats en leur particuliere signification, ils estoient distinguez d'auec les Iurisconsultes, ceux là estans les Aduocats plaidans, & ceux cy les consultans, qui toutefois estoient à Rome deux vacations du tout differentes. Car les Aduocats ou Orateurs ne deuenoient point Iurisconsultes, comme nos Aduocats plaidans deuiennent consultans, pource qu'à nous ce n'est qu'vne mesme vacation, de sorte que la plaidoyerie les porte à la consultation, par le progrez de l'âge, & le merite de l'experience.

18. Des Aduocats plaidans de Rome en l'Estat populaire. Les Orateurs ou patrons des causes estoient les Aduocats plaidans, qui estoit vn exercice si honorable parmy les Romains, que les Senateurs de Rome, & autres grands personnages y passoient leur ieunesse: mesme c'estoit le principal moyen en l'Estat populaire des Romains, de paruenir aux grandes charges, que d'estre bon Aduocat: pource que défendant les causes gratuitement, comme ils faisoient, ils obligeoient étroitement à eux plusieurs personnes, & acqueroient par consequent vn grand nombre de cliens (ainsi appeloient ils ceux dont ils auoient défendu les causes) & par consequent vn tres grand support & authorité parmy le peuple, qui leur seruoit beaucoup pour paruenir aux grands Offices, qui estoit le comble de leur aduancement. Ioint que ceux qui sçauoient bien haranguer, auoient vn grand auantage és assemblées du peuple, lequel se mene volontiers par les oreilles: de sorte qu'és Estats populaires les Aduocats sont ordinairement les premiers en puissance & auctorité.

19. Et sous les Empereurs. Mais sous les Empereurs cette authorité fut fort rabaissée, comme dit l'Autheur du Dialogue *De Oratoribus* attribué à Tacite: pource que la faueur populaire ne seruoit plus de rien, pour obtenir les grandes charges. Et ce fut lors que ne pouuans plus estre recompensez que par argent, ils deuinrent mercenaires. Neantmoins les Empereurs ne les voulant laisser déchoir tout à fait, les reduisirent en Milices, leur attribuant par consequent tous ces beaux priuileges qu'auoient les soldats, & encore d'autres particuliers, notamment celuy-cy, qu'apres auoir exercé leur charge l'espace de vingt ans, ils deuenoient Comtes, *l. 1. C. de Aduocat. diuers. Iudicum.* Car en leur rang de patronage ils deuenoient Aduocats du fisque, & ayant exercé cette Charge l'espace d'vn an, puis de deux ans ils n'estoient plus Aduocats, *l. Cum aduocatio & l. Sancimus. C. de Aduocat. diu. iud.* qui est ce que la Loy *Iubemus* appele *finem professionis*, & c'estoit alors qu'ils deuenoient Comtes, comme estans destinez aux grands Offices: de sorte que c'est ainsi qu'il faut entendre ce traict vulgaire de Tacite *Aduocatorum tum incipere dignitates, cùm finiunt actiones.* Il est vray, que du temps de Valentinian, pour le peu qu'il se trouua d'Aduocats, ils furent faits perpetuels, *Nou. Valent. de confirm. his qui ad min. vel off. pub. ger.* ce qui fut peu apres corrigé par vne autre belle Nouelle de Valentinian & Martian, rapportée par Cujas *lib. 18. Obseru. cap. 22.*

20. Aduocats n'étoient perpetuels.

21. Iurisconsultes. Quant aux Iurisconsultes, ils n'estoient pas pendant la Republique en si grande estime à Rome que les Orateurs, qui leur ostoient le lustre, eux estans alors comme leurs Ministres *monitores & suggestores publici*, dit Budée, *qui jus & formulas Patronis agentibus suggerebant*: Mode venuë des Grecs, qui les appeloient πραγματικὸς, comme dit Ciceron *lib. 2. de Oratore, Quintilian. lib. 3. cap. 8. & lib. 12. cap. 3.* Ils estoient aussi appelez *Formularij & Leguleij*, pource qu'ils auoient inuenté certaines formules ou cabale inconnuë au reste du peuple, que mesme ils écriuoient en notes ou chiffres, comme font les Medecins leurs recipez, afin qu'il n'y eust que ceux de l'Estat, qui les peussent lire & entendre, & neanmoins auoient gagné ce point sur les Iuges, que qui y failloit d'vne syllabe, perdoit sa cause: occasion pourquoy Ciceron les appele *aucupes syllabarum.* Bref ils ressembloient du tout à nos chicaneurs de Cour de Rome, qui aussi s'appelent Praticiens.

22. Pragmatici seu Formularij.

23. Quand ont commencé à estre en honneur. Mais apres que *Cneus Flauius* eut diuulgué & communiqué au peuple leur secret, plusieurs s'étudierent desormais à philosopher plus liberalement sur le Droict, dont parmy les beaux esprits de Rome, il se fit incontinent vne belle science, de laquelle ceux qui estoient doüez s'appeloient *Iurisperitos, Iurisconsultos, seu Iurisprudentes*, ou bien simplement *prudentes & sapientes*, qui enfin paruinrent à vn grand respect, pour le besoin que chacun en auoit. Et sur tout les Empereurs leur donnerent vne grande autorité, quand ils ordonnerent que les Iuges seroient tenus de faiure leur aduis en iugeant, comme il est dit aux Institutes.

Aussi auoient-ils trois fonctions principales, *cauere, de iure respondere, & iudicare, seu assidere Magistratibus. Cauere*, c'estoit conseiller les parties, qui estoit l'vnique fonction des anciens Praticiens. *De iure respondere*, estoit donner aduis aux Iuges sur le poinct de droict, és procez prests à iuger. *Iudicare denique, seu assidere Magistratibus*, estoit estre Assesseurs, ou Commissaires deleguez des Magistrats pour instruire, & quelquefois pour iuger les procez, soit auec eux, ou sans eux. 24. Leurs trois fonctions.

Ils auoient encore vne autre authorité, c'est que quand il suruenoit quelque difficile question dans Rome, ils s'assembloient tous ensemble pour la disputer & concerter, & cette conference estoit appelée *Disputatio fori*, dont Ciceron fait mention *lib. 1. Ad Q. fratrem*, & aux Topiques: & ce qu'ils resoudoient en telles assemblées, estoit appelé *decretum, seu recepta sententia*, qui estoit vne espece *Iuris non scripti*, comme traite fort methodiquement *Renardus* en son docte liure *De auctoritate prudentum, cap. 14. & 15.* 25. Disputatio fori, decretum, seu recepta sententia.

Bref ils auoient encore cét honneur, qu'ils estoient volontiers appelez à la suite & au conseil des Empereurs, comme il se collige de la Loy 30. *D. De excus. Iurisperitos in consilium Principum assumptos, optimi maximique Principes nostri constituerunt à tutelis excusandos, quia circa latus eorum agerent, ac honor delatus finem certi temporis & loci non haberet.* Et en la loy 11. §. *Ex facto. D. De minor.* il est dit que le Iurisconsulte Menander fut excusé de tutelle, *quia circa Principem erat occupatus*, & est appelé pour cette cause *Consiliarius Menander*. Ce qui cõmença dés le temps de l'Empereur Adrian, qui cõme dit Spartian en sa vie, *Cum iudicaret, in consilio habuit, non amicos solùm aut comites, sed Iurisconsultos, præcipuè Iulium Celsum, Saluium Iulianum, Neratium Priscum, aliósque, quos tamen Senatus omnis probasset.* Et Lampride *in Alex. Seuero, Ideo, inquit, summus Imperator fuit, quòd Vlpiani consiliis præcipuè Rempub. rexit*: & peu auparauant il auoit dit, que *nullam constitutionem sacrauit sine viginti Iurisperitis, &c.* 26. Iurisconsultes estoient ordinairemét Conseillers des Empereurs.

Mais ce qui commença de leur donner plus de vogue & de lustre fut, qu Auguste leur enjoignit de prendre lettres de luy, & partant il furent tenus pour Officiers de l'Empereur, dont du depuis l'Empereur Adrian se mocqua à bon droit, disant que ce n'étoit pas à l'Empereur d'octroyer la capacité requise pour estre Iurisconsulte, comme rapporte Cujas en la loy 2. *De orig. iur.* vers la fin. Tant y a que desormais les Iurisconsultes, consultans par l'authorité de l'Empereur, estoient comme Officiers publics, *& in perpetuo Magistratu*: au moins comme *Manilius* qualifie le Iurisconsulte, 27. Prenoiét lettres de l'Empereur pour consulter.

Perpetuus populi priuato in limine Prætor.

Voilà comme en vsoient les Romains de temps en temps, mais en France nous n'auons point separé les Orateurs d'auec les Iurisconsultes, car nous les comprenons tous sous l'Ordre, & sous le nom d'Aduocats, dont les vns sont plaidans, & les autres consultans, qui est la retraite d'honneur de leur vieillesse. Car c'est la recõpense du labeur de leur vie passée, que ceux qui ne peuuent plus porter le trauail & contention de la plaidoyrie, & ausquels aussi l'âge continué parmy les affaires, a acquis plus de capacité & d'experience, donnent desormais conseils aux plus ieunes. Aussi en l'Audience des Parlemens, ces Aduocats ont à part leur banc & seance sur les fleurs de Lys, ainsi que les Iuges des Prouinces, & ont aussi leur titre à part és anciennes Ordonnances de Parlement, où ils sont appelez *Aduocati consiliarij*, comme ils sont titrez en la loy *Consiliarij. D. De offic. assess. l. 3. cod. tit. Cod. Iustin. & lib. 1. Cod. Theod.* Titre qui sera expliqué cy-apres. Et on void aussi dans les anciens Praticiens François, qu'anciennement les Aduocats estoient Conseillers, pource que c'étoit eux qui conseilloient les Iuges tant à l'Audience, qu'au Conseil. 28. Aduocats plaidans en France deuiennent consultans. 29. Aduocats consultans, autrefois appelez Conseillers.

Ce qui a donné sujet de mettre des Conseillers en titre d'Office au lieu d'eux, lors qu'apres la venalité des Offices establie, on a reduit en Offices toutes sortes de fonctions honnestes, afin de les vendre. Et ces Conseillers érigez en titre d'Office, ont esté appelez *Conseillers Magistrats*, à la difference des Conseillers d'auparauant, qui estoient les anciens Aduocats, non Officiers: dont du Molin se plaint fort sur les Coustumes, disant qu'il ne se voyoit pas beaucoup prés tant d'appellations auparauant, pource que les procez estoient iugez par des anciens Aduocats, au lieu que maintenant ils sont iugez par des ieunes Conseillers ignorans pour la pluspart, n'y en ayant gueres d'autres qui achептent ces petits Offices, que ceux qui ne sont pas capables d'estre Aduocats. 30 Pourquoy les Conseillers ordinaires sont appelez Conseillers Magistrats.

Apres les gens de lettres, doiuent, à mon aduis, venir en rang les Financiers, qui à Rome tenoient le premier Ordre du menu peuple, estans appelez *Tribuni seu Quæstores ærarij*, cõme il a esté dit au ch. 2. mesme par la loy *Aurelia* leur fut communiqué le droit de iuger les causes auec les Senateurs & Cheualiers. Ce que Dion interpretãt dit, qu'ayant esté resolu, que tous les trois Ordres du peuple Romain participeroient aux iugemens, pource que l'Ordre du menu peuple estoit trop ample, on prit seulement les Tribuns des finances, cõme les principaux & plus honorables d'iceluy, pour estre ceux qui feroient Iuges auec les Senateurs & Cheualiers. Et qui plus est, les Partisans appelez *Publicani*, étoient de l'Ordre des Cheualiers, cõme ils sont encore Gentilshommes à Venise, & en plusieurs autres pays. 31. Des Financiers. 32. Estoient fort honorez à Rome.

53. Financiers, quoy proprement. I'appelle Financiers tous ceux qui s'entremettent du maniement des finances, c'est à dire des deniers du Roy, soit Officiers, ou non. Car nous parlons icy des Ordres, ou plustost des vacations simples, qui sont compatibles auec les Offices. Mesme c'est la verité, qu'anciennement les charges de finance n'estoient point Offices, mais simples commissions, comme i'ay prouué ailleurs : & encore la plûpart d'icelles étoient deferées par le peuple, lequel, 54. Sur presque tous Officiers à present. lors qu'il accordoit quelque leuée de deniers au Roy, nommoit quand & quand des gens pour la departir & égaler, premierement par les Prouinces, qui s'appeloient *Generaux*, puis sur les Parroisses qui s'appeloient *Esleus*, & finalement sur les particuliers habitans de chacune Parroisse, qui s'appelent encore à present *Asséeurs*. Mais depuis que la venalité des Offices est venuë en vsage, il n'y a si petit exercice de finãce, dont on ait fait vn Office. Et pource qu'il y a ordinairement peu d'honneur, & peu de pouuoir aussi en ces Offices, on leur a attribué beaucoup de gages : joint qu'il est raisonnable, que comme celuy qui manie la poix, en retienne quelque chose en ses doigts, aussi ceux qui manient les finances, en prennent par leurs mains leur part : à quoy volontiers ils ne s'oublient gueres.

55. Des Praticiens de longue robbe, & courte robbe. Les Praticiens ou gens d'affaires vont apres, desquels est fait mention en la loy *Moris* §. *Nonnunquam. D. De pœnis*, & par Iuuenal,

> ——*Si contigit aureus vnus*
> *Inde cadent partes in fœdera pragmaticorum.*

Et sont tous ceux qui outre les Iuges & les Aduocats, gagnent leur vie aux affaires & procez d'autruy. Il y en a de deux sortes, à sçauoir, ceux de longue robe, qui sont à nous les Greffiers, Notaires, Procureurs, & estoient par les Romains, appelez *Scribæ* : & ceux de robe courte, qui sont à nous les Sergens, Trompettes, Priseurs, Vendeurs, & autres semblables, qui étoient particulierement appelez *Apparitores Magistratuum*, & constituoient vn Ordre distinct de celuy des Scribes : car l'Ordre des Scribes precedoit celuy des Marchands, mais celuy des Appariteurs le suiuoit. Et mesme en France les Praticiens de robe longue marchent deuant les Marchands, mais ceux de robe courte marchent apres, & neantmoins les vns & les autres sont compris sous le nom de Praticiens.

56. Des Procureurs. Quant aux Greffiers & Notaires, il en a esté amplement traité au 2. Liure des Offices, & quant aux Procureurs, il n'est question icy, que de ceux que nous disons *ad lites*, & non pas de ceux *ad negotia* qui en droict sont appelez *Procuratores & mandatarij*. Mais les Procureurs aux procez estoient, selon Budée, appelez à Rome *Cognitores. Cic. pro Roscio. Quid interest inter eum qui per se litigat, & qui cognitorem dat? nimirum qui per se litem contestatur sibi soli petit:* 57. Cognitor & Procurator. *alteri nemo potest, nisi qui cognitor est factus.* Bien que Asconius au passage cy-dessus rapporté, distingue tout autrement *Cognitorem à Procuratore, vt nimirum Procurator sit, qui absentis* 58. Les Romains vsoiét de Procureurs ad lites. *negotium suscipit; Cognitor, qui causam præsentis sic tuetur, vt suam.*

Quoy qu'il en soit, c'est chose bien certaine que les Romains auoient l'vsage des Procureurs *ad lites*, comme il paroist *ex l. 86. D. De solut. l. 14. D. De pactis. l. 66. §. Si secundus. D. De euict. l. 1. C. Si tutor. vel cur. D. l. Non peralium & ext. & l. 3. C. eod. l. 4. §. Si quis. D. De alien. iud. mut. cau. fa.* & de plusieurs autres loix : d'où vient qu'il est dit en la loy 4. §. *vlt. D. De appellat.* que *per contestationem Procurator dominus litis efficitur.* Il est vray, qu'ils n'estoient pas necessaires à Rome en toutes causes, non plus qu'en la vieille pratique de France, où il falloit obtenir du Roy cette grace & priuilege d'estre receu à plaider par Procureur, comme il se void au vieil style du Parlement.

59. Pourquoy les Procureurs sont en France necessaires à tous plaideurs. Mais lors que nostre pratique ou chicanerie s'est accreuë, afin que les parties ne fussent point contraintes, comme au droict Romain, de comparoir en personne à toutes les assignations de la cause, dont à l'entrée d'icelle elles bailloient la caution *judicio sisti*, que nous disons ester à droit, nous auons trouué cét expedient, de constituër vn Procureur en toutes causes, qui desormais comparoisse pour nous, & ausquels Procureurs nous baillons telle autorité & les tenons tellement necessaires, que sans eux les parties ne sont pas aujourd'huy receuës à comparoir en jugement és causes ciuiles, mesme elles ne les peuuent pas reuoquer, apres qu'ils ont vne fois comparu & occupé en la cause, sinon que par le mesme acte de reuocation il en soit constitué vn autre au lieu du reuoqué.

40. Leur pouuoir és causes. L'vsage donc des Procureurs estant deuenu necessaire en toutes causes, & à toutes les parties plaidantes, ce n'est pas de merueille que ce soit aujourd'huy vne vacation particuliere, mesme vne vacation fort lucratiue, veu que la loy dit, qu'ils sont les maistres des causes; aussi le font-ils bien connoistre. Tant y a, que pour le pouuoir qu'ils y ont, il a esté bien necessaire de n'y pas admettre indifferemment toutes sortes de personnes, mais d'en faire vn vray Ordre de gens choisis, examinez & trouuez capables, & encore les restraindre à certain nombre; pource que la multitude des Procureurs, est la multiplication & allongement des procés : dautant que ceux qui ont peu de causes desirent ordinairement les multiplier & allonger, & comme ils le veulent, ils le peuuent aisément.

41. Que c'est vrayement vn Ordre. Ie dis donc, que c'est vrayement vn Ordre, que celuy des Procureurs, & non pas vn Office : attendu qu'ils n'ont point de fonction publique : & bien qu'ils soient limitez à certain

nombre, comme estoient les Aduocats en l'Empre Romain : si est-ce que, & les Senateurs de Rome, & les Cleres de la primitiue Eglise, *quorum erat numerus determinatus*, témoin la Nou. 8. *Vt sit determinatus numerus clericorum*, ne laissoient pas pourtant d'estre Ordres, & non pas Offices, comme il a esté prouué cy-deuant.

Il est vray, qu'en l'an 1572. les Procureurs furent érigez en titre d'Office : mais cét Edict 42. *Erigez en Offices, puis supprimez.* n'a point encore esté executé à l'égard de ceux du Parlement, mais fut reuoqué par tout aux Estats de Blois article 241. & ayant depuis esté renouuelé, il fut derechef reuoqué en l'an 1584. puis restably encore en l'an 1587. & neantmoins ne peut estre executé en ceux du Parlement, lequel en cette occasion demeura fermé plus de 15. iours : ayans tous les Procureurs d'iceluy pris resolution de quitter leurs charges, plustost que de les acheter : de sorte qu'enfin il fut reuoqué pour la troisiéme fois. Toutefois en la plus part des Sieges Royaux on ne laisse pas de l'obseruer, encore que ie ne sçache point qu'il ait esté restably depuis cette derniere reuocation de l'an 1587. & de leuer les Offices de Procureurs aux Parties Casuelles, soit qu'ils vaquent par resignation ou par mort. Car en ce lieu-là on ne refuse point la cire pour de l'argent.

Mais és autres Sieges, où on n'a point pris coustume de leuer ces charges aux Parties Ca- 43. *Démission des Procureurs.* suelles comme Offices, neantmoins pource que leur nombre est limité, quand vn Procureur veut quitter sa place à son fils, son gendre, ou son neveu, il le fait, non par vne vraye resignation, qui n'a lieu és Ordres, mais par vne simple démission : dont a esté parlé au 1. chapitre de ce Liure : toutefois cette démission a presque pareil effet que la resignation, attendu qu'il a esté iugé par plusieurs Arrests, que le Iuge n'en peut admettre d'autre, que celuy en faueur duquel elle est faite, mesme qu'il ne le peut refuser estant capable, principalement s'il est personne conjointe à celuy qui se démet en sa faueur : mais il n'y faut point de Lettres du Prince, & si celuy qui s'est ainsi démis, ne laisse pas de garder la qualité de Procureur, encore qu'il n'en puisse plus faire l'exercice, comme il a esté dit au mesme lieu : bien que les Aduocats, qui auoient fait leur temps, ne laissassent encore d'estre admis à plaider pour leurs plus proches parens, comme il est dit en la Loy 3. & 5. *C. De Aduoc. diuers. iudicum.*

Et pour monstrer que c'est vn Ordre, & mesme vne communauté licite que celle des Pro- 44. *Qualitez necessaires aux Procureurs.* cureurs, c'est que par l'Ordonnance de l'an 1551. art. 9. il est dit expressément, qu'il faut que celuy qui se veut faire receuoir Procureur, soit trouué suffisant par les autres Procureurs du Siege, comme c'est l'ordinaire és Communautez des Ordres, & non pas aux compagnies d'Officiers : outre il est requis, qu'il ait exercé la pratique par cinq ans au moins, & au Parlement par dix ans, puis qu'il soit informé de ses mœurs, & finalement que sa capacité soit examinée, ce qui est commun aux Offices & aux Ordres d'importance. Et bien qu'vn Aduocat puisse estre receu à dix-sept ans, suiuant la Loy 1. §. *Initium. De postulando.* Neantmoins l'âge de vingt-cinq ans est requis aux Procureurs par les Ordonnances, pource qu'ils contractent iournellement auec les parties, & pour elles en iugement.

Apres les principaux Praticiens, suiuent & à Rome & en France les Marchands, tant 45. *Des Marchands.* pour l'vtilité, mesme necessité publique du commerce, dit la Loy 2. *De nundinis*, que pour l'opulence ordinaire des Marchands, qui leur apporte du credit & du respect, joint que le moyen qu'ils ont d'employer les artisans & gens de bras, leur attribuë beaucoup de pouuoir dans les villes : aussi les Marchands sont les derniers du peuple, qui portent qualité d'honneur, estans qualifiez *honorables hommes*, ou *honnestes personnes*, *& Bourgeois des villes* : qualitez qui ne sont attribuées, ny aux Laboureurs, ny aux Sergens, ny aux artisans, & moins encore aux gens de bras, qui sont tous reputez viles personnes, comme il sera dit tout incontinent.

Mais quant aux Marchands, Aristote, bien que d'ordinaire il les méprise, neantmoins au 46. *De leur rang d'honneur.* 4. Liure des Polit. ch. 3. il les met au rang des personnes honorables : & Ciceron *pro lege Manil.* dit *Negotiatorum Ordinem fauore dignum esse* : & Callistrate en la Loy *Eos. De Decur* dit que ceux là mesme, qui vendent les menuës denrées, *non debent haberi inter viles personas, nec ab honoribus omnino arcendi sunt* c'est pourquoy i'ay dit qu'ils se qualifient *Bourgeois* pource qu'ils ont part aux priuileges, & sont capables des Offices de Villes, qui ne doiuent estre communiquez aux artisans & gens mecaniques : mesme par les anciennes Ordonnances, les Marchands semblent estre seuls capables des charges de Villes, pource que les Officiers du Roy, & les Aduocats, & encore les Praticiens en sont exclus : c'est possible pourquoy le premier Officier de la ville de Paris est appelé Preuost des Marchands.

Les Laboureurs doiuent à mon aduis, suiure les Marchands, & preceder les Praticiens de 47. *Des Laboureurs.* robe courte, comme à Rome ils precedoient *Apparitores Magistratuum* : veu qu'Aristote au lieu cy-dessus allegué les prefere aux Marchands, & veu ce qui a esté dit au 2. chapitre de ce Liure, qu'à Rome *tribus rusticæ erant honoratiores vrbanis*; comme aussi on void en France, que la vie rustique est la vacation ordinaire de la Noblesse, à laquelle la marchandise déroge. Il est vray que par les Laboureurs, i'entends ceux qui ont pour vacation ordinaire de labourer pour autruy comme Fermiers : exercice qui est aussi bien défendu à la Noblesse cōme la marchandise. Mais quoy qu'il en soit, il n'y a point de vie plus innocente, ny de gain plus selon la nature que celuy du labourage, que les Philosophes ont preferé à toute autre vocation: & au contraire en la police de France, nous les auons tant rabaissez, mesme opprimez, & par les tailles, & par la tyrannie des Gentilshommes, qu'il y a sujet de s'estonner comment ils peuuent subsister, & comment il se trouue des Laboureurs pour nous nourrir. Aussi voit-on que la pluspart d'entr'eux ayment mieux estre valets & chartiers des autres, que maistres & Fermiers.

48. *Sont personnes viles.* Quoy qu'il en soit, nous reputons aujourd'huy les Laboureurs, & tous autres gens de village, que nous appelons *paysans*, pour personnes viles: & de fait le mot de *vilain* selon Budée vient de *villa & villicus*, non pas de *ville*, ainsi qu'a dit Bodin, sinon entant que *ville* signifie village, qui est sa premiere signification, comme ie viens de dire. Et c'est dés le temps des Romains, que les plus grands ont assujetty à eux les gens de village, qu'ils appeloient *colonos & glebæ addictos*, & qu'en France autrefois nous appellions *gens de pote, gens de main morte, ou de suitte.* Dont il y a vn beau témoignage dans Cesar, au sixiéme Liure *De bello Gallico. Plerique è plebe*, dit-il, *dum ære alieno, aut magnitudine tributorum, aut injuria potentiorum premuntur, sese in seruitutem dicant Nobilibus: in hos eadem omnia sunt iura, quæ dominis in seruos.*

49. *Des Artisans, ou gens de mestier.* Les Artisans ou gens de mestier sont ceux qui exercent les Arts mecaniques ainsi appelez à la distinction des Arts liberaux: pource que les mecaniques estoient autrefois exercez par les serfs & esclaues. Et de fait nous appelons communément *mecanique*, ce qui est vil & abject. Neantmoins, pource qu'à ces Arts mecaniques il gist beaucoup d'industrie, on y a fait des maistrises, ainsi qu'aux Arts liberaux. Et l'Ordonnance veut qu'on soit trois ans apprentif sous vn mesme maistre sans changer, sur peine de recommencer l'apprentissage: puis on deuient compagnon, qu'on appeloit anciennement *bachelier*, c'est à dire pretendant & aspirant à la maistrise: & ayant esté encore trois ans compagnon à trauailler chez les Maistres, on peut estre receu maistre, apres auoir fait épreuue publique de sa suffisance, qu'on appele

50. *Bel ordre en leurs maistrises.* *chef-d'œuure*, & par iceluy esté trouué capable. Chose tres-bien instituée, tant afin qu'aucun ne soit receu Maistre, qui ne sçache fort-bien son mestier, qu'afin aussi que les maistres ne manquent, ny d'apprentifs, ny de compagnons, pour les ayder à leurs ouurages.

51. *Lettres de maistrises données par le Roy & les Princes.* Toutefois ce bel ordre se perd, du moins aux petites villes, par le moyen des Maistrises de Lettres, qui sont dispenses tant d'apprentissage, bachelerie, que du chef-d'œuure, lesquelles le Roy baille à son aduenement à la Couronne, la Reine apres son mariage, Monsieur le Dauphin, & encore maintenant les autres Enfans du Roy, masles ou femelles, apres leur naissance, ou la Reine pour eux, & finalement le premier Prince du Sang apres sa declaration. Ce qui est prouenu de ce que comme les Officiers domestiques de ces Princes sont priuilegiez, aussi les artisans qu'ils choisissoient autrefois de chacun mestier pour les seruir, estoient presumez dignes d'estre Maistres. Et cela s'est augmenté de telle façon, qu'enfin on a toleré que ces Princes donnent vne lettre de retenuë de chacun mestier en chacune ville iurée, mais à present le Roy leur donne pouuoir d'en bailler deux, & quelquefois trois: & encore on fait naistre tant de nouueaux sujets, pour donner ces lettres, qu'il n'y a pas assez d'artisans pour les leuer dans les petites villes, en la pluspart des mestiers. De sorte qu'à la fin tous les artisans deuiendront comme Officiers du Roy, & des Princes, par le moyen de ces lettres, si ce desordre continuë.

52. *Artisans & Marchands ensemble sont Bourgeois.* Or bien que les artisans soient proprement mécaniques, & reputez viles personnes, il y a toutefois certains mestiers qui sont mestier & marchandise tout ensemble, esquels, entant qu'ils sont mestiers, on est receu par les mesmes façons des simples mestiers: mais entant qu'ils participent de la marchandise, ils sont honorables, & ceux qui les exercent ne sont mis au nombre des viles personnes, *à digniori parte*, ils se peuuent qualifier *honorables hommes & bourgeois*, ainsi que les autres Marchands: comme les Apotiquaires, Orfevres, Ioüailliers, Merciers, Grossiers, Drappiers, Bonnetiers, & autres semblables, comme il se void dans les Ordonnances.

53. *Artifices & opifices.* Au contraire il y a des métiers qui gisent plus en la peine du corps, qu'au trafic de la marchandise, ny en la subtilité de l'esprit, & ceux-là sont les plus vils, comme dit Ciceron aux Offices: *viliores sunt, quorum operæ non artes emuntur*: c'est pourquoy les Romains distinguoient *artifices ab opificibus.*

54. *Des gens de bras.* Et à plus forte raison ceux qui ne font ny mestier ny marchandise, & qui gagnent leur vie auec le trauail de leurs bras, que nous appelons partant *gens de bras*, ou *mercenaires*, comme les crocheteurs, aydes à masson, chartiers & autres gens de iournée, sont tous les plus vils du menu peuple. Car il n'y a point de plus mauuaise vacation, que de n'auoir point de vacation. Encore ceux qui s'occupent à gagner leur vie à la sueur de leur corps, selon le commandement de Dieu, sont-ils grandement à maintenir, au prix de tant de mendians

55. *Des mendians.* valides, dont nostre France est à present toute remplie, à cause de l'excez des Tailles, qui contraint les gens de besogne, d'aymer mieux tout quitter & se rendre vagabons & gueux, pour viure en oisiueté & sans soucy aux dépens d'autruy, que de trauailler continuellement

lement sans rien profiter & amasser, que pour payer leur taille. A quoy si on ne donne ordre en bref, il arriuera deux inconueniens, par la multiplication énorme qui se fait iournellement de cette racaille : à sçauoir que les besognes des champs demeureront faute d'hommes, qui s'y vueillent employer : l'autre, que les Voyageurs ne seront plus en asseurance par les chemins, ny les gens des champs en leurs maisons.

SOMMAIRE DV NEVFIESME CHAPITRE.

1 *Degradation que signifie proprement.*
2 Καϑαβιβασμός.
3 Regradatio.
4 *Exemples de la degradation, ou regradation.*
5 *Autres exemples.*
6 *Autre encore.*
7 Militiæ mutatio.
8 Ignominiosa missio.
9 Exauctoratio, exauguratio.
10 Καϑαίρεσις, ἀφορισμός.
11 *Degradation verbale & réelle.*
12 *Deposition verbale, quand estoit infamante.*
13 *Conciliation de plusieurs Loix.*
14 *Interpretation du* §. Ignominiæ, in l. 1. De his qui not. inf.
15 *Conclusion de la question.*
16 *Si la Sentence infamante induit priuation de l'Ordre.*
17 *Ordres qui ne se perdent par l'infamie.*
18 *De la degradation.*
19 *Degradation pratiquée és Offices du Parlement.*
20 *Degradation pratiquée és Offices de Rome.*
21 *Pourquoy regulierement la degradation n'est pratiquée aux Offices de France.*
22 *Degradation pratiquée aux Milices Romaines.*
23 *De mesme.*
24 *Degradation necessaire aux milices.*
25 *Est necessaire aux Ordres.*
26 *Si le Prestre peut estre executé à mort sans estre degradé.*
27 *Interpretation de la Loy premiere* C. Vbi Senat. vel clariss.
28 *De mesme.*
29 *Vestales estoient degradées.*
30 *Degradation des Prestres ordonnée par Iustinian.*
31 *Et par les Ordonnances de France.*
32 *Raison.*
33 Resecrare.
34 Euocatio Deorum.
35 *Conclusion qu'il faut degrader les Prestres.*
36 *Deux raisons empeschent la degradation.*
37 *Nombre d'Euesques.*
38 *Interpretation du can.* Si quis tumidus, cum seq. 15. quæst. 7.
39 *De mesme.*
40 *Ancienne Iustice Ecclesiastique.*
41 *A present vn seul Euesque peut degrader, & mesme son Vicaire General,* in spiritualibus.
42 *Que pour degrader le Prestre condamné, ne faut pas entrer de nouueau en connoissance de cause.*
43 *De mesme.*
44 *De mesme encore.*
45 *Que la Nou. qui a introduit la degradation doit estre ainsi entenduë.*
46 Curiæ tradere, quid?
47 Curialis conditio tandem fuit pœnæ genus.
48 Curiales tandem fuere alij à Decurionibus.
49 Clerici curiis traditi.
50 Curiales alij à Collegiatis.
51 Iterum de clericis curiæ traditis.
52 *Interpretation de plusieurs Canons.*
53 *Pourquoy le Clerc est renuoyé à la Cour seculiere.*
54 *Effet de l'ancienne tradition* curiæ sæculari.
55 *Forme & ceremonie de la degradation.*
56 *Forme de la degradation des Vestales Romaines.*
57 *Forme de l'exauguration des Prestres Payens.*
58 *Des effets de la priuation des Ordres.*
59 *Effets de la suspension.*
60 *Suspension de l'Ordre Ecclesiastique.*
61 *Suspension de l'Office.*
62 *Suspension du Benefice.*
63 *Effets de la deposition, ou degradation verbale.*
64 *Effets de la degradation actuelle.*
65 *Deux parties de l'Ordre sacré, à sçauoir, la dignité & le caractere.*
66 *Du caractere de l'Ordre Ecclesiastique.*

DE LA PRIVATION SOLEMNELLE DE L'ORDRE.

CHAPITRE IX.

1. *Degradation, que signifie proprement.* OMME l'Ordre est different de l'Office, aussi la priuation en est differente. Celle de l'Office s'appelle *forfaiture*, celle de l'Ordre est nommée vulgairement *dégradation*, entant que grade, ou degré est pris pour synonime de l'Ordre, bien que proprement les degrez soient les rangs d'vn mesme Ordre. C'est pourquoy à bien entendre, la dégradation, que nos Iurisconsultes appellent *de gradu dejectionem*, & les Loix du Code *regradationem* (car *degradatio* n'est pas Latin) n'est pas proprement la priuation absoluë de l'Ordre, comme le vulgaire pense, mais
2. Καταβιβασμός. c'est seulement vn reculement, ou priuation d'vn plus haut degré, demeurant neantmoins tousiours dans l'Ordre, ce qui s'appelle en Grec Καταβιβασμὸς, & en Latin *regradatio*, soit que (*re*) soit particule priuatiue, ou qu'il signifie *retrò*.

3. Regradatio. Ainsi S. Hierosme *in Chronicis*, dit que *Heraclius de Episcopo in Presbyterum regradatus est*: & en l'Epistre *ad Pammachium*, *Finge*, dit-il, *aliquem Tribunitiæ potestatis suo vitio regradatum, per singula militiæ Officia ad Tyronis vocabulum deuolutum, &c.* Luy-mesme *aduersus Iouin. In volumine*, dit-il, *Ezechiëlis, sacerdotes qui peccauerunt regradantur in ædituos & ostiarios*: lequel passage d'Ezechiël chap 44. contient ces mots, *Leuitæ qui errauerunt à Domino post idola sua, erunt, in sanctuario Dei, æditui & ianitores portarum.*

4. *Exemples de la degradation ou regradation.* Il y a vn exemple notable de cette peine dans Lampride, *in Alex. Seu.* où il dit que pour élire vn noueau Senateur, Alexandre demandoit aduis aux anciens, *quod si qui*, dit-il, *fefellissent, in vltimum rejiciebantur locum.* Vn autre dans Ammian Marcellin, *lib. 29. Theodosius Equites, qui ad rebellem defecerant, vt contentum se leuiore supplicio demonstraret, omnes contrusit ad infimum militiæ gradum.* Et la Loy *Plerique. De re milit. Cod. Theod.* & la Loy 1. *De priuil. schol. C. Iustin.* vsent du mot *regradari*: & la Loy 3. *Cod. de off. mag. schol.* du mot *degradare*: bref la Loy 2. *de cursu publ. C. Th.* du mot *regradatio, qui contra hanc sanctionem fecerit, regradationis humilitate plectetur.*

5. *Autres exemples.* Mais l'exemple en est bien plus clair, ensemble la difference de la dégradation d'auec la priuation de l'Ordre en la Loy 3. *De domest. & protect. lib. 12. Cod. Si quis domesticorum* (c'estoient comme à nous les Archers des Gardes du corps du Roy) *sine commeatu, per biennium, obsequiis Serenitatis nostræ defuerit, retrorsum in ordinem tractus inferiorem, quinque sequentibus postponatur: si verò triennium eius absentia continuasse monstretur, vsque ad decimum gradum regredietur*, (Cujas lit *regradetur*) *quod si quadriennio tenùs abfuerit, nouissimus collocetur: quinquennio vero si fuerit deuagatus, ipso iam cingulo spoliandus est.* Autant en est dit en la Loy 2. *De commeatu eod. lib. Cod. Quicumque sex mensibus supra diem commeatus abfuerit, is in inferiorem locum, quinque antelatis, posterioribus deuoluatur: qui anno, à decem post se militantibus, transeatur: qui quadriennio, quinquaginta se sequentibus posteretur: qui amplius, militantium matriculis auferatur.* Le mesme est encore dit en la Loy suiuante du mesme titre, & en la Loy 2. *C. de Primicer. & secundicer.*

6. *Autre encore.* Finalement il y a encore vn exemple notable dans le vieil decret *can. vlt. 90. distinct.* où pour retrancher la grande contention de preseance, qui a esté autrefois entre les Prestres & les Diacres, il est dit, que le Diacre qui se voudra esleuer doresnauant par dessus les Prestres, *proprio gradu repulsus, vltimus omnium fiet in Ordine suo.* Ce qui montre que la dégradation, telle que ie la décris, a esté pratiquée d'ancienneté en l'Eglise, comme encore elle se pratique aujourd'huy és Maisons reformées de Religion, notamment entre filles, ou celles qui ont fait quelque faute signalée, perdent leur rang d'antiquité, & quelquefois sont mises au dessous des Nouices, mesme apres les sœurs layes.

7. Militiæ mutatio. Mais sur tout cette peine estoit ordinaire en l'Estat de Rome parmy les soldats, témoin Modestin, qui rapportant les diuerses sortes de peines militaires en la Loy 2. *De re milit.* y met ces trois cy, *Militiæ mutationem, gradus dejectionem, & ignominiosam missionem*: comme étant trois peines differentes, bien qu'elles se ressemblent. *Militiæ mutatio* estoit, *quando quis ex Equite fiebat pedes, vel pedes in funditorum auxilia transferebatur, vt apud Val. Max. lib 2. cap. 2.* Et partant quoy qu'en dise le docte Faber, *lib. 1. Semest. cap. 17.* cette peine estoit differente de la regradation, témoin encore la Loy, *Non omnes. §. Qui in pace. De re milit.* qui dit, que *in pace desertor eques militiam mutat, pedes de gradu dejicitur.*

8. Ignominiosa missio. *De gradu dejectio, siue regradatio* étoit, quand le Soldat perdoit le grade ou rang qu'il auoit en sa compagnie, *ex Tribuno tyro fiebat*, dit S. Hierosme à la suite du passage cy-dessus allegué, demeurant neantmoins soldat. *Ignominiosa denique missio* étoit quand tout à fait il étoit priué

de l'Ordre militaire, *& ex milite paganus fiebat* : comme en ce passage de Lampride *in Alex. Seuero*, *Legiones totas exautorabit, ex militibus paganos appellans*, & dans Lucain;

Cernetis nostros iam plebs Romana triumphos, dit l'Empereur parlant à ses soldats, & en vn autre lieu *Tradite nostra viris ignaui signa Quirites*, qui est comme vn formulaire d'exauthoration d'vne compagnie de soldats.

Car cette priuation de l'Ordre militaire *per detractionem insignium militarium*, est proprement appellée *exauctoratio*, c'est à dire priuation de l'authorité & dignité, comme la priuation du Sacerdoce estoit à Rome appellée *exauguratio*. Bien que l'exauctoration, en sa plus generale acception signifie toute mission du soldat, *siue honestam, siue causariam, siue denique ignominiosam* : comme le mesme Faber prouue bien contre Valla : il est vray que plus communément elle signifie la mission ignominieuse. 9 Exauctoratio, exauguratio.

De mesme *in militia cælesti*, l'exauctoration estoit fort commune en l'antiquité de l'Eglise, & s'appelle en Grec καθαίρεσις, à l'égard des Clercs, comme qui diroit démolition ou priuation, & à l'égard des laïcs, ils l'appelloient ἀφορισμὸν, comme qui diroit retranchement, qui est nostre excommunication : & l'vn & l'autre estoit different du καταβιβασμὸς, qui signifie la simple regradation, ou reculement. 10 καθαίρεσις, ἀφορισμός.

Pour reuenir à nostre priuation de l'Ordre, comme elle a esté transferée *ab armata ad cælestem militiam*, dit le chap. 2. *De pœnis, in 6.* tout ainsi qu'il y auoit deux sortes de priuation des gensd'armes; l'vne qui se faisoit de parole, *quando Imperator pronunciabat se ignominiæ causa mittere*, l'autre de fait, *quando insignia militaria detrahebat*, dit la loy 1. §. *Ignominiæ ff. De his qui not. infam.* Aussi y a-t'il deux sortes de priuation des Ordres, l'vne verbale, qui s'appelle proprement *déposition*, l'autre actuelle, qui s'appelle *degradation*. 11 Degradation verbale & réelle.

Et bien que ce §. *Ignominiæ*, dise, que la mission verbale du gendarme n'est point infamante, s'il n'est dit par exprés, qu'elle est faite pour cause d'ignominie : neantmoins la verité est, que la deposition verbale des autres Ordres est tousiours infamante, comme il est decidé *in l. Cognitionum. ff. De var. & extraordinar. cognit. in l. 3. ff. De Senat. & in l. 3. C. Ex quib. caus. infam. irrogatur.* Et faut entendre, qu'il y a difference entre la mission des gensdarmes, & la déposition, ou priuation des autres Ordres. Car dautant que la mission des gensdarmes ne se fait pas toûjours pour delict, mais quelquefois pour cause honneste, *vtpote post impleta legitima militiæ stipendia*, ou pour cause tolerable, comme de maladie, blesseure, ou autre semblable, quand la mission est faite indefiniement, & sans adiection de cause, on ne presume point, que ce soit pour delict : mais si elle est apparemment pour delict, elle est infamante, encore que la cause n'y soit exprimée, *l. Miles 19. §. Missionem D. De re milit.* qui semble directement contraire à ce §. *Ignominiæ*, de sorte que le doct. Ant. Augustinus l'a voulu corriger, y mettant vne affirmatiue, au lieu d'vne negatiue, *lib. 1. Emend. cap. 3.* & le President Faber *lib. 1. Semestrium, cap. 17.* l'entend de l'exautoration réelle, *per detractionem insignium*, bien qu'il parle expressément des trois missions verbales, *honesta, causaria & ignominiosa*. C'est pourquoy ie dis, que quand il porte, que *qui sine ignominiæ mentione missi sunt, nihilominus ignominia missi intelliguntur*, il faut reprendre les mots precedens, & prendre garde, qu'il parle particulierement de ceux, *Qui propter delictum mittuntur*, & partant il veut dire que, *Qui propter delictum mittuntur, infames sunt, licet in missione eorum solemnis formula a lata non sit, eos ignominiæ causa mitti*. 12 Deposition verbale, quand estoit infamante. 13 Conciliation de plusieurs loix. 14. Interpretation du §. Ignominiæ in l. 2. De his qui not. inf.

Pour donc concilier clairement ces deux paragraphes, & toutes les loix de cette matiere, il faut dire, à mon aduis, que l'exautoration réelle est tousiours infamante *d. §. Ignominiæ*, comme aussi la deposition verbale de tous autres Ordres, fors de celuy du gendarme, *d. l. Cognitionum.* Mais que la mission verbale du gendarme, faite sans expression de cause n'est infamante, *ibid.* que celle qui est faite pour delict, est infamante, encore qu'il ne soit point dit qu'elle soit faite *ignominiæ causa d. §. missionem.* ainsi qu'il a esté prouué au 1. liure des Offices, que toute Sentence criminelle, portant priuation d'Ordre ou d'Office est infamante, bien qu'elle ne parle point d'infamie. 15 Conclusion de la question.

Mais tout au contraire, pour sçauoir si toute Sentence infamante induit priuation de l'Ordre, quand elle n'en parle point, i'estime qu'il faut distinguer les Ordres qui ont vn rang étably en la police ciuile, d'auec ceux qui n'en ont point : & tenir que les premiers sont perdus par l'infamie, qui n'est pas compatible auec la dignité ciuile & politique, & les autres non; dautant qu'il n'y a point d'incompatibilité : ce que ie ne m'amuseray pas à confirmer icy, l'ayant amplement prouué au chapitre 1. de ce liure. Par exemple, vn infame (i'entends de vraye infamie de droict : comme celle qui est encouruë notamment par Sentence) ne peut pas estre Aduocat, au moins de Cour souueraine, mais bien Procureur, suiuant le §. dernier *De exceptio.* aux Institutes. 16. La Sentence infamante induit priuation de l'Ordre.

I'ay dit en la police ciuile, pource que quant aux Ordres Ecclesiastiques, ils ne se perdent point par l'infamie, à cause de la consecration, qui imprime vn caractere ineffaçable : comme pareillement les degrez des arts liberaux & mecaniques, qui n'ont point de rang étably, ne se perdent point par l'infamie. Et il y a encore, à mon aduis, vne exception és Ordres venans de race & par nature, qu'ils ne se perdent point par l'infamie ciuile, comme la qualité de 17 Ordres qui ne se perdent par l'infamie.

Gentil-homme & de Prince, *quia ciuilis ratio naturalia iura corrumpere non potest*, dit la loy *Eos. D. De cap. minut.* si ce n'estoit, que par exprés la loy, ou la Sentence du Iuge portast que le Gentil-homme seroit degradé de noblesse: mais l'Ordre de Cheualerie se perd sans doute par l'infamie indistinctement: car toute tache de des-honneur y est formellement contraire.

18 *De la dégradation.*

Voilà pour ce qui concerne la déposition ou priuation verbale: & quant à la réelle, que nous appellons *degradation*, elle est plus communément pratiquée és Ordres, qu'és Offices, pource que c'est chose plus ordinaire, que les Ordres ayent quelque enseigne, ou marque visible de leur dignité, que non pas les Offices, qui éclattent assez par la puissance publique, sans qu'il leur soit besoin d'auoir des ornemens apparens. Car ie ne sçache point, qu'autres de nos Offices ayent ornemens visibles, sinon quelques-vns de la Couronne, à cause de leur eminence: & les Offices des Parlemens, qui les retiennent comme vn reste de ce qu'autrefois ils ont esté des Ordres. Et en ceux-là aussi nous trouuons que la degradation solemnelle s'est autrefois pratiquée. Car i'ay leu quelque part que Maistre Pierre Ledet Conseiller Clerc au Parlement, fut par Arrest d'iceluy degradé solemnellement, luy estant sa robe rouge ostée en presence de toutes les Chambres en l'an 1528. puis fut renuoyé au Iuge d'Eglise: & ie trouue dans les Recueils de feu mon pere, qu'en l'an 1496. vn nommé Chanureux Conseiller en parlement ayant esté priué de son Estat pour auoir falsifié vne enqueste, fut en l'Audience dudit Parlement dépoüillé de sa robe rouge, puis fit amende honorable au Parquet, & à la Table de marbre. Et depuis peu, lors de l'execution du Maréchal de Biron, Monsieur le Chancelier, apres luy auoir osté son collier de l'Ordre, luy demanda son baston de Maréchal; mais il fit réponse qu'il n'en auoit iamais porté.

19 *Dégradation pratiquée és Offices du Parlement.*

20 *Dégradation pratiquée és Offices de Rome.*

Ainsi Plutarque en la vie de Ciceron rapporte que le Preteur *Lentulus*, complice de la coniuration de Catilina, fut degradé de son Office, ayant esté contraint d'oster en plein Senat sa robe de pourpre, & d'en prendre vne noire. Ainsi Sidonius, *lib. 7. Epist.* rapporte que *Arnandus vrbis Romæ Præfectus, quam per quinquennium repetitis fascibus rexerat, exauguratus, & plebeius factus, & plebeiæ familiæ, non vt additus, sed vt redditus, perpetuo carceri adiudicatus est*, & la loy *Iudices. De Dignit. lib. 12. Cod.* dit que, *Iudices se furtis & sceleribus commaculasse conuicti, ablatis insignibus, & Honore exuti, inter plebeios habeantur, nec sibi posthac de eo Honore blandiantur, quo se indignos indicarunt. l. Iudices. C. de dignit.* & souuent en droict *cinguli amissio*, signifie la priuation de l'Office. Il y en a encore d'autres exemples en la loy 3. *C. De domesticis & protect.* en la loy 1. *C. Ne rei dominicæ, vel templ.* & en la loy 2. *C. Vt nemini liceat à contr. spec. se excus.*

21 *Pourquoy regulierement la dégradation n'est pratiquée aux Offices de France.*

I'ay dit notamment, qu'on peut vser de dégradation aux Offices, pource qu'elle n'est pas accoustumée, ny necessaire: dautant que la priuation des Ordres & des Offices doit estre reglée par la regle de droict, *Nihil tam naturale, quàm vnumquodque eo modo dissolui, quo ligatum est.* De sorte que comme l'habit & l'ornement de l'Officier ne luy est pas solennellement donné lors de sa reception, aussi n'est-il pas besoin de luy oster solennellement lors de sa priuation. Au contraire, puis qu'en la pluspart des Ordres, lors de collation d'iceux, on en baille publiquement & solennellement les enseignes, aussi en la priuation on a accoustumé de les oster solemnellement, comme par exemple, en l'Ordre de Cheualerie, ainsi qu'il s'est pratiqué en la mesme execution du Maréchal de Biron, auquel Monsieur le Chancelier osta son Ordre; c'est à dire son collier de l'Ordre du S. Esprit.

22 *Degradation pratiquée aux Milices Romaines.*

Pareillement, c'estoit chose accoustumée d'oster aux soldats Romains leur baudrier ou ceinture militaire, auant que de les executer à mort. *Decem milites*, dit *Amm. liu. 24. ex his qui fugerant, exauctoratos, capitali addixit supplicio.* Pline *lib. 6. Epist. ad Cornelium. Cæsar excussis probationibus Centurionem exauctorauit atque etiam relegauit. Lamprid. in Alex. Seu. Militem, qui aniculam iniurijs affecerat, exauctoratum militia, seruum ei dedit.* Mesme Tite-Liue remarque que les Samnites *in clade Claudiana* osterent les enseignes militaires aux soldats Romains, auant que les faire passer par les piques.

23 *De mesme.*

Nous en auons aussi des remarques en nostre droict, comme dans la loy *Proditores. D. de re milit. Transfugæ proditorésque exauctorati torquentur.* En la loy *Miles. D. Ad. Iul. l. de adult. Miles cum adultero vxoris suæ pactus, solui sacramento, deportarique debet.* En la loy *Nemo*, au mesme tit. *Militia exutus pœnas consentaneas luere compellitur.* En la loy *Ad scholam. De agent. in reb. C. Th. Discingendo abijciat punitione coërcendos*, finalement en la loy 1. *De sportulis. Militia exuti pœnas luant corporales.*

24 *Dégradation non necessaire aux Milices.*
25 *Est necessaire aux Offices.*

I'ay dit qu'és Ordres la dégradation actuelle est ordinaire, mais elle n'est pourtant pas tousiours necessaire. Car comme pour faire vn gendarme, il n'est pas necessaire de le ceindre publiquement; aussi pour le casser ou chasser, il n'est pas necessaire de le déceindre solemnellement. Et de fait il vient d'estre dit, que *plerumque milites solo verbo ignominiæ causa mittebantur.* Mais és Ordres, en la collation desquels la solemnité est necessaire, elle est aussi necessaire en la priuation, par la regle qui vient d'estre posée: comme és Ordres sacrez, qui par leur dignité particuliere sont conferez auec mysteres & ceremonies certaines, esquels consiste la forme du Sacrement: mesme on tient qu'en ces Ordres la solemnelle dégradation ne peut pas esfacet tout à fait le caractere sacré, pource qu'il penetre iusques à l'ame, comme il sera tantost dit.

Donc à plus forte raison c'est sans doute, que le Prestre, qui n'est que verbalement déposé, c'est à dire priué simplement par Sentence, de l'Ordre de Prestrise, demeure neantmoins tousiours Prestre, iusqu'à ce qu'il ait esté actuellement dégradé. Mais la question est grande, s'il doit estre executé par Iustice, sans dégradation precedente. Car on a veu souuent en ces derniers temps les Parlemens, mesme les simples Preuosts des Mareschaux, faire executer les Prestres à mort sans dégradation : & i'ay oüy dire, que depuis peu il en est arriué vne grande querelle entre le Parlement de Prouence & l'Archeuesque d'Aix. 26. *Si le Prestre peut estre executé à mort sans estre degradé.*

Ceux qui tiennent que la dégradation des Prestres n'est point necessaire, se fondent sur vne fausse maxime, que *reatus omnem dignitatem excludit*, tirée de la Loy 1. *C. Vbi Senat. vel clariss. conuen. deb.* où il est dit, que les Senateurs ayans commis rapt, doiuent estre punis au lieu du delit, sans qu'ils puissent vser de leur priuilege d'estre renuoyez à Rome, *quia*, dit la Loy, *omnem honorem hujusmodi reatus excludit.* Et partant on void euidemment que c'est vne decision speciale, à cause de l'atrocité du crime, & vne exception particuliere à la regle de ce mesme titre, qui attribuë des Iuges particuliers aux Senateurs en toutes leurs causes criminelles. *l. vlt. eod. tit.* 27. *Interpretation de la Loy 1. C. vbi* Senat. vel. clar.

Que si on gardoit ce brocard indistinctement, il faudroit conclure que tout priuilege, tout honneur & tout respect des Officiers, & autres personnes priuilegiées à cause de leurs dignitez, cesseroit en matiere criminelle. Et pourquoy est-ce que Messieurs de Parlement auroient ce priuilege de n'estre iugez en criminel, que par le Parlement, mesme en Corps, & les Chambres assemblées, aussi bien que les Princes du Sang, & Pairs de France ? Pourquoy est-ce que pour mesme crime, les roturiers sont pendus, & les Gentilshommes sont decapitez ? si ce n'est, comme dit Xenophon au Liure de sa Cyropedie. ὅπερ κάλλιστον θάνατον ἔδοξε ἦ. Et que deuiendroient les priuileges attribuez par le droict à tant de personnes, comme aux Nobles, aux Officiers des villes, & aux soldats, de ne pouuoir estre appliquez à la torture ? 28. *De mesme.*

Aussi trouuons nous, que iamais les Vestales n'estoient executées à mort, qu'elles n'eussent esté solemnellement dégradées *à Pontificibus, ablatis vittis cæterisque sacerdotij insignibus*, comme il sera tantost dit, en parlant des ceremonies de la dégradation : & maintenant ie me contenteray du témoignage de *Pomponius Latus*, *libr. de antiq. Roman.* qui parlant de leur punition : *Priusquam hoc fieret*, dit-il, *Sacerdotes cum vestibus sacerdotalibus intrinsecùs ante portam auferebant sacra Monialibus*, & de *Festus Pomponius*, *Virgines Vestales ante pœnam à Pontificibus exauctorabantur.* 29. *Vestales estoient degradées.*

Mais pour parler particulierement de nos Prestres, Iustinian en la Nouelle 83. a decidé clairement cette question, *Illud palam est, si Preses prouinciæ Clericum pœna iudicauerit dignum, prius hunc spoliari à Deo amabili Episcopo sacerdotali dignitate, & ita sub legum fieri manu.* Elle est encore plus authentiquement decidée par vn beau passage du 20. chapitre des Nombres, où Dieu, ayant condamné le grand Prestre Aaron à la mort pour son incredulité, ordonne, qu'auparauant il soit degradé du Sacerdoce. Voicy ce qu'il commande à Moyse, *Tolle Aaron & filium eius cum eo, & duces eos in montem Hor. Cumque nudaueris patrem veste sua, indues ea Eleazarum filium eius, & Aaron colligetur, & morietur ibi : fecitque Moyses, vt præceperat Dominus.* 30. *Degradation des prestres, ordonnée par Iustinian.*

Et n'en faut plus faire de doute en France, y en ayant vne Ordonnance expresse de l'an 1571. article 14. dont voicy les mots : *Les Prestres & autres promeus aux Ordres Sacrez ne seront executez à mort sans dégradation.* Aussi la raison est toute apparente. Car puisque nous auons prouué, que iusqu'à la dégradation le Prestre demeure tousiours en sa dignité & qualité, est-ce pas faire injure à l'Ordre, à l'Eglise & à Dieu-mesme, qu'vn bourreau mette la main sur son Oinct ? Certes le peuple Romain estoit bien plus religieux : car lors qu'il estoit question de iuger en assemblée generale, vn simple homme accusé de crime capital, & que le criminel auoit prié & conjuré ses Dieux d'auoir pitié de luy, on n'eût osé par apres le condamner à mort, comme s'étant mis en la sauuegarde des Dieux, qu'au prealable le Magistrat ne l'eût contraint de reuoquer cette priere & adjuration, ce qui s'appeloit *Resecrare*, dit *Festus* sur ce mesme mot. 31. *Et par les Ordonnances de France.* 31. *Raison.*

Mesme les Romains n'eussent pas osé entreprendre de forcer vne Ville assiegée, que premierement ils n'eussent, par certaines ceremonies, attiré & euoqué les Dieux adorez en icelle, de peur de leur faire injure. *In oppugnatione ante omnia solitum à Romanis euocari Deum, in cuius tutela id oppidum esset, promittique eundem, aut ampliorem locum apud Romanos, cultúmque*, dit Pline Liure 28. chapitre 2. Et le formulaire de cette euocation est rapporté dans Tite-Liue en l'Histoire du siege de Veij, & dans Macrobe Liure 3. Des Saturnales, chap. 9. touchant Carthage. 33. Resecrare. 34. Euocatio Deorú.

Ie conclu donc, qu'il est bien plus seant, & plus pieux de degrader les Prestres auant que de

35. *Conclusion qu'il faut degrader les Prestres.* les liurer à l'Executeur de haute-Iustice, veu qu'entant qu'ils sont oincts de Dieu, il est prohibé étroitement de mettre la main sur eux en quelque façon que ce soit. Mais estans degradez, cette prohibition cesse, veu que l'onction leur est ostée & essuyée, & c'est l'Eglise mesme, qui lors les rend au bras seculier, pour estre traitez selon les Loix, comme personnes du commun: n'estant au surplus raisonnable, que pour auoir esté dediez à Dieu, ils soient exempts des Loix du monde, & qu'il leur soit permis de mal faire sans hazard de peine: pource qu'au contraire il y a apparence, qu'ils doiuent estre plus seuerement punis quand ils faillent, veu que c'est à eux à montrer exemple au peuple.

36. *Deux raisons qui ont empesché la degradation des Prestres.* C'est pourquoy, afin d'en dire icy franchement mon aduis, ie ne puis que ie ne blasme deux scrupules (afin que ie ne die méchancetez) que quelques Ecclesiastiques, mais plûtost mondains, ont recherché de trop loin, voulans preparer vn asyle & vne impunité à tout leur Ordre, en rendant la degradation fort difficile, mesme presque impossible: lesquelles ayant esté admises inconsiderement, ont esté cause de faire prendre enfin resolution aux Magistrats seculiers, de negliger & d'obmettre la degradation, plûtost que de laisser les crimes des Prestres impunis.

37. *Nombre d'Euesques requis pour la degradation du Prestre.* La premiere est, que Boniface VIII. (l'Autheur est notable) au chapitre 2. *De pœnis in 6.* decide, que pour executer la degradation, il est requis le nombre d'Euesques definy par les anciens Canons, qu'il a luy-mesme eu honte d'exprimer. C'est à sçauoir douze pour dégrader vn Euesque, six pour dégrader vn Prestre, & trois auec l'Euesque du lieu, pour dégrader vn Diacre: comme il est dit au Canon *Si quis tumidus*, & aux deux suiuans *in quæst. 7.* Dont la raison est renduë au chapitre *Inter corporalia. ext. de translation. Episc. Inter corporalia & spiritualia differentia est: quòd corporalia facilius destruantur quàm construantur; spiritualia verò facilius construantur, quàm destruantur.* Mais, sauf correction, cette raison ne prouue pas qu'il faille plus d'Euesques à dégrader vn Prestre, qu'à le consacrer, contre la regle, *Nihil naturale, &c.* Bien induit-elle, qu'à cause de la durée plus grande des Ordres sacrez, la dégradation ne les extirpe pas tout à fait, comme les Ordres Politiques & non Sacrez, ainsi qu'il sera tantost dit.

38. *Interpretation du Canon.* Si quis tumidus, cum seq. 15 q. 7. Et quant à ces anciens Canons, il faut prendre garde, qu'ils ne parlent nullement de la dégradation des Ecclesiastiques, mais seulement du nombre des Iuges requis à faire leur procez. Voicy leurs termes, *Episcopus audiatur, à 12. Episcopis, Presbyter à sex, Diaconus à tribus, cum proprio Episcopo.* Encore le 3. de ces Canons adjoûte *qui causas ipsorum audiant.* Et d'ailleurs il les faut entendre selon leur temps, pource qu'anciennement l'Estat Ecclesiastique estoit plus Aristocratique que Monarchique: de sorte que les procez, qui tendoient à la déposition des Prestres, ou des Euesques, ne pouuoient du commencement estre vuidez qu'aux Conciles, ou Synodes, comme dit le Canon du Concile d'Hispale, qui au vieil decret est mis immediatement deuant, & encore repeté apres les trois Canons, dont nous parlons, ainsi qu'à present les corrections notables des Religieux és Congregations reformées, sont reseruées ordinairement aux Chapitres d'icelles.

39. *De mesme.* Mais pource qu'à succession de temps il se trouua des fautes si frequentes à corriger parmy le Clergé, qu'on ne pouuoit commodément attendre le Synode, il fut arresté au Concile second de Carthage, dont est pris l'vn de ces trois Canons, que *si fuerit nimia necessitas, nec plures Episcopi congregari possent,* les Clercs seroient iugez par ce nombre d'Euesques cy-dessus declaré, *ne in crimine manerent.*

40. *Ancienne Iustice Ecclesiastique.* Aussi la Iustice Ecclesiastique n'estoit pas lors établie en Cour & Iurisdiction ordinaire, mais anciennement les Euesques n'auoient que la simple correction des mœurs sur ceux de leur Ordre, & la punition des crimes Ecclesiastiques seulement, étans les autres delicts laissez à la Iustice seculiere, ainsi que i'ay dit au penultiéme chapitre du Liure *Des Seigneuries.* Mais depuis que le regime de l'Eglise a esté étably en forme Monarchique, & la Iustice d'icelle reduite en Cour ordinaire, ayant ses Iuges certains, & ses degrez d'appellations bien reglez, comme la Iustice seculiere, c'est sans doute qu'vn simple Official peut condamner le plus habile Prestre de son Diocese, à estre deposé, ou dégradé de son Ordre. Mais quant aux Euesques, ils ont maintenu cette franchise, de ne pouuoir estre iugez que par le S. Siege. Et voilà comment ces anciens Canons ne font à propos de la dégradation.

41. *A present vn seul Euesque peut degrader & mesme son Vicaire general* in spiritualibus. Partant il faut tenir pour certain, que comme vn simple Euesque peut consacrer vn Prestre, aussi qu'il le peut dégrader, & ainsi s'obserue en l'vsage, nonobstant la decretale de Boniface VIII. dont il ne faut nullement douter; attendu que le Concile de Trente, *sess. 13. Decreto de reform. cap. 4.* decide, que non seulement vn Euesque, mais encore son Vicaire general *in spiritualibus,* peut faire la dégradation d'vn Prestre, appelant toutefois six Abbez, si ce nombre se peut trouuer en la Ville, sinon six notables personnages constituez en dignité Ecclesiastique.

42. *Que pour degrader le Pre-* L'autre scrupule est, que quand vn Ecclesiastique a esté condamné à mort par le Iuge Laïque pour vn cas priuilegié, il y a des Euesques qui font difficulté de le dégrader, sans

luy faire de nouueau son procez, disans que toute déposition, & à plus forte raison, toute dé- *stre condamné, ne faut entrer de nouueau en connoissance de cause.*
gradation d'vn Prestre se doit faire auec connoissance de cause, & que le Iuge Laïque n'a pû
rien ordonner touchant le Sacrement de son Ordre : & ainsi quand on penseroit auoir Iustice
d'vn Prestre, ce seroit à recommencer; & si on permettoit cela, la Iustice Ecclesiastique seroit vn nouueau ressort, apres le dernier ressort de la Iustice-laye, & l'Euesque, ou son Official controlleroit les Arrests d'vn Parlement.

Or il est bien vray, que toute déposition & dégradation doit estre faite auec connoissan- 43. *De mesme.*
ce de cause : mais est-ce pas connoissance de cause, quand vn Parlement y a passé? & de
dire qu'il n'a rien pû ordonner touchant l'Ordre du Prestre, aussi n'en prononce-t'il rien,
mais seulement il condamne le Prestre à mort, l'ayant declaré conuaincu du cas capital.
Et quand l'Euesque le dégrade auant l'execution de l'Arrest, ce n'est pas pour obeïr au Iuge
Laïque, mais c'est de peur qu'en faisant passer vn Prestre par les mains du bourreau, il soit
fait injure à l'Ordre. De sorte que si l'Euesque fait refus de le dégrader, il fait refus d'empescher l'injure de l'Ordre : car il faut tousiours que le condamné soit executé, soit qu'il
soit dégradé, ou sans dégradation : & en ce dernier cas le Iuge Laïque le délie de son Ordre,
de la mesme sorte qu'Alexandre défit le nœud Gordien, qu'il coupa, voyant qu'il ne le pouuoit délier.

Mais quand ainsi seroit, qu'vn Prestre ne pourroit estre executé à mort sans dégradation 44. *De mesme encore.*
precedente, est-il pas raisonnable, que ces deux Iustices, mesme ces deux puissances du monde, l'Ecclesiastique & la seculiere, s'aydent mutuellement? Voit-on pas que le Iuge Laïque
ne dénie point à l'Ecclesiastique d'executer ses Sentences par prise de corps & de biens, sans
entrer en nouuelle connoissance de cause, & sans iuger *bis in idipsum*, quand par maniere
de commission rogatoire, le Iuge d'Eglise vient à implorer le bras seculier? De mesme donc
l'Eglise doit faciliter l'execution des Sentences des Iuges temporels, considerant que, comme dit *Optatus Mileuitanus*, l'Eglise est dans le Royaume, & non le Royaume en l'Eglise : &
attendu que c'est vne regle de droict & de pratique, & mesme du droict des gens, que le Iuge,
auquel on s'adresse pour l'execution d'vne Sentence, *non debet de iure sententiæ cognoscere, quæ
alioquin lusoria esset*, principalement si elle est donnée contradictoirement, dit la Loy, *leg.
Si Pr tor. D. De iudic.*

De fait, le seul passage de nostre droict, qui défend d'executer les Prestres sans dégrada- 45. *Que la Nouelle qui a introduit la dégradation, doit estre ainsi entendue.*
tion, qui est celuy cy-dessus allegué de la Nouelle 83. presuppose apertement que cette dé-
gradation se fasse sans nouuelle connoissance de cause. Car Iustinian decidant en la mesme
periode, par qui les Ecclesiastiques deuoient estre iugez, ordonne qu'és delicts ordinaires
ils seront iugez par les Iuges ordinaires, à sçauoir les Presidens des Prouinces, à la charge toutefois (dit-il comme en passant) qu'ils ne seront executez à mort, auant qu'estre dé-
gradez par l'Euesque : mais qu'és delicts Ecclesiastiques, ils seront iugez par les Euesques &
leur Conseil, sans que les vns, dit-il, entreprennent sur les autres.

Et neantmoins les Ecclesiastiques, croyans fonder en l'antiquité, que le Magistrat secu- 46. Curiæ tradere quid.
lier ne peut iuger les Prestres, qu'ils n'ayent esté renuoyez par l'Euesque à la Cour seculiere, ont corrompu ce beau terme *Curiæ tradere*, qui se lit souuent en nos Liures de Droict :
disant qu'à l'instant que les Euesques ont dégradé vn Prestre, *eum Curiæ seculari tradunt pu-
niendum.* Ce qui est expliqué au chapitre *Nouimus* (fait exprés) *ext. de verb. signif.* & auoit
esté auparauant ainsi entendu par Gratian au chapitre *Sicut. 1. quæst. 1.* qui est vn erreur signalé, lequel merite bien d'estre découuert en passant.

Il a esté dit au dernier Liure des Offices, en traitant des Officiers des Villes, que la con- 47. Curialis conditio tandem fuit pœnæ genus.
dition des Decurions, ou Curiaux des Villes de l'Empire Romain deuint si onereuse, qu'el-
le étoit fuye & éuitée d'vn chacun, mesme qu'enfin elle fut imposée pour peine, comme il se
void en la Loy *Qui intra. De priuileg. eorum qui in sac. Palat. milit. Cod. Theod. & leg. 1. De cursu
publ. eod. Cod.* & plusieurs autres Loix. Ce qui fut par aprés prohibé par Valentinian, *leg. In
Ordinib. De Decur. eod. Cod.* Et il semble que cette prohibition fut restrainte depuis par Gratian *ad solos Officiales, id est apparitores Præsidum, leg. Neque Officialium. De Decur. Cod. Iustin.*
ainsi que Cujas l'interprete. Ces prohibitions fondées sur ce qu'il n'étoit raisonnable, disent
ces Loix, que l'Ordre de Decurion, qui étoit honorable, fût donnée pour peine, & qu'vn
homme fût mis en cét Ordre pour vn sujet, qui l'en eût deub faire chasser.

Mais croissant tousiours la difficulté de trouuer des Decurions, en sorte qu'il y failoit 48. Curiales tandem fuere alii à Decurionibus.
mettre des hommes par contrainte, on trouua vn expedient, pour continuër à les mettre
pour peine, & neantmoins ne point contreuenir à la raison de ces Loix, qui fut d'obseruer,
que ceux qui y seroient mis pour peine, auroient les charges & incommoditez du Decurio-
nat, mais non pas les honneurs & commoditez : ce que Callistrate trouue compatible en la 49. Clerici curiis traditi.
Loy *Relegatorum. §. Solet. De interd. & Relig.* & pareillement la Loy vnique *De infamibus. lib.
10. Cod.* laquelle chose Iustinian ordonna pour le regard des Iuifs, Samaritains, & Heretiques
par sa Nouelle 45.

De mesme l'Empereur Arcadius ordonna, que quiconque seroit chassé du Clergé, fût

50. Curiales alij à collegiatis. incontinent pris pour estre Curial, ou Collegiat, c'est à dire, du nombre de ceux, qui en chacune Cité estoient choisis entre les artisans, pour seruir aux necessitez de la ville, qui estoit vne condition penible & honteuse. *Quemcumque Clericum indignum Officio suo Episcopus judicauerit, & ab Ecclesiæ ministerio segregauerit, aut si quis professus sacræ religionis sponte dereliquerit, continuo sibi eum Curia vindicet: & pro hominum qualitate, & quantitate patrimonij, vel*

51. Iterum de clericis Curiæ traditis. *Collegio ciuitatis adjungatur.* Ce qui monstre en passant, qu'vn docte moderne s'est trompé, confondant *Curiæ deditum cum Collegiato*: dont la difference est encore mieux éclaircie en la Nouelle de Martianus *De Curialibus*, & le mot *Collegiatus* est expliqué par Monsieur Brisson en son Dictionnaire.

52. *Interpretation de plusieurs Canons.* Il y a encore plusieurs passages dans les anciens Autheurs, pour montrer que cette Coustume continua, que les Ecclesiastiques chassez de l'Eglise, *Curiæ ciuitatum tradebantur.* Comme dedans S. Ambroise, *Epist. 29. Ad Theodosium*, dans Ammian Marcellin Liure 22. dans Sozomene, Liure 6. chapitre 7. dans Nicephore, Liure 10. chapitre 13. dans Theodoret, Liure premier, chapitre 9. & Liure 7. chapitre 7. Dont la raison est renduë en la Nouelle 5. chapitre 6. *Vt qui sacrum ministerium deseruit, tribunalis terreni obseruet seruitium*: & en la Nouelle 123. chapitre 29. il est dit, que le Prestre marié, ou concubinaire *amoueri debet de clero secundum antiquos Canones, & Curiæ ciuitatis, cujus est clericus, tradi.*

Or les anciens Canons, dont cette Nouelle entend parler, peuuent estre ceux qui sont rapportez par Gratian 3. *quæst. 4. Can. Clericus. 11. quæst. Can. Si quis Sacerdotum, & Can. statuimus*, où il est dit, que le Clerc, qui ne veut pas obeïr à son Euesque, *deponi debet à clero, & curiæ seculari tradi seruiturus, vt ei per omnem vitam seruiat*: Ce que les Canonistes ont corrompu, & dedans les Decretales, & au style de leurs Sentences, y mettant *puniendus* au lieu de *seruiturus*: mais en outre ils se sont trompez en l'équiuoque du mot de *Cour*, qui signifie maintenant Iurisdiction, & anciennement signifioit le Conseil ou Senat des Villes de l'Empire Romain, comme i'ay dit ailleurs.

53. *Pourquoy le Clerc est renuoyé à la Cour seculiere.* Aussi aujourd'huy on ne degrade iamais vn Ecclesiastique, qu'il n'ait commis vn crime capital, mesme qu'en outre il ne soit tenu pour incorrigible, estant la plus grande peine, que l'Eglise puisse infliger, que la degradation, *capit. Cum non ab homine. ext. De judiciis.* C'est pourquoy l'Eglise, *quæ Sententiam sanguinis ferre non potest*, renuoye à la Iurisdiction seculiere le Clerc qui a commis crime capital, pour y estre puny, la priant neantmoins (selon sa douceur & bonté, & aussi pour éuiter l'irregularité, si elle destinoit à la peine de sang) qu'elle le traite doucement, & ne le punisse à la rigueur, *capite Nouit. De verb. signif.*

54. *Effet de l'ancienne tradition* curiæ sæculari. Mais anciennement le Clerc estoit deposé pour beaucoup moindres causes, à sçauoir, pour simple inobedience, *dd. Can. Si tumidus, & Si quis Sacerdotum, & Statuimus.* C'est pourquoy il ne luy écheoit par apres autre peine, sinon qu'au moyen des Ordonnances d'Arcadius & de Iustinian, incontinent qu'il estoit chassé de l'Eglise, il estoit vendiqué pour estre curial, mais ce n'estoit pas qu'il fust renuoyé deuant les Iuges seculiers, pour estre derechef iugé & puny.

55. *Forme & ceremonie de la degradation.* Pour donc acheuer d'expliquer la forme & les ceremonies de la degradation des Prestres, il ne faut que transcrire icy le chapitre 2. *De pœnis, in 6. Clericus degradandus, vestibus sacris indutus, in manibus habens librum, vas, vel aliud instrumentum seu ornamentum ad Ordinem suum spectans, ac si deberet in Officio suo solemniter ministrare, ad Episcopi præsentiam adducatur: cui Episcopus publicè singula, siue sint vestes, calix, siue liber, quæ illi, iuxta morem Clericorum ordinandorum, in sua ordinatione ab Episcopo fuerint tradita, seu collata singulariter auferat, ab illo vestimento, seu ornamento, quod vltimo datum fuerit, inchoando, & descendendo gradatim, degradationem continuet, vsque ad primam vestem, quæ datur in collatione tonsuræ: tuncque radatur caput illius, seu tondeatur, ne tonsuræ vestigium remaneat in eodem. Poterit autem Episcopus in degradatione hujusmodi, vti verbis aliquibus ad terrorem illius oppositis, quæ in collatione Ordinum sunt prolata, dicendo, &c.*

56. *Forme de la degradation des Vestales Romaines.* Telle estoit à peu prés la ceremonie de la degradation des Vestales Romaines, que rapportent Plutarque *in Numa, & Alex. ab Alexandro, lib. 5. cap. 12.* à sçauoir que la Vestale condamnée, estant au lieu du supplice, auquel elle estoit menée dans vn cercueil à face découuerte, on luy ostoit les bandeaux sacrez, puis le Pontife, ayant les mains leuées au Ciel, prononçoit certaines prieres solemnelles, luy couuroit la teste, & la faisoit porter à l'entrée de l'échelle, qui estoit posée pour la deualer en la fosse preparée, & enfin l'ayant mise dans icelle, le dos tourné, on retiroit l'échelle, & ainsi on l'enterroit toute viue.

57. *Forme de l'exauguration des Prestres Payens.* La ceremonie estoit presque semblable en l'exauguration des Prestres Romains, pendant le Paganisme, témoin ce que dit *Capitolinus in Antonio Philosopho*, qu'estant Pontife, auant qu'estre Empereur, *multos inaugurauerat & exaugurauerat, nemine præeunte quod ipse carmina cuncta didicisset*, appelant *carmen*, *solemnem illam precationis formulam, quæ à Pontifice pronunciabatur, aliquo descripto præeunte, ne quid verborum prætereatur, aut præposterum diceretur*, dit Pline, *libri 28. cap. 2.*

58. *Des effets de la priuation des Ordres.* Finalement pour entendre les effets de la priuation des Ordres Ecclesiastiques, il faut distinguer les trois sortes de priuation, à sçauoir la suspension, la deposition, & la degrada-

tion, & trancher briefuement & resolument les effets de chacune d'icelle, selon la plus commune opinion des Theologiens, sans s'amuser à rapporter les diuersitez d'opinions.

59 Effets de la suspensio.

La suspension n'est point perpetuelle de sa nature, quand mesme elle seroit faite sans expression de temps : pource qu'en ce mesme cas, il y a tousiours esperance de la faire clorre, & leuer par droict commun, & sans dispense. Et est à noter, qu'elle defend à l'Ecclesiastique, de faire la fonction dont il est suspendu, sur peine d'irregularité. Mais il faut exactement considerer ses termes, pource qu'il y en a de plusieurs sortes, à sçauoir la suspension de l'Ordre, qui defend l'execution de l'Ordre seulement, & non de l'Office, ny du Benefice ; encore si elle est limitée à certain Ordre elle n'a lieu pour les moindres, mais bien pour les plus grands : Par exemple, l'Euesque suspendu de l'Ordre Episcopal peut dire la Messe, mesme auec ornemens Pontificaux, pource qu'ils regardent la dignité, & non pas l'Ordre : il peut aussi exercer sa Iurisdiction, & toute autre administration temporelle de son Euesché, pource qu'il n'est pas suspendu de l'Office & Benefice : mais au contraire, l'Euesque suspendu de l'Office de Prestrise, ne peut pas conferer les Ordres, ny faire tout ce qui est de l'Ordre Episcopal, pource qu'il faut auoir l'Ordre de Prestre libre, pour exercer celuy d'Euesque.

60 Suspension de l'Ordre Ecclesiastique.

61 Suspension de l'Office.

Mais la suspension de l'Office, qu'on appelle autrement suspension *à diuinis*, comprend tant l'Office de l'Ordre, que celuy du Benefice, ou charge Ecclesiastique, & encore quelquefois elle comprend le Benefice mesme, c'est à dire l'administration du reuenu Ecclesiastique, comme quand elle est reconnuë pour crime. Que si elle est ordonnée, ou pour delict leger, ou pour simple contumace, ou qu'elle soit énoncée auec ce terme restrictif (*seulement*) elle ne comprend pas l'administration du Benefice, au contraire la suspension du Benefice ne concerne que l'administration du reuenu temporel d'iceluy, & non pas de l'Office, ou administration du spirituel, qui n'est pas accessoire au temporel, mais au rebours, c'est le temporel qui est accessoire au spirituel, & le Benefice à l'Office.

62 Suspension du Benefice.

63 Effets de la deposition ou degradation verbale.

Quant à la deposition, *quæ dicitur verbalis degradatio*, elle est perpetuelle de sa nature, & sans esperance de rétablissement, au moins de droict commun & sans dispense, laquelle toutefois l'Euesque peut donner quant à l'Ordre. Car quant au Benefice, il vaque *ipso iure* par la déposition, & est perdu absolument, sans attendre la degradation, qui ne concerne que la dignité de l'Ordre Ecclesiastique. Et n'est gueres recuperé, pource qu'il n'échet pas souuent, qu'il n'y soit pourueu, auparauant le rétablissement ou dispense du deposé : & encore en tout cas, faut qu'il obtienne nouuelle prouision, pource que la premiere cesse par la deposition. Mais comme l'Ordre est plus inherent à la personne, que l'Office & Benefice, la simple deposition ne priue pas de l'Ordre ny de tout ce qui en depend, mais seulement de l'execution d'iceluy, de sorte que le Prestre deposé, retient & la Dignité, c'est à sçauoir le rang & le titre de Prestre, & les priuileges, *fori scilicet & Canonis*, mais sur tout il n'y a nul doute, qu'il ne retienne le caractere de Prestrise.

64 Effets de la degradation actuelle.

Finalement la degradation actuelle & solemnelle, selon la plus commune opinion des Theologiens & des Canonistes, n'oste pas l'Ordre tout à fait, à cause qu'il est graué & imprimé iusques dans l'ame, & à cause que les choses sacrées sont eternelles & incorruptibles de leur nature : pour donc sçauoir quel effet elle a, il faut distinguer deux diuerses parties en l'Ordre sacré. L'vne externe, qui est la dignité & les priuileges qui en dependent : l'autre interne, qui est le caractere de la consecration. Quant à la dignité & priuileges, c'est sans doute, que la degradation les oste, de sorte que le Prestre degradé ne se peut plus qualifier Prestre, ny tenir rang de prestre, & n'est plus de la Iurisdiction Ecclesiastique, & qui le frappe n'est point excommunié.

65 Deux parties de l'Ordre sacré, à sçauoir la dignité & le caractere.

66 Du caractere de l'Ordre Ecclesiastique.

Mais quant au caractere imprimé en la consecration, il ne peut estre effacé, *neque ex parte potentiæ*, pource qu'il est sacré, & partant immuable & incorruptible, *neque ex parte subiecti*, pource qu'il est imprimé à l'ame, qui est immortelle & impenetrable. De sorte qu'il n'y a nul doute, que le Prestre degradé ne puisse efficacement & réellement consacrer, *quin conficiat verum Corpus CHRISTI*, qui est la resolution de saint Thomas *in 3. p. quæst.* 83. *articul.* 8.

SOMMAIRE DV DIXIESME CHAPITRE.

1 *Quelles sont les simples dignitez.*
2 *Dignitez honoraires.*
3 *Epithetes de dignitez honoraires.*
4 *Des dignitez honoraires.*
5 *Senateurs honoraires.*
6 *Cheualiers honoraires.*
7 *Citoyens honoraires de quatre sortes.*
8 *Vrays & parfaits Citoyens.*
9 *Citoyens de droict.*
10 *Droict des vrays Citoyens Romains.*
11 Municipes.
12 *Citoyens honoraires.*
13 *Leurs droicts.*
14 *Explication d'vn passage* d'A. Gelle.
15 Cerites.
16 Ciuitas cum suffragio, vel sine.
17 *Citoyens imparfaits.*
18 *Ordres Romains abolis sous les Empereurs.*
19 *Senateurs comment abolis.*
20 *Et les Cheualiers.*
21 *Et les Citoyens.*
22 *Des Patriciens.*
23 *Ceux de l'Estat populaire.*
24 *Inuention des Patriciens par Constantin.*
25 *D'où dits.*
26 *Titre de Patricien enuoyé au Roy Clouis.*
27 *A qui estoit octroyé.*
28 *Rang des Consuls & Patriciens.*
29 *Conciliation de plusieurs loix & passages.*
30 *Des Patriciens de Gaule.*
31 *Patriciens commandoient Souuerainement en Italie.*
32 *Que nos Pairs ne viennent des Patrices.*
33 *Des Comtes Romains.*
34 *D'où dits.*
35 *Trois degrez de Comtes.*
36 *Comtes, chefs d'Office chez l'Empereur.*
37 *Comte signifiant intendant.*
38 Comites consistoriani.
39 *Comtes par gratification de l'Empereur.*
40 *Comtes Gouuerneurs des Prouinces.*
41 *Comtes apres certain temps de seruice.*
42 Comites vacantes.
43 *Comtes du second rang.*
44 *Comtes du troisiéme rang.*
45 *Des Offices honoraires.*
46 *Consuls honoraires de plusieurs sortes.*
47 Suffecti, seu minores Consules.
48 *Consul d'vn iour.*
49 *Grands Consuls, ou Consuls ordinaires.*
50 *Pourquoy il se trouue des Consuls dénommez en nos loix, qui ne sont point dans les Fastes Consulaires.*
51 *Consuls honoraires, ou imaginaires.*
52 *Femmes Consulaires.*
53 Consulares, Consularitas.
54 Consularis *signifie trois choses.*
55 Consularis *signifiant les Gouuerneurs des Prouinces.*
56 Ex-consularis.
57 *Origine de cette derniere Consularité.*
58 *Qu'elle abolit enfin les autres.*
59 *Explication de plusieurs loix.*
60 *Dignité honoraire de ceux qui auoient exercé les Offices.*
61 *Autres dignitez honoraires de trois, ou quatre sortes.*
62 Administratores.
63 Vacantes, Allecti, Ascripti, seu Ascriptitij.
64 Honorarij, imaginarij, seu codicillares.
65 Supernumerarij.
66 Canonici sub expectatione præbendæ.
67 *Des Epithetes.*
68 Super-illustres.
69 *Changement d'Epithetes.*
70 *Autres sortes d'Epithetes, ou classes de dignitez.*
71 Præfectoria dignitas.
72 Proconsularis dignitas.
73 Vicariatus dignitas.
74 Exconsularium dignitas.
75 Equestris dignitas.
76 Perfectissimatus dignitas.
77 *Difficulté de particulariser le rang de toutes ces dignitez.*
78 *Rang des Officiers exerçans auec les simples dignitez.*
79 *Rang des anciens Offiiers.*
80 *De mesme encore.*
81 *Rang des dignitez honoraires.*

DES SIMPLES DIGNITEZ DE ROME.

CHAPITRE X.

1 Quelles sont simples Dignitez. I'APPELLE Simples Dignitez tous les titres & qualitez, dont on se peut titrer & qualifier par honneur seulement, sans qu'en effet elles soient vrays Ordres, Offices, ou Seigneuries.

2 Dignitez honoraires. Or il y en a de deux sortes, sçauoir est les Dignitez honoraires, qui sont simples titres d'Ordres, Offices ou Seigneuries honoraires, *& titulo tenus*, au surplus sans effet, ny exercice, ny verité: & les Epithetes d'honneur, c'est à dire, les qualitez honorables attribuées à chacune Dignité, soit ordre, ou Office, ou Seigneurie

Et il y a cette difference entre les vns & les autres, que la Dignité honoraire est vn nom substantif attribué à la personne immediatement, & à cause d'elle-mesme : & l'Epithete est vn nom adiectif, qui luy est attribué mediatement, & à cause de quelque vraye Dignité d'Ordre, ou de Seigneurie. *3. Epithetes de dignitez.*

Commençons selon nostre coustume par celles des Romains, parlons premierement de leurs Dignitez honoraires, puis de leurs Epithetes. Car comme ils n'auoient que deux sortes de Dignitez, à sçauoir les Ordres & les Offices, n'ayans point eu l'vsage des Seigneuries, c'est la verité qu'ils auoient plusieurs Ordres, & sur tout plusieurs Offices honoraires & imaginaires. *4. Des dignitez honoraires.*

Quant aux Ordres, ils auoient premierement les Senateurs imaginaires, à sçauoir tous ceux qui auoient exercé les grands Offices, appelez *Magistratus Curules, seu Magistratus Pop. Romani*, qui desormais auoient entrée & voix au Senat, & auoient aussi les ornemens Senatoires, de sorte qu'il ne leur restoit plus rien que le nom de Senateurs. Car ils ne pouuoient estre vray Senateurs, iusqu'à ce qu'ils eussent esté enroollez par les Censeurs, Consuls, ou Empereurs, comme il a esté dit au deuxiéme chapitre de ce Liure. *5. Senateurs honoraires.*

Ils auoient aussi des Cheualiers honoraires, à sçauoir ceux qui ne pouuans estre vrays Cheualiers, pour n'auoir, ou les moyens, ou l'ingenuité requise, obtenoient le droict d'Anneaux d'or de l'Empereur, qui estoit l'ornement & marque publiques des Cheualiers, & par ce moyen auoient rang auec les vrays Cheualiers & droict de seoir dans le Theatre aux quatorze degrez par eux affectez, comme il a esté dit au mesme chapitre: mais il faut obseruer, que ces deux especes de dignitez honoraires (s'il les faut ainsi appeler) estoient tout au rebours des autres : car elles auoient l'effet de la dignité, & non le titre, au lieu que communément les Dignitez honoraires ont seulement le titre, & non l'effet. *6. Cheualiers honoraires.*

Ils auoient pareillement des Citoyens honoraires de plusieurs sortes. Car bien que nul ne puisse estre vray & parfait Citoyen d'vne ville, s'il n'est actuellement resident & habitué en icelle, neantmoins les Romains, ingenieux à accroistre leur puissance, & quand & quand l'honneur de leur ville, trouuerent l'inuention de donner les droits & priuileges de Citoyen Romain à ceux qui demeuroient hors Rome, mesme és pays bien éloignez. Comme donc Aristote dit, qu'il peut y auoir plusieurs degrez de Citoyens, aussi remarquons-nous en l'Histoire Romaine quatre sortes, ou degrez de Citoyens Romains, à chacun desquels, pour plus facile distinction (car il faut que ie dise, que cecy est du plus obscur de l'antiquité Romaine) ie bailleray vn nom particulier de mon inuention: appelant les vns vrays & parfaits Citoyens, les autres Citoyens de droict seulement, les troisiémes Citoyens d'honneur seulement, les quatriémes Citoyens imparfaits. *7. Citoyens honoraires de quatre sortes.*

Les vrays & parfaits Citoyens, qui *optima lege ciues à Romanis dicebantur*, estoient les ingenus habitans de Rome & du territoire circonuoisin, *qui propriè Quirites vocabantur, iique & domicilium & tribum & honorum potestatem habebant*, qui estoient les trois choses, la concurrence desquelles faisoit le vray Citoyen. Le domicile le discernoit d'auec les Citoyens de droict. La tribu, ou Parroisse, d'auec les Citoyens d'honneur. Et la capacité des honneurs, d'auec les Citoyens imparfaits. *8. Vrays & parfaits Citoyens.*

Les Citoyens de droict estoient ceux qui demeuroient *extra agrum Romanum*, hors le territoire particulier de la ville de Rome : & auoient neantmoins le nom & les droicts de Citoyens Romains, soit que particulierement *ciuitate donati essent*, soit qu'ils fussent demeurans *in iis municipiis aut coloniis, quæ ius ciuitatis Rom. consecutæ erant.* Et ceux-là *habebant tribum & honorum potestatem (nempe in vna ex triginta quinque populi Rom. tribubus censebantur) & omnia iura Romanæ ciuitatis, nimirum Imperij, libertatis, connubiorum, patriæ potestatis, hæreditatum, mancipij, vsucapionis, testamentorum, tutelarum legitimarum, militiæ, &c.* horsmis qu'ils n'auoient pas ceux qui dépendoient particulierement du domicile de Rome, dont voicy les principaux, *nimirum iura sacrorum, ludorum, festorum, suffragiorum curiatorum, & fori. Sacra siquidem, ludi, festa, ac suffragia curiata curias spectabant & sequebantur. Curiæ autem erant tantum in agro Rom. commorantium. Priuilegium quoque fori, maximè in ciuilibus negotiis non habebant, nisi Romæ degebant.* Ce qui meriteroit bien vn Traité à part, s'il n'auoit esté expliqué tres-doctement par *Sigon. lib. 1. De antiq. iure ciuium Rom.* Il est vray que ces Citoyens de droict pouuoient venir demeurer dans Rome quand ils vouloient, & lors ils iouyssoient de tous ces derniers droicts & priuileges : mais tandis qu'ils demeuroient *in municipiis, dicebantur propriè Municipes, non Ciues Romani*, & on disoit d'eux, qu'ils auoient deux pays, l'vn de nature, l'autre de droict, comme dit Ciceron *lib. de legib. Ego municipibus duas esse censeo patrias, vnam naturæ, alteram iuris.* *9. Citoyens de droict.* *10. Droicts des vrays Citoyens Romains.* *11. Municipes.*

Les Citoyens honoraires estoient ceux des Villes libres, qui s'estoient volontairement iointes à l'Estat Romain quant à la reconnoissance de sa Souuaineté seulement, & non quant à la Cité, ayans voulu auoir leur Cité à part, c'est à dire, leurs Loix particulieres, leurs Officiers d'eux-mesmes, & aussi leur liberté : *non enim facti erant fundi populi Romani.* Bref, ils s'estoient ioints, & non pas vnis tout à fait à l'Estat de Rome : aussi estoient-ils *12. Citoyens honoraires.*

13. *Leurs droicts.* Citoyens Romains par honneur seulement. Mais n'estans pas vrays Citoyens, ny Citoyens
de droict, *tribum non habebant*, ny par consequent tout ce qui en dépendoit, comme le suf.
frage, & l'aptitude aux Magistrats de Rome, ny particulierement *iura Quiritium, nimirum
imperij, patriæ potestatis, legitimi dominij, hereditatum, vsucapionum, tutelarum:* Mais auoient seu.
lement le droict de liberté, qui estoit de ne reconnoistre autre Souueraineté que le peu.
ple Romain, la communication des mariages & des testamens auec les vrays Citoyens Ro.
mains, & sur tout celuy de Milice, estans enroollez dans les Legions, non parmy les troupes
auxiliaires & de secours, ce qui estoit beaucoup estimé: & de cette espece de Citoyens Ro.
14. *Explication d'vn passage d'A. Gelle.* mains faut entendre le chapitre 13. du Liure 16. d'A. Gelle, où il est dit, que *muneris tantum
cum pop. honorarij participes erant, à quo munere capessendo appellati videntur.* Ce que Sigonius in.
terprete, *eos Magistratus Romanos non cepisse, sed munus tantum honorarium obiisse, id est, honoris
causâ in legione stipendia fecisse vt ciues, non vt socios, in auxiliis.*

15. *Cerites.* Et de fait A. Gelle continuant son discours dit, que les Cerites furent les premiers faits
Citoyens de cette sorte, *pro sacris Romanis bello Gallico receptis, custoditisque:* desquels parlant
Strabon, dit qu'ils estoient Citoyens Romains de nom & non pas de fait, ayans leur Repu.
16. *Ciuitas cum suffragio vel sine.* blique separée de celle des Romains. Autant en dit Tite-Liue, *de Campanis equitibus, quibus, quòd cum Latiis rebellare noluissent, honoris causâ ciuitas sine suffragio data est.* Et ce droict de
suffrage estoit ce qui faisoit la principale difference entre les Citoyens de droict & ceux
d'honneur. Car les vns & les autres estoient appelez *municipes:* les vns *municipes cum iure
suffragij*, les autres *sine iure suffragij*, comme l'explique amplement Sigonius, *lib. de antiq.
iure Italiæ. cap. 7.*

17. *Citoyens imparfaits.* Finalement les Citoyens imparfaits c'estoient les affranchis, *qui licet ciues Romani essent,
& domicilium ac tribum Romæ haberent, tamen Honorum potestatem non habebant*, n'estans capables,
ny d'élire, ny d'estre éleus aux Magistrats, comme il a esté dit au chapitre 2. Encore sous les
Empereurs la plûpart des affranchis n'auoient pas *tribum, licet haberent domicilium*, ayans seulement *ius Latinitatis, ex lege Ælia Sentia, & lege Iulia Norbana*, comme il a esté dit au premier chapitre du premier Liure *Des Offices*.

18. *Ordres Romains abolis sous les Empereurs.* Voilà à peu prés les Ordres honoraires, que les Romains auoient en l'Estat populaire:
mais sous les Empereurs tous ces Ordres furent confondus, & enfin du tout abolis. Car en
premier lieu, l'authorité ordinaire des Senateurs leur fut ostée, pource que les derniers
Empereurs voulurent auoir leur Conseil à leur choix & à leur suite, mesme qu'enfin la condition des Senateurs deuint onereuse, aussi-bien que celle des Decurions, comme il a esté
19. *Senateurs comment abolis.* dit au chapitre premier. Les Cheualiers ne furent plus reconnus, n'ayans desormais aucune fonction, & n'y ayant plus de Censeurs pour les choisir, & sur tout n'y ayant plus que les
affranchis qui fussent de cét Ordre, par le moyen du droict d'anneaux d'or, qui leur estoit
20. *Et les Cheualiers.* trop facilement donné par les Empereurs. Bref, cette difference des quatre sortes de Citoyens Romains, mesme des Citoyens Romains en general, auec les autres Sujets de l'Em-
21. *Et les Citoyens.* pire, fut entierement abolie, par l'Edict de l'Empereur *Antoninus Pius*, rapporté en la Loy *In
orbe. D. de statu hom.* qui fit Citoyens Romains tous les Sujets de l'Empire.

22. *Des Patriciens.* Lors donc que la dignité des Senateurs fut fort abaissée, on inuenta vn Ordre au dessus
d'icelle pour contenter l'ambition des principaux Courtisans de l'Empereur, à sçauoir
l'Ordre des Patriciens, qui estoit tout autre chose sous les Empereurs, qu'en l'Estat popu-
23. *Ceux de l'Estat populaire.* laire. Car en l'Estat populaire les Patriciens estoient les descendus des cent, ou selon aucuns, des deux cent premiers Senateurs choisis par Romulus, qu'il appela *Patres:* de sorte
que le Patriciat lors estoit l'ancienne Noblesse.

24. *Inuention des Patriciens par Constantin.* Mais la marque de la connoissance de ces races anciennes estant perduë tout à fait, tant
par si longue suite d'années, que par les grandes mutations qui suruinrent sous les Empe-
reurs, lors notamment que le Siege de l'Empire fut transferé en Grece, Constantin le
Grand fut celuy (dit Zozime Liure 2.) lequel pour remplacer ces anciens Patriciens, inuenta les nouueaux, qui ne venoient plus de race, mais de sa seule faueur, & en fit vne dignité si haute & si excellente, qu'elle excedoit toutes les autres dignitez, Theodoric dit
dans Cassiodore *in formula Patriciatus, Vni tantùm cedens fulgori, quem interdum à nobis constat
assumi*, entendant le Consulat,

——*qui portus honorum
Semper erat.*——dit Claudian.

25. *D'où dits.* Et c'est sans doute que ces Patriciens estoient ainsi appelez, non pas comme Peres du
commun, ainsi que Suidas les a définis πατέρας τοῦ κοινοῦ, mais plustost comme peres de
l'Empereur, οὓς Αὐτοκράτωρ ἑαυτοῦ πατέρας πεποίηκε, dit Theophile *tit. de patria potest.* Autant en dit la Loy derniere *De Consul. lib. 12. Cod. de Nou.* & y en a vne belle rencontre dans
Claudian *ad Eutropium Patricium*, où le consolant de sa condamnation & de la confiscation
de ses biens, il luy dit,

*Direptas quid plangis opes, quas natus habebit?
Non aliter poteras Principis esse pater.*

Ce

Ce titre de Patricien, auec les ornemens Consulaires, fut enuoyé au Roy Clouis par 26 *Titre de Patricien enuoyé au Roy Clouis.* l'Empereur Anastase, aprés la defaite des Visigots, & voicy la harangue de ses Ambassadeurs, raportée par Paul Æmile, *Te Augustus Consulem Patriciumque salutat, quâ tituli Maiestate secundum Cæsarem, nullum maius, excelsiusque fastigium. Regium quidem nomen sanctum est, sed tibi cum multis commune: magnitudo verò tua cæteros Reges supergressa, nouam gloriam postulat. Accipe ergo hæc Consulatus insignia, & Patriciatus nomen.*

Et il faut remarquer, que cette dignité Patricienne n'estoit octroyée qu'à ceux qui 27 *A qui estoit octroyé* auoient esté actuellement ou Consuls, ou *Præfecti*, ou *Magistri militum*, qui estoient les trois 28 *Rang des Consuls & Patriciens.* plus grands Offices de l'Empire, tous trois égaux en dignité, *l. 5. Cod. de Consul.* D'où ie tiens infailliblement, que ce titre de Patricien estoit plus haut, que celuy de Consulaire: aussi que cette loy, dit que *sublimis Patriciatus honor cæteris omnibus anteponitur.* Et de fait en la Nouelle 62. il est dit, que les Patriciens doiuent seoir au Senat deuant les Consuls. Ce qui semble contraire aux passages de Cassiodore & de Claudian cy-dessus alleguez, & à la loy vnique *De Consul. Praef. &c. Cod. Theod.* où il est dit, que *Consulatus praeponendus est omnibus fastigijs dignitatum, in omni etiam curia Senatoriæ actu, Sententia, cœtu.* Lesquels passages ont donné sujet au docte President Faber, *lib. 1. Semestr. cap. 2.* de tenir indistinctement, que la dignité Consulaire estoit plus haute, que la Patricienne.

Mais il n'y a rien si aisé que de concilier ces loix & authoritez: car il faut sans doute 29 *Conciliation de plusieurs loix & passages.* distinguer l'Office de Consul d'auec la dignité Consulaire, c'est à dire, le Consul estant en exercice, auec le simple Consulaire. Et dire que le Consul estant en Office & pendant le temps de son exercice precedoit tous les Patriciens: mais ce temps estant passé, & n'estant plus que Consulaire, & en simple dignité & non en Office, il estoit desormais précedé par les Patriciens, desquels la dignité estoit tousiours permanente, dit Cassiodore au mesme lieu: dautant principalement qu'auparauant la Nouelle 62. il falloit auoir esté Consul, ou 30 *Des Patrices de Gaule.* auoir eu vn Office de mesme rang pour estre Patricien, & qu'ainsi deux dignitez jointes ensemble surpassoient celle qui estoit seule, dit cette loy 1. *C. De Consulib.*

Voilà pour ce qui estoit de la dignité Patricienne, à laquelle quelques vns de nos mo- 31 *Patrices cōmandoient souuerainement en Italie.* dernes ont voulu mal à propos referer l'origine de nos Pairies. Car ce que les anciens Liures font mention des Patrices, principalement en Bourgogne & en Languedoc, fut qu'en ces contrées-là, il y eut veritablement des Patrices, tels que ceux de l'Empire de Constantinople: où la coustume fut enfin de donner les Gouuernemens des Prouinces éloignées aux Patrices. Ainsi ce grand Ætius, qui combattit Attile aux champs Catalauniens est appellé le dernier Patrice des Gaules. Iusques-là que ceux mesme, qui pendant les troubles de l'Empire de Grece occuperent l'Italie, & qui ouuertement n'osoient se nommer Empereurs, s'appelloient *Patrices de Rome*, comme Auitus, Majorianus, & autres, jusqu'à Augustule, qui fut chassé par Odoacre Roy des Heruliens. Tant y a que nos François, lors qu'ils occuperent les Gaules, ayans trouué en plusieurs endroits d'icelles cette dignité de Patriciat établie, la continuerent par quelque temps, comme ce fut leur coustume de n'y changer ou innouer les anciens vsages, que le moins qu'ils purent. Ce que Monsieur Pasquier 32 *Que nos Pairs ne viennent des Patrices.* a pleinement traité au second Liure de ses Recherches Chapitres 8. & 9. De l'aduis duquel neantmoins ie ne puis estre, entant qu'il veut deriuer nos Pairs de nos Patrices, mais il me semble auec du Tillet, que l'inuention de nos Pairies est venuë de l'vsage des fiefs, dont ny les Romains, ny ceux de Grece n'eurent jamais connoissance.

Mais le mesme Constantin, qui inuenta les Patrices, ayant transferé l'Empire Romain, 33 *Des Cōtes Romains.* en Grece, nation encore plus vaine & plus ambitieuse que l'Italienne, se voulant, à cette resolution, accommoder à l'humeur de ce nouueau païs, inuenta encore la dignité de Comte, dont il honora ceux qui l'auoient accompagné à ce changement de contrée: & dont à succession de temps furent communément honorez les Courtisans, ou principaux de la suite des Empereurs, comme aussi le mot de *Comites* estant referé à l'Empereur, signifie pro- 34 *D'où dits.* prement ceux de sa suite & compagnie, que nous appelons *Courtisans*, à cause que nous appellons la compagnie du Prince la Cour, que les Latins disent *Comitatum Principis.*

Et pource qu'en la Maison & suite de l'Empereur, il y auoit des personnes de diuers me- 35 *Trois degrez de Comtes.* rites & qualitez, les Comtes ou Courtisans furent distribuez en trois rangs ou ordres, estans appellez *Comites primi, secundi, tertij Ordinis* Κομίτων (dit Eusebe en la vie de Constantin) οἱ μὲν πρώτου τάγματος ἠξιοῦντο, οἱ δὲ δευτέρου, οἱ δὲ τρίτου. Et toutefois il faut obseruer, qu'ordinairement le titre de *Comte* enoncé simplement signifie par excellence les Côtes du 1. rang.

Ceux-cy estoient entr'autres les Chefs d'Office de la Maison de l'Empereur, appellez 36 *Comtes chefs d'Offices chez l'Empereur.* *Præpositi, seu Tribuni scholarum.* (Car comme il a esté dit cy-deuant, les compagnies ou bandes des menus Officiers domestiques de l'Empereur estoient nommées *Scholæ.*) Et quelques-vns de ces Chefs d'Office portoient le titre de Comte auec le nom de leur charge, *vt Comites ærarij, domesticorum, horreorum, largitionum, sacræ vestis*, & autres, de sorte qu'à leur égard le mot de *Comte* signifioit presque ce que nous disons en France *Intendant* de telle, ou telle charge. Et quant aux autres Chefs d'Office, dont la Charge n'estoit par

37 *Comte signifiant Intendant.* apres tirée du nom de Comte, ils auoient neantmoins droict de se qualifier Comtes, à cause de leur Office, comme il se voit en plusieurs passages des trois derniers Liures du Code rapportez curieusement par Monsieur Brisson en son Liure *De verb. sign.* où ie renuoye le Lecteur curieux.

Mais sur tout les Conseillers d'Estat estoient les vrays, & comme il est à croire, les premiers 38 Comites Consistoriani. Comtes: aussi sont ils appellez communement en droict *Comites Consistoriani*: Mesme auparauant que le nom de *Comte* eust esté vsité pour vn titre de dignité, il semble que les Conseillers de l'Empereur en estoient qualifiez, témoin ce passage de Spartian *in Adriano. Cum iudicaret in consilio habuit non solùm amicos Comites, sed Iurisconsultos*, tout ainsi qu'en beaucoup de passages du droict, l'Assesseur du Gouuerneur de Prouince est appellé *Comes*.

39 *Comtes par gratification de l'Empereur.* Il y auoit aussi d'autres moindres Offices en la Maison de l'Emperenr, ausquels cette dignité de Comte n'appartenoit pas naturellement, mais estoit quelquefois deferée particulierement par l'Empereur, pour honorer dauantage ceux qui en estoient pourueus, comme en la loy 14. *De extraord. siue ord. muner. Cod. Th.* l'Office de *Magister scriniorum specialiter cum honore Comitis defertur.* Autât en est dit *de Tribuno Militum*, qui alors estoit appellé 40 *Comtes Gouuerneurs des Prouinces.* *Comes rei militaris lib. 1. & c. de Comitib. & Archiatris.* Autant des Gouuerneurs des Prouinces *in l. 1 De Comitib. qui Prouincias regunt*: ce qui est fort remarquable, pource que c'est de là qu'est venu, qu'à succession de temps la plus part des Gouuerneurs des Prouinces ont esté appellez *Comtes*.

41 *Comtes apres certain temps de seruice.* Autres finalement obtenoient le titre & dignité de Comte, apres auoir par certain temps seruy le public en certaines moindres qualitez: comme les Aduocats apres vingt-ans, *l. 1 C. de Aduocat. diuer. iudic.* & aussi les Professeurs de certaines Sciences, & notamment de la Iurisprudence *l. 1 de profess. qui in vrbe Constantin, & c. l. 10. Cod.* ce que nos Docteurs Regens des Vniuersitez n'ont pas oublié, mesme le docte Cujas, se faisans accroire qu'ils sont Comtes, apres qu'ils ont enseigné vingt-ans: comme si les dignitez de l'Empire de Grece, estoient semblables aux nostres, & comme si les loix & coustumes d'iceluy nous obligeoient en France.

42 Comtes vacantes. Quoy qu'il en soit, du commencement le titre de Comte n'estoit communiqué qu'à ceux qui auoient quelque grand Office, ou qui par vn long temps auoient fait seruice au public: mais à la fin on le donna à ceux qui n'auoient jamais eu de charge, ny fait de seruice, & on appelloit ceux-là *Comites vacantes, tit. de Comitib. vacantib C. Theod.*

43 *Côtes du second rang.* Quant aux Comtes du second rang, c'estoient certains moindres Officiers de la Cour, qui auoient des Chefs par dessus eux, dont il est fait mention en la loy 2. *De Comit. rei milit. C. Theod.* en la loy 17. & 18. *De proximis com. disposit. eod. Cod.* & quelques autres lieux.

44 *Comtes du 3. Rang.* Finalement ceux du troisiéme rang estoient encore de plus basse estoffe, & il en est parlé en la loy 9. & 10. *De suar iis & suscep.* & en la loy 127. *de Decur. eod. Cod.* & en cette mesme loy 17 *De prox m. omit. disposit.* ce que ie ne m'amuseray pas à particulariser, pource que ces qualitez de Comtes du second & troisiéme rang, furent enfin tellement méprisées, qu'elles s'abolirent d'elle mesme, de sorte qu'il n'en est point parlé dans le Code de Iustinian.

45 *Des Offices honoraires.* Voilà quant aux Ordres honoraires des Romains, mais sur tout en matiere d'Offices, ils furent aux derniers temps curieux d'en auoir plusieurs honoraires & imaginaires. Et pour 46 *Consuls honoraires de plusieurs sortes.* commencer par les Consuls, qui estoit le premier Office de leur Republique, il s'en trouue de plus de quatre, ou cinq sortes. Car dés l'Estat populaire il y en eut d'extraordinaires, quoy que bien rarement, qu'ils appellerent *suffectos, seu minores Consules.* Desordre qui 47 Suffecti, seu minores Consules. fut commencé par les dix Commissaires appellez Decemvirs, qui apres la dictature de Sylla furent deputez pour rétablir la Republique, lesquels ayans eu pouuoir du peuple, de créer les Consuls de leur année, afin de faire beaucoup d'amis, n'en firent pas seulement deux, comme on auoit accoustumé, mais beaucoup plus, pour estre Consuls les vns apres les autres, pendant certain temps de l'année, dit Dion. Liure 48. Ce que Cesar pratiqua aussi en sa dictature, dit le mesme Autheur, Liure 43. Témoin ce C. Caninius, qui ne fut 48 *Consul d'vn iour.* Consul qu'vn iour, dont Ciceron dit par gausserie, qu'il auoit esté si vigilant, qu'il n'auoit point dormy pendant son Consulat. Et ce desordre fut continué successiuement par les Empereurs, jusques là, que l'Empereur Commodus en fit vingt-cinq en vn an.

49 *Grands Consuls, ou Consuls ordinaires.* Parmy cette diuersité de Consuls, ceux qui l'auoient esté au commencement de chacune année, estoient appellez les grands Consuls, ou les Consuls ordinaires, dautant que l'année se comptoit tousiours par leurs noms, durant toute cette année, ils s'appelloient tousiours Consuls, & les autres estoient appellez *Consules minores & suffecti*, & on ne les connoissoit point hors l'Italie, dit Dion, Liure 48. Ce que Rozinus a fort bien expliqué au 7. Liure des Antiquitez de Rome Chapitre 9.

50 *Pourquoy il se trouue des Consuls dénommez.* Discours qui sert pour oster vn grand doute, lequel se presente quelquefois en nos loix. où il se trouue quelquefois des Consuls nommez, principalement és Senatusconsultes, qui ne se trouuent point dans les Fastes Consulaires, cōme par exemple, ceux qui sont nommez

és Senatuſconſultes Pagaſien & Trebellien ne s'y trouuent point : dont la raiſon eſt, qu'és Faſtes il n'y a que les Conſuls ordinaires, & és Senatuſconſultes, on nommoit les Conſuls extraordinaires, qui lors d'iceux eſtoient en exercice.

en nos loix, qui ne ſont point dans les Faſtes Conſulaires.

Mais outre ces Conſuls extraordinaires, qui auoient exercice en quelque partie de l'année, comme pendant deux mois au plus, dit Dion, on trouua encore inuention ſous les Empereurs d'en faire des ſimples honoraires ou imaginaires, qui en nul temps n'auoient fait l'exercice du Conſulat, deſquels eſt fait mention en la loy 3. & 4. *Cod. de Conſul.* & en pluſieurs autres loix du 12. Liure du Code de Iuſtinian, & du 6. du Code Theodoſien. Meſme les femmes de Maiſon illuſtre eſtant mariées à gens de moindre qualité, obtenoient des Empereurs le rang & les ornemens Conſulaires, comme il ſe void dans Lampride en la vie d'Heliogabale en ces mots, *Fiebat conuentus matronalis ſolemnibus duntaxat diebus, & ſi vnquã aliqua matrona coniugii Conſularis ornamẽtis eſſet donata, quod veteres Imperatores affinibus detulerunt, & his maximè quæ nobilitatis maritos non habuerant, ne in nobilitate remanerent* : dont il y a encore vne belle remarque en la loy derniere *D. de Sen. Nuptæ prius Conſulari viro, impetrare ſolent à principe, vt nuptæ iterùm minoris Dignitatis viro, nihilominus obtineant Conſulari manẽant dignitate, vt ſcio Antoninum Auguſtum Iuliæ Mammææ coniugi ſuæ induliſſe.*

51 Conſuls honoraires, ou imaginaires.

52 Femmes Conſulaires.

Or reuenant aux hommes, ceux qui auoient obtenu les ornemens Conſulaires, ſans auoir jamais fait exercice du Conſul. furent particulierement appellez *Conſulares*, eſtans manifeſtement diſtinguez d'auec les Conſuls en la loy derniere, *Cod. De Decur. Si quis infulis Conſulatus Ordinarij, vel honorarij fuerit ampliatus, et vel Conſul, vel Conſularis efficiatur, &c.* & encore mieux en la loy 4. *Cod. de Conſul.* où il eſt dit que *Conſulares, poſteà Conſules facti, ex anteriori prouectione Conſularitatis* (ainſi faut il lire auec Cujas, & non pas *Conſulatus*) *ordinem vindicant. Hoc etiam obſeruando, vt qui cum eſſet Conſularis, centum libras auri aquæductibus prebuit, Conſul poſteà factus perſoluere denuò non compellatur* : qui fut vn impoſt qu'on mit ſur les Conſuls, tant ordinaires qu'extraordinaires & honoraires, pour en retrancher le grand nombre, & en tout cas profiter de l'ambition des Courtiſans, en leur vendant cherement ce vain titre d'honneur.

53 Conſulares, Conſularitas.

Conſularis donc ſignifie trois choſes en noſtre droict. Premierement, celuy qui a eſté actuellement Conſul, ſoit grand ou petit, qui eſt ſa premiere ſignification, en laquelle il eſt touſiours vſurpé dans les Digeſtes, *vt in lib. 11. de dolo. l. 3. §. Quæſitum. Ex quibus cauſ. maior.* [illegible] *de Sen.* & eſt pris auſſi en la loy. 1. *de Conſul. lib. 12. Cod.* Enſuite il ſignifie, comme il vient d'eſtre dit, celuy qui *honorarium tantùm adeptus fuerat Conſulatum : ſic Conſularitas eſt honorarij Conſulatus dignitas*, dit Monſieur Briſſon en ſon liure *De verb. ſignif.*

54 Conſularis ſignifie trois choſes.

Finalement (& ceci est fort à obſeruer pour l'intelligence de pluſieurs paſſages de nos anciens Liures) *Conſularis* ſignifia certains Gouuerneurs de Prouinces : & c'eſt en cette ſignification que ce mot eſt pris en la loy vnique, *C. Vt omnes Iudices, &c.* & en la loy vnique, *C. de Off. Comitis ſacri Palatij*, & en la loy penultiéme. *De codicillis honoratis. C. Theod.* en la loy vnique *Ne quis in Palatio maneat.* & en la loy vnique, *De Conſularib. & Præſid. eod. C.* & encore ſur tout en la Nouelle 8. Chapitre premier, où rapportant les diuers titres des Gouuerneurs des Prouinces, & ayant nommé *Adminiſtrationes Proconſulares, & Præſidiales*, eſt adjouſté, *quas Cõſularitias & Correctiuas dicunt.* Meſme la formule de cette dignité ſe trouue dans Caſſiodore, Liure 6. Epiſtre 20. où on void quels ornemens, & quelle fonction elle auoit : Et de là vient que nous trouuons ſouuent dans le droit *Exconſularis, & Exconſularitas*, pour ſignifier ceux qui auoient eu cette dignité : *vt in l. 8. & 9. De domeſt. protect. C. Theod. l. 19. & vlt. de Palat. ſacr. largit. eod. Cod.* mots, qui ne peuuent ſignifier celuy qui auoit eſté Conſul honoraire, qui n'ayant jamais eſté en exercice, n'a peu eſtre dit, ny *Exconſul*, ny *Exconſularis*, mais *Conſularis* ſimplement, c'eſt à dire, orné de la meſme dignité qu'auoient les Conſuls apres leur Magiſtrat finy.

55 Conſulares, ſignifie les Gouuerneurs des Prouinces.

56 Exconſularis.

L'origine de cette derniere Conſularité vient de ce que l'Empereur Adrian inſtitua quatre Officiers, pour rendre la Iuſtice en l'Italie, qu'il appella *Conſulares*, pource qu'ils eſtoient pris du nombre de ceux qui auoient eſté Conſuls, dit Spartian en ſa vie, & Capitolin en fait mention en la vie d'*Antoninus Pius*, qu'il dit auoir eu l'vn de ces Offices. Inuention qui multiplia depuis de telle ſorte, qu'en la Notice de l'Empire Romain, il eſt rapporté plus de cinquante Gouuernemens regis par des Gouuerneurs, appellez *Conſulares*, à ſçauoir, quinze en Orient, & en Occident vingt-deux, deſquels il y en auoit ſept en Gaule.

57 Origine de cette derniere Conſularité.

D'où on collige, que cette eſpece de Conſularité fut enfin ſi commune, qu'elle abolit entierement les deux autres : de ſorte que *Exconſularis*, & à ſucceſſion de temps *Conſularis*, ne ſignifia plus ceux qui auoient eſté Conſuls, ou qui auoient obtenu le Conſulat honoraire, mais ſignifia celuy qui auoit eu tels gouuernemens de Prouince, meſme que *Conſularitas* fut enfin vne eſpece de dignité honoraire, qui eſtoit deferée à des gens mediocres, & qui eſtoit bien moindre que l'ancienne dignité Conſulaire. Autrement quelle apparence y auroit il quand nous liſons en la *l. 7. De prox. Com. depoſit. Cod. Theod.* que *militantes in ſacris ſcriniis* de-

58 Qu'elle abolit enfin les autres.

59 Explication de pluſieurs loix.

uenoient Consulaires apres vingt-ans que cela s'entende *de honorario Consulatu*, qui estoit la plus grande dignité de l'Empire apres le Patriciat: mesme estoit plus grande que la dignité Prefectorienne? Aussi la loy suiuante l'explique clairement, quand ayant ordonné qu'apres vingt-ans de seruice, les simples *militantes in sacris scriniis Consulari honore fulti inter allectos habeantur*, elle adjoûte, *huncque honorem dignitatis in Senatu habeant, qui Exconsularibus deferri consueuit*. Car il est certain, que *Exconsules & Exconsulares*, sont diuerses dignitez: *Exconsules*, estans ceux qui *Consulatum gesserunt, qui etiam Consulares dicuntur in libris D*. Au lieu qu'*Exconsulares* sont ceux, qui *Officium Consularium gesserunt, id est, eiusmodi administratorum Prouinciæ, qui Consulares vocitabantur*. De mesme en la loy 5. & 6. *De agentibus in reb*. il est dit, que *Agentes in rebus Consularibus aggregantur*. Or est-il que leurs Chefs, *nimirum Principes agentium in rebus*, n'auoient que la dignité Proconsulaire, qui estoit moindre que l'ancienne dignité Consulaire, *l. 3. De Princip. Agent. in rebus*.

60 Dignité honoraire de ceux qui auoiét exercé les Offices. Car c'estoit vn ordinaire en l'Empire Romain, où les Officiers estoient temporaires, qu'apres le temps de leur exercice, il demeuroit tousiours vn rang & vn titre d'honneur à ceux qui les auoient exercez, qui neantmoins estoit moindre d'vn degré, que de ceux qui estoient en exercice. Et ce titre d'honneur se forgeoit en faisant vn deriuatif du nom primitif de l'Office, comme de *Consul Consularis*: de *Pretor Pratorius*: de *Censor Censorius*, & ainsi des autres; ou bien en mettant la preposition (*Ex*) deuant le nom de l'Office, comme quand on dit, *Exconsul, Exmagister, Exquæstor*, ou comme les plus anciens Autheurs ont parlé, *Ex consule, Ex magistro, Ex quæstore*.

61 Autres dignitez honoraires de trois ou quatre sortes. Mais outre cela, de tous Offices on en fit d'honoraires & imaginaires: pource que parmy la vanité Grecque, voulant estre Officier, & n'y ayant des Offices pour tous, les Empereurs s'aduiserent de contenter ces ambitieux de certaines dignitez imaginaires des Offices, qu'ils ne leur vouloient pas actuellement conferer, semblables à celles qui demeuroient aux vrais Officiers apres le temps de leur Office: afin qu'outre le titre d'honneur, ils eussent encore par ce moyen le rang, & mesme les priuileges d'iceux. Et ces dignitez sont appellées aussi *Codicillaires*, pource qu'elles consistoient, non en exercice actuel, mais en simples lettres ou prouisions de l'Empereur, qui sont appellées *codicilli*, ou *honorarij codicilli*, dont il y a vn titre exprés au Code Theodosien.

62 Administratores Or il y auoit trois sortes de ces Officiers de lettres sans exercice, à sçauoir, *vacantes, honorarij, & supernumerarii*, sans comprendre ceux qui sont appellez *Administratores*, qui sont ceux *qui in actu positi peregerant administrationes*, dit la loy 2. *Vt dignit. ordo seru*. c'est à dire, les anciens Officiers apres leur temps expiré. Bien que le nom d'*Administratores* s'étende encore plus loin, signifiant & comprenant tous ceux qui auoient eu quelque noble charge publique, en recompense de laquelle ils auoient obtenu des codicilles, ou lettres honoraires de quelque dignité d'autre nom, que l'Office qu'ils auoient exercé, comme il se connoist de cette loy 2. *Vt dignitatum ordo seruetur*, & de la loy derniere, *De primic. & secundic*. & ceux-là précedoient indistinctement les autres especes de dignitez honoraires, dit cette loy 2. *Vt dignit. ordo seru*.

63 Vacantes, Allecti, Ascripti, seu Ascriptitij. *Vacantes à vacando dicti* (qui signifie tout le contraire de ce qu'en François nous disons *Vacquer*) estoient ceux, dit cette mesme loy 2. *qui nullo merito peractæ administrationis illustris dignitatis cingulum meruerant*, c'est à dire, qui non seulement auoient esté honorez par l'Empereur, du titre de quelque Office par simples titres, mais ausquels les ornemens & enseignes d'iceluy auoient esté conferées actuellement, de sorte qu'il ne leur restoit que l'exercice, *qui etiam adscripti, vel adscriptii, Allecti, Interagentes dicebantur*, & partant ils jouyssoient de tous les priuileges de l'Office, comme prouue Cujas sur cette loy 2. De cette sorte d'Officiers parle Capitolin en la vie de Pertinax, *Cùm Comodus allectionibus innumeris Pratorios miscuisset, Senatusconsultum Pertinax fecit, iussitque eos qui Praturas non gessissent, sed allectione accepissent, post eos esse, qui verè Pretores fuissent*. Tels estoient, ce semble, ceux dont parle Lampride *in Alex. Seuero*, *Pontificatus & quindecimviratus & Auguratus Codicillares fecit, vt in Senatum allegerentur*, ainsi faut-il lire, & non pas *allegarentur*, comme on lit vulgairement: & en vn autre endroit il dit, que *Seuerus iurauit, ne quem adscriptum, id est, vagantium, haberet, ne annonis Rempublicam grauaret*, où il faut sans doute lire *vacantium* auec Cujas, & de ce passage il se collige, que *vacantes* auoient des gages aussi bien que les vrais Officiers.

64 Honorarij, imaginarij, seu Codicillares. *Honorarij, siue imaginarij*, qui sont aussi appellez *Codicillares*, ou *Codicillarij*, sont definis en la loy 9. *De metatis*, *quibus citra cingulum dignitas pro solo honore delata est*, ou comme dit Ausone,

Muneris expertes nomine participes.

Ou finalement comme dit la loy 5. & 6. *De honor. codicill. C. Th. extra Palatium constituti, Officij publici expertes, quos tenet sacratæ quietis vmbracula, quibus honoris species suffragio magis est parta quàm merito*. Aussi n'auoient-ils que leurs lettres de retenuë, & non pas les enseignes de l'Office: par consequent n'en auoient-ils pas les priuileges, mais seulement le titre & le rang. C'est pourquoy en la loy 7. *C. De Decur*. ils sont appellez *inanes vmbræ & cassæ imaginis dignitatum:* & en la Nou. 70. il est dit qu'ils sont appellez honoraires, *quia nihil aliud, nisi purum honorem habent.*

Finalement *Supernumerarij*, estoient ceux qui és Milices ou places de compagnies *erant extra statutorum numerum*, estans neantmoins retenus pour entrer en la premiere place vacan- 65 Supernumerarij. te des ordinaires, & cependant prenoient le titre & qualité de l'Office, *De quibus agitur in lib. 7. de prox. sacr. scrin.* & en plusieurs autres loix : & n'en est point parlé en cette loy 2. *Vt dignitatum ordo seruetur*, qui neantmoins est le chef de cette matiere, pource qu'elle ne parle que des Dignitez illustres, & que les *supernumerarij* n'estoient qu'aux simples Milices, ou bandes des Officiers domestiques de l'Empereur, ou des Gouuerneurs des Prouinces. Et il y a grande apparence que ce sont ceux-là, qu'*Antonius Augustinus*, & *Lælius Taurellus* ont esté si empeschez de trouuer, pour l'intelligence du passage de Suetone *in Claudio*, Chapitre 25. *Instituit*, dit-il, *imaginariæ militiæ genus, quod vocatur, super numerum, quo absentes, & titulo tenus fungerentur.*

Ainsi se void au Droict Canon, que le Pape crée par fois des Chanoines *sub expectatione præ-* 66 Canonici sub expectatione prabendæ. *bendæ qui habent stallum in choro & vocem in capitulo, sed præbendam nondum habent. De quibus in cap. Relat. & cap. Dilectus 1. ext. De præbend. & dignit.* Ce qui ne se fait plus à present *ad effectum obtinendæ præbendæ primum vacaturæ*, comme anciennement, pource que c'estoit vne espece de reserue, qui est prohibée generalement par le Concile de Trente, mais il s'en crée encore *ad effectum obtinendæ dignitatis*, pource qu'ordinairement les dignitez des Chapitres sont affectées aux seuls Chanoines, de sorte que pour en estre capable, on se fait faire Chanoine sans prebende par le Pape.

Voilà ce qui concerne les dignitez honoraires vsitées parmy les Romains, mais quant 67 Des Epithetes. aux Epithetes, c'est à dire, aux titres d'honneur qu'ils attribuoient à chacune de leurs dignitez, soit actuelles, ou honoraires : les voicy selon leur ordre & rang. *Illustres, Spectabiles, Clarissimi, Equites, Perfectissimi, & Egregij*, dont Alciat a fait vn Chapitre en ses Paradoxes: mais i'estime qu'on n'en peut parler qu'en deuinant, la parfaite connoissance de ces termes estant perie par le laps de temps, & les mutations suruenuës en l'Empire Romain. Toutefois on peut dire auec Cujas, que les trois premiers Epithetes, *Illustres, Spectabiles, Clarissimi*, conuenoient aux Senateurs selon les diuers Magistrats qu'ils auoient eus. La quatriéme, estoit celle des Cheualiers, & les deux dernieres estoient attribuées aux Plebeiens plus notables.

Mesme auparauant Iustinian, il y eut quelques Officiers qui ne se contenterent pas du 68 Superillustres. titre & Epithete d'Illustre, mais prirent rang au dessus, à sçauoir, les Consuls, Patriciens, & mesme encore les anciens Consulaires, neantmoins il ne fut inuenté pour eux autre Epithete, ny Grec, ny Latin, sinon que dans nos Liures ils sont specifiez par ces mots, *Qui supra illustres sunt*, ὑπερβεβηκότες τοὺς ἰλλουστρίους, comme il se void au §. *In summa Instit. De iniurijs. in l. Eos. §. super. C. De vsuris l. si quando C. De appellat. & in Græca l. 14. Cod. De testib.* Comme Cujas a remarqué sur la loy premiere, *De Dignit. lib. 12. Cod.* c'est pourquoy i'ay mis *Illustres*, pour le premier Epithete : bien qu'Accurse & les anciens Docteurs à l'occasion de ces Textes en ayent forgé vn par dessus, à sçauoir, *Superillustris.*

Tels furent du commencement les Epithetes des Dignitez, mais pour ce qui est de par- 69 Changements d'Epithetes. ticulariser à quels Offices chacun d'iceux estoit attribué, outre ce que nous en apprend la Notice, cela est au surplus impossible, à cause qu'il a changé de temps en temps, comme il n'y a rien d'arresté en telle matiere, où l'ambition, qui reside en la fantaisie des grands, surmonte toute raison & coustume, entant que chacun tasche tousiours à vsurper les plus hauts titres, si bien que quand les petits ont vsurpé les honneurs des Grands, les Grands sont contraints d'en chercher de plus hauts, pour estre éleuez par dessus ceux qui se sont égalez à eux : & ainsi de degré en degré on augmente tousiours. De sorte qu'en l'ancien Empire il fallut enfin trouuer d'autres Epithetes de dignité, outre les six que ie viens de rapporter. Car les Grands dédaignerent desormais de se titrer de ces Epithetes differents des noms des Offices, mais procréez des titres deriuatifs de ceux des Offices : tellement que dans le 12. Liure du Code de Iustinian, & dans le 6. du Code Theodosien, qui traite des dignitez, lors reconnuës en l'Empire, il n'est gueres fait mention de ces anciens Epithetes, non plus que dans Cassiodore.

Mais entant que i'ay pû comprendre par vne diligente lecture de ces Liures, i'ay trou- 70 Autre sorte d'Epithete ou titre de dignitez. ué que les grandes dignitez estoiẽt lors diuisées en quatre classes ou rangs: à sçauoir *Præfectorum, Proconsulum, Vicariorum, & Exconsularium inter allectos*, dont les trois premieres sont specifiées en la loy 7. *De bon. Codicill. C. Theo.* chacune desquelles comprenoit plusieurs Offices, soit actuels ou honoraires, qui partant concouroient en mesme rang & seance, comme portans mesme Dignité : & ceux qui en estoient honorez, n'estoient autrement reglez ensemble, que par l'antiquité de promotion.

Le premier rang donc estoit *Præfectoriæ dignitatis*, qui pour cette occasion est appellée 71 Præfectoria dignitas. *apex sublimis* en la loy 7. *De honor. Codicill.* & en la loy suiuante elle est appellée *summum fastigium*, duquel rang estoient *Consules*, *Patritij*, *Præfecti*, *tam Prætorio*, *quàm vrbi*, *Magistri militum*, *siue Equitum*, *siue peditum*, *& Præpositi sacri cubiculi*.

72 Proconsularis dignitas. Le second rang estoit le Proconsulaire, duquel estoient *Quæstores*, *Magistri Officiorum*, *Comites vtriusque ærarij*, *Primicerus notariorum*, *Comites Consistoriani*, *Præpositi & Tribuni scholarum* (*habentes titulum Comitis, aliàs non*) *Comites rei militaris*, *& Principes Agentium in rebus*, aux derniers temps.

73 Vicariatus dignitas. Du troisiéme rang, appellé *Vicariatus dignitas*, estoient *Comites Prouinciarum*, *Consulares*, *Præsides*, *cæterique rectores Prouinciarum*, *Comites vacantes*, *omnes denique Comites primi ordinis*, *proximi scriniorum*, *& Magistri depositorum*.

74 Exconsularium dignitas. Finalement du quatriéme rang, *nimirum Exconsularium inter allectos*, *qui etiam Clarissimi dicebantur*, estoient apres leur temps de seruice *Decuriones & silentiarij*, *Domestici*, *seu Protectores*, *Præpositi laborum*. *Militantes in sacris scriniis*, & en estoient anciennement *Principes agentium in rebus*, ausquels depuis fut octroyée la dignité Proconsulaire par *Honorius & Theodosius lib.* 7. *De princip. agentium in rebus*: & faut noter que ceux qui auoient cette dignité, auoient entrée & voix au Senat de Rome.

75 Equestris dignitas. Quant à la dignité de Cheualiers, elle n'estoit baillée qu'aux gens de ville, & non aux Courtisans *l. vnica. De Equestri dignit. Cod. Theod.* & finalement *Perfectissimatus dignitas*, ne

76 Perfectissimatus dignitas. conuenoit qu'à ceux du menu peuple: qui se mesloient des Arts mecaniques, & qui estoient ingenieux, *leg. vnica. De Perfectiss. dignit.*

77 Difficulté de particulariser le rang de toutes ces dignitez. Or il est fort mal aisé de dechifrer & specifier l'Ordre des dignitez plus particulierement, à cause que la loy de l'Empereur Valentinian, qui faisoit cette specification, & dont est fait mention en la loy 2. *Vt dignit. ordo seru.* ne se trouue point entiere, mais seulement nous en sont restez quelques fragments, qui sont indiquez par Cujas sur la loy premiere de ce mesme tit. *Vt dignit. ordo seru.* Toutefois, comme en mesme classe ou rang de dignité il y auoit non seulement plusieurs Offices de diuers nõs, mais aussi plusieurs de mesme nom & de diuerse sorte, à sçauoir, les vns actuels, les autres honoraires, de trois ou quatre sortes qui viennent d'estre rapportez, il est bien à propos, pour le contentement du Lecteur curieux que ie rapporte icy quelques regles du rang qu'ils tenoient ensemble.

78 Rang des Officiers exerçans auec les simples dignitez. Il est donc vray en premier lieu, que les Officiers estans en l'exercice, precedoient tous autres de mesme dignité dont l'exercice estoit cessé, mesme les Officiers du rang de dignité subsequent, precedoient pendant le temps de leur exercice, tous les Officiers, tant honoraires, qu'anciens du rang immediatement precedent: comme par exemple les Proconsuls estans en exercice precedoient les Exconsuls ou *Exprafecti*, & à plus forte raison toute sorte de Consuls ou Prefects honoraires *l. vlt. De honor. codicill.*

79 Rang des anciens Officiers. Apres les Officiers estans en exercice, marchoient les anciens Officiers, c'est à dire, ceux qui autrefois auoient exercé le mesme Office: ou autre de mesme dignité, & entr'eux ils marchoient selon l'antiquité de leur promotion, qui est vne regle generale entre tous Officiers, encore mesme que le dernier promeu eust exercé par deux fois, *Repetiti enim fasces meritum comprobant*, *non augent*, dit la loy premiere, *De Conf. Cod. Iustin.* Il est veritable, que celuy qui auoit exercé deux Offices de mesme rang, precedoit tousiours celuy qui n'en auoit eu qu'vn, & celuy-là qui en auoit eu trois, deuançoit celuy qui n'en auoit eu que deux, dit la loy vnique *eod. tit. Cod. Theod.*

80 De mesme encore. Et apres ceux qui auoient exercé vn Office du premier rang, marchoient ceux qui en auoient exercé vn du second rang, & ainsi precedoient les trois sortes d'Officiers honoraires du rang precedent. Mesme, si ceux qui auoient exercé vn Office du troisiéme rang, auoient obtenu lettres d'Officiers du second, *leg. penult. & vlt. De honor. codicill.*

81 Rang des dignitez honoraires. Finalement apres les anciens Officiers du second rang, marchoient les Dignitez honoraires du premier rang en cét Ordre, à sçauoir premierement ceux ausquels estans en Cour auoient esté conferez les enseignes & ornemens de la premiere Dignité: puis ceux ausquels en leur absence ils auoient esté enuoyez en troisiéme lieu, ceux qui estans en Cour auoient obtenu de simples lettres de Dignité: & enfin ceux ausquels ces lettres auoient esté octroyées ou enuoyées en leur absence, dit cette loy 2. *Vt dignit. ordo seruetur.*

SOMMAIRE DV ONZIESME CHAPITRE.

1 *Exemple des dignitez honoraires de France.*
2 *Cardinaux honoraires.*
3 *Chanoines appellez Cardinaux.*
4 *Euesques appellez Cardinaux.*
5 *Le Cardinal Abbé de Vendosme.*
6 *Euesques honoraires.*
7 *Prestres honoraires.*
8 *Princes honoraires.*
9 *Cheualiers honoraires.*
10 *Quels Seigneurs sont Cheualiers honoraires.*
11 *Quels Officiers.*
12 *Pourquoy ils sont Cheualiers honoraires.*
13 *Noblesse honoraire.*
14 *Graduez Bullaires.*
15 *Maistres de métier honoraires.*
16 *Difference d'entre les Maistres de lettres & de Chef-d'œuure.*
17 *Offices honoraires.*
18 *Officiers extraordinaires des Roys & Princes.*
19 *Quand joüissent des priuileges.*
20 *Officiers qui ne le sont plus.*
21 *Titres de Conseiller du Roy.*
22 Amici Principis.
23 *Titre de Conseiller du Roy, à qui appartient.*
24 *Baillifs & Senéchaux pourquoy s'intitulent Conseillers du Roy.*
25 *Et leurs Lieutenans.*
26 *Conseillers Presidaux ne sont pas Conseillers du Roy.*
27 *Tresoriers de France & autres des finances, pourquoy s'intitulent Conseilliers du Roy.*
28 *Seigneuries honoraires.*
29 *Membres des grandes Seigneuries.*
30 *Des Parages.*
31 *Vraye etimologie des Pairs de fief.*
32 *Parages anciennement obseruez entre les enfans des Roys de France.*
33 *Pourquoy en Allemagne les enfans des Ducs & Comtes s'appellent Ducs & Comtes.*
34 *Filles de France autrefois appellées Reynes.*
35 *La Reyne Marguerite.*
36 *Enfans des Roys appellez Roys.*
37 *Des Epithetes d'honneur.*
38 *Les auant-noms.*
39 Κύριος, *Sire.*
40 *Pourquoy le Roy & l'Artisan sont qualifiez Sire.*
41 *Messire.*
42 Κύριος, Dominus.
43 *Premiers Empereurs ne vouloient estre appellez* Domini.
44 *Raison.*
45 *Modernes Empereurs appellez* Domini.
46 *Ce titre donné à toutes personnes.*
47 *Maris & femmes s'entr'appellans de ce titre.*
48 *Et les peres par leurs enfans.*
49 Domine frater.
50 *Titre de maistre.*
51 *Des noms de Seigneurie.*
52 *Autrefois les terres nommées du nom de leurs maistres.*
53 *Anciens noms des terres de France.*
54 *Abus de prendre le nom des Seigneuries.*
55 *Que c'est contre la Sainte Escriture.*
56 *Inconuenient qui en arriue.*
57 *Autre inconuenient.*
58 *Raison de l'imposition des noms & surnoms.*
59 *Des articles* de, & du, *mis deuant les noms.*
60 *De mesme.*
61 *D'où est venu qu'on prend le nom des Seigneuries.*
62 *Du nom de guerre.*
63 *Noms des Soldats anciennement grauez en leurs armes.*

DES SIMPLES DIGNITEZ DE FRANCE.

CHAPITRE XI.

Il me souuient qu'en ma jeunesse, lors du deceds de feu Monsieur le Chancelier de Birague, on disoit qu'il estoit mort Cardinal sans titre, Chancelier sans Seaux, Euesque sans Eueſché, Cheualier sans Ordre, & Prestre sans Benefices. Ie ne sçay si cela estoit vray, & ie ne le dis pas pour blasmer sa memoire, mais plustost pour l'honorer, de ne s'estre dauantage accreu par le moyen de telles Dignitez: mais ce dire commun nous peut seruir d'vn exemple notable des Dignitez honoraires de France. Car bien que nous n'en ayons pas tant qu'il y en auoit en l'Empire d'Orient, si en auons nous quelques-vnes, & aux Ordres, & aux Offices, & mesme aux Seigneuries. *1 Exemple des dignitez honoraires de France.*

Pour commencer par les Ordres, & mesmes par les Ecclesiastiques, c'est bien la verité, que non seulement il y a des Cardinaux de Rome sans titre, comme i'ay dit au 3. Chapitre de ce Liure: mais encore il y a certaines Eglises Cathedrales, dont les Chanoines s'appellent *Cardinaux*, à sçauoir, ceux de Rauenne & de Compostelle, au rapport de Duarein, Liure premier *De sacris Eccles. minist. cap. 13.* Il est vray que la glose au Canon *Pudor. 31. quæst. 2.* dit que les Cardinaux de Rauenne sont dits par mocquerie, comme le Roy d'Iuetot en France. Toutefois, c'est chose veritable, que les Prestres habituez des Eglises Cathedrales *2 Cardinaux honoraires.* *3 Chanoines appellez Cardinaux.*

(lesquels nous appellons maintenant Chanoines) ont esté autrefois appellez *Cardinaux*, c'est à dire, principaux, comme il se void au chap. 2. *De Offic. Archipresbyt.* aussi sont ils és Eglises Cathedrales, ce que sont les Cardinaux de Rome en l'Eglise vniuerselle.

4 *Euesques appellez Cardinaux.* Pareillement en plusieurs endroits du vieil Decret, les Euesques sont appellez Prestres Cardinaux, *vt in can. Relatum. can. illud 21. quæst. 1. can. Pastoralis. quæst. 1. & can. Fraternitatem. 8. distinct.* ce qui se trouue plus de dix fois dans les Epistres de S. Gregoire le Grand: & en tous ces passages i'ay pris garde, qu'alors seulement les Euesques sont appellez *Prestres Cardinaux*, quand ils tiennent en commande vn second Euesché, comme n'estant licite de les appeller Euesques de deux lieux, mais seulement les appeller principaux Prestres du second Euesché.

5 *Le Cardinal Abbé de Vendosme.* Bref nous voyons que l'Abbé de la Trinité de Vendosme, se qualifie communément *Cardinal Abbé*: Titre qui conuiendroit mieux aux Chefs d'Ordre, qui ont plusieurs Abbez & Monasteres sous eux: & toutefois ie ne sçache que celuy de Vendosme qui prenne ce titre, & en cette qualité, il porte au timbre de ses armoiries vn chappeau vert, de la forme de celuy des Cardinaux de Rome. Et c'est possible à la difference de tous ces Cardinaux honoraires, que ceux de Rome appellent non pas Cardinaux simplement, mais Cardinaux de l'Eglise Romaine.

6 *Euesques honoraires.* Quant aux Euesques, il n'y en a point d'honoraires, sinon qu'on vueille tenir pour tels, ceux que nous appellons vulgairement *Euesques portatifs*, qui sont les pourueus des Eueschez detenus par les Infideles ou heretiques: ou bien ceux qui ont resigné leur Euesché, lesquels demeurent neantmoins toûjours Euesques quant à l'Ordre Episcopal, comme il a esté dit cy-deuant: ou bien encore les Coadjuteurs, qu'on baille aux Euesques caducs ou maladifs: ce qui estoit fort frequent en la primitiue Eglise, ainsi que i'ay dit ailleurs.

7 *Prestres honoraires.* Finalement pour le regard des Prestres, Diacres, & Soudiacres, il ne s'en fait point d'honoraires, pource qu'on en fait tant qu'on veut: Il est vray qu'on peut dire, que ceux de maintenant ne sont qu'honoraires, estans ordonnez sans titre, c'est à dire, sans expression d'aucune charge Ecclesiastique, ainsi qu'il se faisoit en la primitiue Eglise, mais ils sont quasi tous ordonnez au titre de leur patrimoine, comme i'ay dit au chapitre troisiéme.

8 *Princes honoraires.* Pour donc venir aux Ordres de Noblesse, le mesme se peut dire de celuy des Princes, qui sont tous honoraires, n'y ayant vray & parfait Prince que le Souuerain, qui aussi est appellé en toutes les langues *le Prince* indefiniment Mais encore peut-on dire, que les bastards du Roy & leurs descendans, ensemble les parents des Princes estrangers, sont Princes honoraires; n'y ayant en tout cas que les Princes du Sang, qui soient vrais Princes, pource qu'ils sont seuls capables de la vraye Principauté & Souueraineté. Bref si on veut tenir pour vrais Princes tous ceux qui sont extraits de Maison Souueraine, on pourra encore trouuer des Princes honoraires, à sçauoir, ceux qui possedent vne Seigneurie erigée en titre de Principauté.

9 *Cheualiers honoraires.* Mais c'est sans doute qu'à l'égard des Cheualiers, il y en a plus d'honoraires que de ceux qui ont actuellement receu l'Ordre de Cheualerie, lesquels sont les vrais Cheualiers, que nous appellons *Cheualiers de l'Ordre*, & les autres s'intitulent Cheualiers simplement, sans parler d'Ordre. Bien qu'il soit certain que nul ne peut estre vray Cheualier, que l'Ordre de Cheualerie ne luy ait esté conferé; veu qu'il a esté prouué cy-dessus, que mesmes les fils de Roy ne naissent point Cheualiers.

10 *Quels Seigneurs sont Cheualiers honoraires.* Neantmoins en ces derniers temps, le titre de Cheualier est pris ordinairement pour vne simple dignité, dont tous ceux de la haute Noblesse se titrẽt & qualifiẽt, encore qu'ils n'ayẽt jamais esté faits Cheualiers. C'est à sçauoir les grands Seigneurs, comme les Ducs, Marquis, Comtes, Seigneurs de Principauté, Vicomtes, & mesme les Barons & Chastelains l'vsurpent bien qu'ils ne soient du rang des grands Seigneurs, ainsi que i'ay dit au liure des Seigneuries: en quoy neantmoins il y a quelque apparence pour les Barons, attendu que c'estoit anciennement le titre commun à tous les grands Seigneurs, de les appeller *les Barons de France*, ainsi que dit du Tillet: de sorte qu'il semble que le titre de *Baron* est la borne & la derniere dignité de la haute Noblesse, & que partant le Chastelain est du rang des simples Gentils-hommes & non pas des grands Seigneurs, ny par consequent des Cheualiers, s'il n'a receu l'Ordre de Cheualerie.

11 *Quels Officiers.* Semblablement les grands Officiers, qui sont aussi de la haute Noblesse, se qualifient Cheualiers, comme les Officiers de la Couronne, les Chefs d'Office de la Maison du Roy, & tous ceux qui sont du Conseil d'Estat: parmy lesquels ie comprens les Presidens & Gens du Roy du Parlement de Paris, & les Chefs des autres Cours Souueraines, & quelques autres notables Officiers, dont voicy ma raison; c'est qu'il y a grande apparence que le titre honoraire de Cheualier se rapporte à celuy de *Comes* ou *Amicus* du Droict Romain.

12 *Pourquoy ils sont Cheualiers honoraires.* Ainsi donc qu'il a esté dit au chapitre precedent, que les principaux Officiers de l'Empire, & notamment les Chefs d'Office de la Maison de l'Empereur, & sur tous, ceux du sacré Consistoire, c'est à dire de son Conseil Priué, estoient les Comtes du premier Ordre, c'est à dire estoient les compagnons de l'Empereur: aussi en France, ceux qui sont en semblables

Charges se peuuent qualifier *Cheualiers*, c'est à dire honorez de l'accollée & amitié, & cōme collateraux du Prince. Car j'ay dit cy-deuant que l'origine premiere des Cheualiers a esté, que les Rois accolloient & embrassoient publiquement ceux qu'ils vouloient éleuer en honneur, cette accolée leur seruāt desormais d'vn témoignage public, pour estre reconnus entre leurs principaux amis & fauoris. Toutefois par succession de temps ceux qui n'auoient eu cette accollée du Prince, mais auoiēt receu d'autres témoignages publics de sa faueur, comme les pourueus par luy des grands Offices, ou inuestis des hautes Seigneuries, estans reconnus pour principaux Officiers ou vassaux du Royaume, se sont attribué ce titre de Cheualiers.

13 *Noblesse honoraire.*

Quant à la simple Noblesse, on peut dire qu'il y en a aussi vne honoraire & de nom seulement, à sçauoir, celle dont se qualifient les Officiers de Iustice, les Aduocats & autres qui ne sont nobles de race, & n'ont Office annoblissant. Et cette Noblesse est communément appellée *Noblesse de ville*, qui n'a autre chose que le titre honoraire de *Noble homme* au mary, & de *Damoiselle* à la femme, comme il a esté prouué au cinquiéme chapitre, mais non pas les franchises & priuileges de Noblesse, comme l'exemption des Tailles, & autres : bien que Guy Pape en sa question 388. dise auoir esté jugé à Grenoble, que les Aduocats n'estoient point taillables.

14 *Graduez bullaires.*

Quant aux Ordres du Tiers Estat, ie n'en connois point d'honoraires, sinon que Guy Pape en cette mesme question 388. & Rebuffe au traité *Des nominations*, question 10. & sur le §. *de collat* au Concordat, nous apprennent, que de leur temps il y auoit de certains graduez bullaires, ou codicillaires, qui obtenoient le degré de Docteur par simples lettres des Princes & Seigneurs Souuerains, desquels la glose sur la regle de Chancellerie de Iules II. *in 6. par. regul.* dit, que *non sunt maioris momenti quàm bulla*, qui est ce que resout le mesme Rebuffe qu'ils n'ont aucun priuilege ny droit en France, & n'y sont aucunement reconnus ; occasion pourquoy il ne s'en void plus maintenant. Mesme les Ordonnances de France veulent que les Graduez faits és Vniuersitez priuilegiées du Royaume, sans la rigueur de l'examen public, & autres solemnitez requises & accoûtumées (qu'on dit vulgairement passez sous la cheminée, c'est à dire, en Chambre, & non pas en la Salle publique de l'Vniuersité) ne jouyssent pas des droits & priuileges attribuez à ceux qui sont passez publiquement, & auec la rigueur de l'examen.

15 *Maistres de mestier honoraires.*

De mesme entre les Artisans, il y a des Maistres de lettres, qui sont ceux qui és entrées & mariages des Rois, naissance de Monsieur le Dauphin de France, & declaration du premier Prince du Sang, obtiennent lettres pour estre receus Maistres des métiers, sans faire chef-d'œuure, ny festins, ny autres frais qui se font à la reception des autres Maistres, lesquels on appelle *Maistres de chef d'œuure*, à la distinction de ces Maistres de lettres.

16 *Difference d'entre les Maistres de lettres & ceux de chef d'œuure.*

Et anciennement il y auoit grande difference entre les vns & les autres. Car les Maistres de lettres, comme simples codicillaires, n'estoient appellez ny admis aux assemblées, enrolez en la Cōfrairie, ny par consequent éleus aux Offices du métier : mesme leurs veufues & enfans ne joüissoient point apres leur mort de l'exercice du métier, comme ceux des Maistres de chef d'œuure, ce qui estoit bien raisonnable, afin que l'argent n'eût pas tant de pouuoir que l'industrie. Toutefois, par les Edicts modernes ces differences ont esté retranchées en faueur des Partisans, qui achetent telles lettres de Maistrise pour les reuendre, de sorte que les Maistres de lettres sont aujourd'huy égaux en tout & par tout à ceux de chef-d'œuure.

17 *Offices honoraires.*

Voila pour les ordres ; & quant aux Offices, à present qu'ils se vendent si cher, on en fait tant d'estat, qu'il n'est pas raisonnable qu'il y en ait de simples honoraires. Toutefois il y en a eu autrefois, témoin les Maistres des Requestes extraordinaires, qui furent supprimez par l'Ordonnance d'Orleans, art. 33. à la difference desquels, les vrais Maistres des Requestes se qualifient encore aujourd'huy Maistres des Requestes ordinaires : & il me souuient, que lors de la reduction des villes de la Ligue, plusieurs Officiers de nostre robbe y furent trompez, & en eurent, comme on dit, belles lettres, pource que le Roy leur ayant promis qu'il les feroit Maistres des Requestes, afin qu'ils moyennassent lesdites reductions, ils furent bien étonnez par apres, qu'on ne leur bailla que des lettres d'Offices de Maistres des Requestes *ad honores*.

18 *Officiers extraordinaires des Rois & Princes.*

Pareillement és mesmes Offices de domestiques du Roy & des Princes priuilegiez, il y a plusieurs Officiers qui ne sont ordinaires, ny couchez en l'Estat de leurs Maisons, mais ont de simples lettres, qu'on appelle *retenues*, qui neantmoins sont du tout semblables à celles des Officiers seruans actuellement, fors que le mot *d'ordinaire* n'y est pas ; de sorte que ce sont proprement ceux qui au Droict Romain sont appellez *supernumerarij*, dont i'ay traité au chapitre precedent.

19 *Quand jouyssent des Priuileges.*

Or ces Officiers extraordinaires ne joüissent pas des priuileges qu'ont les vrais Officiers domestiques du Roy & des Princes priuilegiés seruans actuellement, & couchez sur l'Estat de leur Maison, encore par l'Ordonnance d'Orleans n'est-ce pas assez de seruir actuellement,

& estre couché sur l'Estat, mais faut auoir du moins vingt écus de gages, & en estre payé, & qu'il en apparoisse par le certificat du Tresorier de la Maison. Mais par le Reglement des Tailles fait en l'an 1598. cela a esté changé, pource qu'au lieu de certificat du Tresorier, qui peut estre aisément supposé, le Roy a voulu que les Estats des Princes priuilegiez fussent verifiez à la Cour des Aydes: Ce qu'estant fait, ceux qui se trouuent couchez & dénommez en ces Estats, sont desormais exempts par Arrest, quelques petits gages qu'ils ayent, soit qu'ils soient payez, ou non, pourueu seulement qu'ils ayent seruy actuellement, ce qui est toûjours requis pour distinguer les vrays Officiers d'auec les honoraires.

20 *Officiers qui ne le sont plus.* Mais pour le regard des Officiers qui ont resigné leurs Offices, il a esté dit au premier liure qu'ils ne retiennent plus aucun priuilege d'iceux, ny mesme le titre & rang, si ce n'est qu'ils ayent obtenu lettres de Veteran. Et toutefois entre gens d'honneur, & par courtoisie, on leur defere quelque rang en memoire de leur ancienne dignité. En consequence dequoy, & aussi qu'ils se pouuoient qualifier n'agueres Officiers, on les peut mettre au rang des Officiers honoraires.

21 *Titre de Conseiller du Roy.* Encore faut-il remarquer, qu'il y a vn certain titre honoraire, qui est attribué à plusieurs Officiers de France, à sçauoir celuy de *Conseiller du Roy*, qui peut-estre a pris son origine du Droict Romain, où nous trouuons que les Iurisconsultes, estoient souuent appellez à la compagnie & suite du Prince, pour estre de son Conseil, comme i'ay prouué cy-deuant au chapitre *Du Tiers Estat*, notamment par l'exemple du Iurisconsulte Menander, qui en la loy 11. §. *Ex D. De minoribus*. est appellé *Consiliarius Menander*.

22 *Amici Principis.* Ces Conseillers d'Estat de l'Empereur estoient aussi qualifiez *Amici Principis*, témoin ce passage de Spartian *in Adri. In consilio habuit non Amicos solùm aut Comites:* & cette belle Sentence de *Marius Maximus* rapportée par Lampride *in Alexandro Seuero, Meliorem esse Rem pub. & tutiorem, in qua Princeps malus est, eâ in qua sunt Amici Principis mali*, titre qui pour cette cause est communément attribué dans le Droict aux Iurisconsultes; comme il se void en la loy *Diui fratres D. De iure patron.* en ces mots, *Volusius Macianus Amicus noster*: & peu apres, *Ipsi Maciano & alijs Amicis nostris iurisperitis adhibitis*: tout ainsi qu'és lettres de Chancellerie, le Roy donne volontiers cette qualité d'*amy* ou *amé*, à ceux qui portent titre de ses Conseillers, disant, *Nostre amé & feal Conseiller*, &c.

23 *Titre de Conseiller du Roy à qui appartient.* D'où il s'ensuit que ce titre de *Conseiller du Roy* est plus haut qu'on ne pense. Car proprement, & de sa premiere origine il n'appartient qu'aux Conseillers d'Estat: & toutefois il a esté iustement retenu par les Officiers du Parlement de Paris & du grand Conseil, tant pource que le Roy parle en leurs Arrests. Et cette derniere raison est cause que les autres Parlemens l'ont aussi retenu, joint qu'ils ont esté erigez à l'*instar* du Parlement de Paris, & aux mesmes honneurs & prerogatiues. Comme aussi les autres Compagnies suzeraines qui iugent au nom du Roy, ont pareillement pris ce titre, bien que le propre titre des Officiers de Comptes ne soit d'estre appellez *Conseillers du Roy*, mais *Maistres ou Clercs des Comptes*, & que ceux de la Cour des Aydes s'appellassent originairement *Generaux*.

24 *Baillifs & Senéchaux, pourquoy s'intitulent Conseillers du Roy.* Pareillement, les Baillifs & Senéchaux ont pris le mesme titre de Conseillers du Roy, lors qu'ils auoient le gouuernement des Prouinces, estans lors des personnages signalés, & ordinairement des Conseillers d'Estat, qui estoient enuoyez tour à tour aux Prouinces, pour les gouuerner & y rendre la Iustice, plûtost par forme de commission affectée aux Cõseillers d'Estat, qu'en titre d'Office: tout ainsi que les Comtes en l'Empire Romain, ainsi appellez *quia comitatu Principis ad regendas Prouincias mittebantur*. C'est pourquoy ils estoient au commencement en France appellez *Missi Dominici*, puis furent appellez *Baillifs*, c'est à dire, gardiens du peuple, & *Senéchaux*, c'est à dire, Officiers domestiques du Roy. Et de là vient que les Gouuerneurs des Prouinces, qui ont succedé à la plus noble partie de leurs Charges, ont encore aujourd'huy seance au Parlement.

25. *Et leurs Lieutenans.* Quant aux Lieutenans des Baillifs & Senéchaux, lors que le Roy les fit ses Officiers, (au lieu qu'auparauant ils estoient commis par les Baillifs & Senéchaux) pour les distinguer d'auec ces anciens Commis ou Assesseurs, & leur donner vne marque publique d'Officiers & Magistrats Royaux, il voulut qu'ils se qualifiassent ses Conseillers.

26 *Conseillers Presidiaux ne sont Conseillers du Roy.* Et n'y a point d'autres Officiers de la Iustice, ausquels ce titre appartienne veritablement: car les Conseillers Presidiaux, ou des Bailliages & Preuostez ne l'ont pas, mais ceux des Presidiaux sont appellez seulement *Conseillers Magistrats*, à la distinction soit de leurs Chefs, ou des anciens Aduocats, au lieu desquels ils ont esté mis pour conseiller les Baillifs, Senéchaux, & leurs Lieutenans. Lesquels Aduocats, pour cette cause, estoient autrefois appellez *Conseillers*, & au Droict, & en France, comme i'ay prouué ailleurs. Il est bien vray, qu'assez souuent on a voulu attribuer pour de l'argent aux Conseillers Presidiaux le titre de *Conseiller du Roy*, mais ils n'en ont point voulu pour le prix, & ont trouué moyen de s'en exempter.

27 *Tresoriers de Frãce, & au-* Quant aux Officiers de finance, sous pretexte qu'anciennement les Tresoriers de France, lors qu'il n'y en auoit qu'vn, puis deux, puis quatre, estoient Conseillers d'Estat, comme

estans Chefs des finances : quand par apres ils ont esté dispersez par les Prouinces, mesme multipliez en Bureaux, establis en chacune Prouince, les nouueaux ayans toûjours esté erigez aux mesmes honneurs & prerogatiues que les anciens, ont gagné ce poinct, non pas d'estre en effet Conseillers d'Estat, mais bien d'auoir ce titre honoraire de Conseiller du Roy, qui estoit l'ancien titre des Conseillers d'Estat. Et à leur exemple, lors de l'érection des autres Tresoriers, on leur a aussi attribué ce mesme titre, lequel à la fin a esté baillé par force aux Esleus moyennant finance, & encore à vn tas de chetifs Financiers (plus capables de dérober, que de conseiller le Roy) soit lors de l'érection de leurs Offices (pour les parer afin de les mieux vendre) ou par attribution particuliere, qu'on leur a depuis faite moyennant finance : nos Roys ayans appris des Empereurs d'Orient de vendre ces vains titres d'honneur, aussi bien que les vrais Offices. Car en effet ce titre de *Conseiller du Roy* n'attribuë aucun droict de priuilege, ny mesme aucun rang à ceux qui l'ont, mais est vne simple qualité d'honneur. Encore ces Empereurs ne bailloient-ils les titres d'honneur, qu'à ceux qui en vouloient acheter : mais en France on les fait acheter à ceux qui n'en veulent point.

tres des Finances, pourquoy s'intitulent Conseillers du Roy.

Finalement à l'égard des Seigneuries, ce sont Dignitez, qui ne sont presque qu'honoraires, c'est à dire consistantes au seul honneur, sans autre puissance publique, que celle de leur Iustice, laquelle puissance reside en effet en leurs Officiers, & non en eux. Et neantmoins, encore y en a-il quelque peu qui sont simples Seigneurs honoraires, à sçauoir les Comtez & Baronies modernes, erigées par lettres du Roy, & qui neantmoins releuent d'autre que du Roy, notamment qui releuent de Seigneurie de moindre titre. Comme par exemple, la Baronie de Lucé, a esté iugée simple Baronie honoraire par l'Arrest de verification des lettres de son erection de l'an 1540. pource qu'elle releue de la Seigneurie de Chasteau du Loir, comme nous atteste Choppin sur la Coustume d'Anjou.

28 Seigneuries honoraires.

Il y a encore vne espece de Seigneurie honoraire, qui estoit plus ordinaire anciennement qu'elle n'est à present : l'explication de laquelle, seruira pour nous remettre en la memoire plusieurs belles antiquitez de cette matiere. Car comme le titre, & tous les autres droicts des Seigneuries son indiuisibles & solidaires, & partant qu'ils resident inseparablement en toute la Seigneuriale, & en chacune partie d'icelle, autrefois les puisnez des Maisons, ausquels estoit baillé pour partage quelque membre, ou portion d'vne Baronnie, Chastellenie, ou autre terre Seigneuriale, pretendoient auec grande apparence de raison, qu'à cause d'icelle ils estoient Barons, ou Chastelains; ou du moins qu'ils tenoient leur parage à pareil droict, que leur aisné tenoit le chef-lieu: dont il nous reste vne tres-belle remarque en la Coust. d'Anjou art. 63 & en celle du Maine, art 72. *Il y a des Seigneurs*, disent ces Coustumes, *qui ne sont Comtes, Vicomtes, Barons, ne Chastelains, qui ont Chasteaux, forteresses, grosses maisons, qui sont parties des Comtez, Vicomtez, Baronnies, ou Chastellenies : & tels s'appellent Bacheliers, & ont telle & semblable iustice, comme ceux dont ils sont partis, comme il sera dit cy-apres au titre* Des Parages.

29 Membres des grandes Seigneuries.

Aussi est-ce proprement & originairement ce que ces mesmes Coustumes, & plusieurs appellent tenir en parage, c'est à dire à pareil droict: & de fait en l'art. 215. de la Coust. d'Anjou, il est dit que *celuy qui tient en parage, a telle & semblable iustice comme son Parageur, & tient aussi noblement comme luy*. C'est pourquoy au 10. tit. du 2 liur. Des fiefs il est dit, que ceux qui ont vn fief à vie, *non habent paragium* (car il faut ainsi lire, & non pas *paradogium*, comme les anciens Interpretes, ou *pedagium* comme on lit vulgairement) pource que le fief, qui ne chet en succession, n'est sujet à estre partagé. C'est aussi pourquoy parmi les Feudistes, *paragium*, ou comme ils parlent, *paradogium*, signifie quelquefois la Noblesse, comme apres Isern. dit Tiraqueau ch. 7. *De nobilit.* Et de fait il se trouue des endroits és liures anciens, où *parage* est pris en cette signification. *Vt in statutis vrbis Romæ, lib. 1. Dotare filiam de paragio. & lib. 3. Const. Neapol. tit. 26 filiam maritare secundum paragium* qui est ce que nos Coustumes disent *apparager*, ou *emparager* noblement.

30 Des Parages.

Mais sur tout Cujas, à mon aduis, interprete le mieux ce terme sur ce titre 10. du 2. liure Des fiefs, disant que ces mots *nullum habent paragium*, signifient *non censentur esse Pares curtis domini, quia Parium Dignitatem soli nobiles habent.* Et de vray il y a grande apparence qu'originairement, & lors de la premiere antiquité, les Pairs de fief fussent ceux qui tenoient à pareil droict que le chef Seigneur, & partant estoient ses Pairs & compagnons. C'est pourquoy ils deuoient estre appellez & conuoquez au iugement des differends des vassaux, comme ayans part à la Iustice & Seigneurie de fief; & qu'à succession de temps parmy ces Pairs ou Parageaux, on mit les principaux vassaux de la Seigneurie, qui ont esté appellez *Pairs de fief*, ou *Pairs de la Cour du Seigneur*.

31 Vraye etymologie des Pairs de Fief.

L'effet de ces anciens parages estoit apparemment obserué entre les Enfans de nos Rois de la premiere lignée, dont l'aisné aprés la mort du pere, étoit bien le chef & principal Seigneur du Royaume, ayant toûjours le chef-lieu d'iceluy, qui est Paris & les païs adjacens : mais les puisnez auoient leurs partages à pareil droict que luy, à sçauoir en titre de Royaume, & en égale souueraineté. Mesme nous lisons en nos Annales, que long-temps depuis, Charles

32 Parages obseruez anciennement entre les enfans des Rois.

Roy de Nauarre obtint par force d'armes, de tenir la Normandie en Parage (ainsi faut-il lire en nos vieilles Annales, & non pas *en Paroye*) ce qui marquoit vne maniere de souueraineté.

33 *Pourquoy en Allemagne les enfans des Ducs & Comtes s'appellent Ducs & Comtes.* Mesme les grands Seigneurs d'Allemagne obseruent encore aujourd'huy les Parages mieux que nous. Car les puisnez de leurs Ducs, Marquis, Comtes, ou autres Potentats pretendent tenir leur partage à pareil titre, droicts & prerogatiues que leur aisné. C'est pourquoy tous les enfans des Ducs & des Comtes d'Allemagne, se qualifient Ducs & Comtes, non pas auec adiection du nom de Duché & Comté de la famille, comme fait leur aisné, mais auec adiection de leur prénom, ou propre nom, comme l'Archiduc Matthias, le Comte Charles, & ainsi des autres.

34 *Filles de France anciennement appellées Reynes.* Ce qui s'est obserué en France iusques bien auant en la troisiéme lignée à l'égard seulement des filles de nos Rois, qui estoient qualifiées Reines auec adiection de leur nõ propre, témoin la Reine Constance, fille du Roy Louis le Gros, & femme du Comte de Tholose: & du Tillet dit qu'en l'an 1245. pour preuue de cette coustume, il fut fait vne enqueste, qui est encore au Thresor des Chartes du Roy. Coustume qui neantmoins n'a pas continué, pource que comme il dit, elle tournoit à moquerie: bien que Bartole sur la loy 1. *C. De Dignit.* dise, qu'elle est fondée en droict. Toutefois elle a esté renouuellée depuis peu en la personne de Madame Marguerite de France, qui estant fille de Roy, & sœur de trois Rois, portoit à bon droict ce titre de Reyne Marguerite.

35 *La Reyne Marguerite.*

36. *Enfans de Roys appellez Roys.* A ce propos Tiraqueau au 33. chapitre de son liure *De nobil.* & en la preface sur la loy *Si vnquam*, fait vn discours, pour monstrer que les Enfans des Rois, peuuent estre appellez *Rois*, alleguant entre plusieurs autres authoritez, le Canon dernier 24. *quæst.* 1. où vn fils de Roy est par honneur appellé *Roy*, du viuant de son pere: & ce passage vulgaire de Virgile, parlant d'Ascanius fils d'Æneas, *Regemque requirunt*, où Seruius l'a annoté.

37 *Des Epithetes d'honneur.* Voilà pour les dignitez honoraires: mais nous ne manquons en France, non plus que les Romains & les Grecs, d'Epithetes d'honneur, que nous mettons tousiours deuant le nom, au lieu que les Romains & les Grecs les mettoient immediatement apres, ainsi que les vrais Ordres. Ces Epithetes sont que nous appellons les Princes souuerains *tres-illustres, tres-puissans & tres victorieux*, & d'autres tels superlatifs d'honneur, qui ont coûtume d'estre attribuez diuersement à chacun Monarque: nous appellons les simples Princes, *illustres & excellens*: les Cheualiers & grands Seigneurs, *hauts & puissans Seigneurs*: les Cardinaux, *Illustrissimes*: les Euesques, *Reuerendissimes*: les Abbez, *Reuerends Peres en Dieu*: les autres moindres Ecclesiastiques, *Venerables & discrettes personnes*: les Prieurs & autres, *Religieuses*, ou *deuotes personnes*: les Officiers, *Nobles hommes*: les Bourgeois, *honorables hommes*, ou *honnestes personnes*: encore aux hommes lettrez, outre l'Epithete ordinaire, on adjoûtoit anciennement celuy de *sage*, ou *scientifique*. Bref c'est la science des Secretaires, de sçauoir discerner les Epithetes, qu'il faut attribuer à chacun ordre & qualité des personnes.

38 *Des auant-noms.* Mais encore, outre les Dignitez honoraires & les epithetes, nous auons en France vne troisiéme espece de simple Dignité, que les Grecs ni les Romains n'auoient point, à sçauoir que nous mettons immediatement deuant les noms des personnes, vn terme honorable, lequel ie ne puis autrement appeller que l'auant-nom; comme quand nous appellons le Roy *Sire*: il est vray que pour son regard seulement, à cause de l'excellence supréme de sa Majesté, & pource qu'il est vnique en son espece, nous n'y adjoustons point à present de nom, ny de qualité, comme faisoient les anciens, qui disoient *Sire Dieu*, & *Sire Roy*. Nous appellons le Prince, *Monseigneur*: le Cheualier, *Messire*: le simple noble, *Monsieur*: l'homme de lettres, *Maistre*: le Marchand ou Artisan, *Sire tel*, mesmes les Religieux, qui ont renoncé aux vanitez du monde, s'appellent *freres*, *doms*, *dams*. Mesme que cét auant-nom est communiqué aux femmes. Car la femme du Cheualier, ou autre plus grand Seigneur est appellée *Madame*: celle du noble *Madamoiselle*: celle du Bourgeois s'appelloit anciennement *Dame telle*: mais depuis, pour estre distinguée de l'artisane, qui est pareillement appellée *Dame telle*, la Bourgeoise a voulu estre appellée *Madame*: de sorte qu'à present il n'y a plus de distinction entre les Dames Damées & les Bourgeoises, quant à l'auant-nom, mais seulement, quant à l'habit, au moins és Prouinces de deça: mais en Guyenne, on appelle la bourgeoise *Madone*, & l'artisane *Done telle*, pour garder distinction entre elles.

39 Κύριος *Sire.* Tous ces mots, fors celuy de *Maistre* & de *Frere*, ne se peuuent tourner en Grec, que par le mot κύριος, ny en Latin que par celuy de *Dominus*. Dont sans doute vient *Dom*, *Dam*, & *Damoiselle*, qui est le diminutif de Dame: mesme il est à croire que de κύριος vient le mot de *Sire*, que pour cette cause Robert Estienne orthographie *ςire*, & de là *Messire*, quasi *mon Sire*; ou bien, comme quelques-vns disent, *my-Sire*, & selon l'orthographe d'Estienne, *myςire* quasi *demi-ςire*. De là vient aussi, selon aucuns, le mot de *Sieur*, soit par vne transposition de lettres, ou comme vn diminutif de *Sire*, & de fait *Sire* en vieil François signifie *Seigneur*, comme encore il y a de grandes Seigneuries, qui sont nommées *Sireries*, ainsi que i'ay dit ailleurs.

Aussi voyons-nous que de ce titre de *Sire*, nous qualifions, & le plus grand Seigneur, qui est le Roy, & les plus vils du peuple, à sçauoir, les Artisans: mais c'est à cause que ce ne seroit pas assez honorer le Roy de l'appeller seulement *Monseigneur*, ou *Monsieur*, attendu qu'il pourroit sembler, qu'on ne le qualifieroit que Seigneur de celuy qui l'appelleroit ainsi, mais pource qu'il est le Seigneur vniuersel, & de tous, on l'appelle *Sire*, indefiniement ἢ κατ' ἀντονομασίαν. Au contraire pource qu'on ne se veut pas tant soumettre au marchand, ou Artisan, que de l'aduoüer pour son Sieur, on l'appelle simplement *Sire tel*. 40 Pourquoy le Roy & l'artisan sont qualifiez Sire.

Il est vray qu'il y a grande apparence, que le mot de *Sieur* vient du pronom possessif, *sien*, & celuy de *Seigneur* du mot Latin, *Senior*, comme i'ay dit au 1. chap. du liu. *des Seigneurs*, où ie renuoye le Lecteur. Tant y a qu'il appert de ce que dessus, que les Prestres de nostre temps se faschent sans suiet, quand on les appelle *Messires*: car c'est les aduantager pour ses Seigneurs, & les égaler aux Cheualiers, comme aussi ils sont *Milites sacræ militiæ*. Mais quand on les appelle *Messire Iean*, ou *Messire Guillaume*, sans adiouster leur sur-nom, c'est les mespriser, les comparant à l'artisan, qu'on appelle *Sire Iean*, ou *Sire Guillaume*. Et certes leur Ordre sacré merite bien qu'on appelle le Prestre *Monsieur*. 41 Messire.

Or pour l'explication parfaite de ces mots Κύριος & *Dominus* il faut entendre, que Κύριος ne signifie pas directement *Dominum*, Δεσπότην, mais proprement il signifie le Souuerain. De fait en l'Empire Grec l'Empereur estoit appellé Κύριος, & le second en dignité estoit nommé Δεσπότης, ainsi qu'en France *Monsieur*, comme il se void dans Codinus. Ce qui se rapporte assez bien à nostre vsage. Car quand nous voulons distinguer le Seigneur direct d'vn heritage d'auec le proprietaire, ou Seigneur vtile, nous appellons celuy là le Seigneur, τὸν Κύριον, qui a la Seigneurie publique, ou directe, comme la Iustice, le Fief, ou la Censiue: & celuy-cy le Proprietaire τὸν Δεσπότην, auquel appartient la proprieté & seigneurie vtile de l'heritage. 42 Κύριος Dominus.

Et quant au terme de *Dominus*, tant s'en faut que les particuliers s'en qualifiassent du commencement à Rome, que mesme Suetone rapporte, qu'Auguste ne voulut iamais estre appellé de ce nom. *Dominum appellari se, nec à liberis quidem vel nepotibus suis seriò vel ioco passus est, atque eiusmodi blanditias etiam inter ipsos prohibuit*, & il dit encore que Tibere *Dominus à quodam appellatus, denunciauit ei, ne se amplius contumeliæ causa nominaret*: & Lampride rapporte qu'Alexandre Seuere fit vn Edict exprés, pour deffendre de le qualifier *Dominum*. 43 Premiers Empereurs ne vouloient estre appellez Domini.

Bien que S. Augustin en la Cité de Dieu écriue, que ce qu'Auguste ne voulut estre appellé *Dominus*, estoit vn miracle secret, pource que de son temps fut nay le Seigneur des Seigneurs: si est-ce la vraye raison, que la domination des premiers Empereurs estoit vne forme de simple Principauté, comme i'ay dit ailleurs, & non vne vraye Monarchie Royale, & encore moins Seigneuriale, telles qu'estoient les anciennes Monarchies: qui est la remonstrance que fit Pline à Trajan, *Principis locum obtines, ne sit Domino locus*. Mais les autres Empereurs ne refuserent pas ce titre, comme on void, que Pline, Martial, Symmaque, & autres Autheurs du mesme siecle en qualifient tousiours leurs Empereurs. Mesme Domitian, & apres luy Diocletian, firent des Edicts, pour enioindre de les appeller *Dominos*. 44 Raison. 45 Modernes Empereurs appellez Domini.

Finalement l'ambition, ou flaterie fut si grande en l'Empire Romain, qu'on accommoda ce titre à toutes personnes, sans distinction de qualitez, & iusques à s'en seruir pour risée. Témoin cét Epigramme de Martial, 46 Ce titre donné à toutes personnes.

Cùm voco te Dominum, nolo tibi, Cinna, placere.
Sæpe etiam seruum sic resaluto meum.

Car c'estoit la coustume en rencontrant les personnes de les saluër de ce titre, soit pour les honorer, soit à faute de se souuenir de leurs noms. *Obuios*, dit Seneque, *si non en nomen succurrit, Dominos salutamus*. Les maris mesmes & les femmes s'entr'apelloient ainsi: comme nous voyons en plusieurs de nos loix, & est notable à ce propos ce passage d'Epictete, qui marque en quel temps cette coustume a commencé. Αἱ γυναῖκες εὐθὺς ἀπὸ τεσσαρεσκαίδεκα ἐτῶν ὑπὸ τῶν ἀνδρῶν Κυρίαι καλοῦνται. Pareillement les enfans appelloient leurs peres *Dominos*, comme on fait encore parmy nous aux grandes Maisons: dont Martial se mocque proprement, 47 Maris & femmes s'entr'appellans de ce titre. 48 Et les peres par les enfans.

E seruo genitum te scis, blandéque fateris,
Cum dicis Dominum, Sosibiane, patrem.

Nous lisons aussi que les premiers Chrestiens, à la rencontre, s'entr'appelloient freres: mais ceux qui vouloient flatter quelqu'vn, ou le reconnoistre pour bien-faicteur, l'appelloient *Domine frater*, comme nous témoigne ce ioly quatrain du 1. liure de l'Anthologie. 49 Domine frater.

Ἢν ὁ φίλος τι λάβῃ ΔΟΜΙΝΕ ΦΡΑΤΕΡ, εὐθὺς ἔγραψε.
Ἢν δ' αὖ μή τι λάβῃ τὸ ΦΡΑΤΕΡ, εἶπε μόνον.
Ὤνια γὰρ καὶ ταῦτα τὰ ῥήματα. αὐτὰρ ἔγωγε
Οὐκ ἐθέλω ΔΟΜΙΝΕ, οὐ γὰρ ἔχω δόμεναι.

Et enfin le titre de *frere* est demeuré aux seuls Religieux, & celuy de *Monsieur* indifferemment à toutes personnes d'honneur.

Finalement quant à celuy de *Maistre*, il conuient à tous ceux qui ont des disciples, Clercs, 50 Titre de Maistre.

ou apprentifs sous eux : à la relation desquels ils sont appellez *Maistres*. Toutefois les gens de lettres, ou Officiers ont voulu estre distinguez à l'égard de ce titre d'auec les gens de métier. Car les gens de Lettres se qualifient Maistres *à parte antè*, mettant cette qualité deuant leur nom, comme vn auant nom : mais les gens de métier sont appellez Maistres *à parte post*, mettant ce mot de *Maistre* apres leur nom, & le referant au titre de leur métier, comme vn Ordre. Au contraire le titre de Noblesse est estimé plus honorable apres le nom, que deuant iceluy, comme quand on dit *Tel Escuyer*, c'est plus que de dire *Noble homme tel*. Car celuy-là denote le vray Ordre & la Noblesse de race, & celuy-cy l'Ordre honoraire, & le simple epithete d'honneur.

51 *Des noms des Seigneuries.*
Or nous n'auons pas seulement en France ces Dignitez honoraires, epithetes & auant-noms, mais encore nous auons des noms honoraires, que nous appellons vulgairement, le nom de Seigneurie, ou le nom de guerre. Car sous pretexte que les Gentils-hommes de France ont pris vn titre d'honneur de leur Seigneurie (chose que ny les Grecs, ny les Romains n'ont fait, comme i'ay dit ailleurs) ils se sont tant pleu à ce titre qu'on ne les connoist plus par autre nom; & eux mesmes en leurs missiues n'en signent point d'autre : mesme la plus part le prennent és contracts publics, & és actes de Iustice, laissant tout à fait le nom de leur peres & ancestres, pour prendre celuy de leurs terres ; iusques-là, qu'aucuns tiennent à mépris quand on les appelle du nom de leurs peres.

52 *Autrefois les terres nommées du nom de leurs maistres.*
En quoy ils font tout au contraire des anciens Romains, qui de leurs noms faisoient des deriuatifs, dont ils dénommoient leurs terres, *cuiusmodi sunt fundus Cornelianus, Sempronianus, Catilianus*, & autres rapportez au long par M. Brisson liu. 6. *De verb. signif.* Coustume si ancienne entre les Hebreux, que Dauid la rapporte élegamment au Psalme 48. où parlant des grands Seigneurs de ce monde, *Domus eorum*, dit-il, *in progenie & progenie, vocauerunt nomina sua in terris suis, id est, per Hypallagen vocauerunt nominibus suis terras*, comme Genebrard l'interprete. Ce que faisoient pareillement les anciens François, témoin qu'on void auiourd'huy
53 *Anciens noms des terres de France.*
presque tous les noms des villages & des terres, deriuez des noms propres des hommes, en forme de nominatif, y adioustant la terminaison de *Ric, Iere, ou Ac*, selon la diuersité des pays, ou mettant, soit deuant ou apres le nom propre, le mot de ville, bourg, ou court pour signifier la ville, le bourg, ou la cour, de N. ce qui estoit certes fort honorable: car c'estoit signe que la terre estoit ancienne en la famille, mesme qu'elle auoit esté edifiée & erigée par les ancestres d'icelle, puis qu'elle portoit le nom de la famille.

Mais tout au contraire nos Gentils-hommes d'apresent sont tellement attachez à la terre,
54 *Abus de prendre le nom des seigneuries.*
ou possedez par leurs terres, qu'ils ayment mieux en porter le nom que celuy de leurs peres, lequel ils suppriment indignement, & l'abolissent de la memoire des hommes, ainsi qu'on ordonne quelquefois en Iustice, pour punition signalée de ceux qui ont commis quelque horrible forfait. D'ailleurs, il semble qu'en ce faisant ils renient leurs peres, & se reconnoissent eux-mesmes pour bastards, puis qu'ils prennent vn nouueau nom, comme s'ils
55 *Que c'est contre la saincte Escriture.*
estoient les premiers de leur race. Encore ceux, qui pour estre heritiers d'autruy, se chargent de porter son nom, & armes, retiennent-ils tousiours auec iceluy le nom de leurs peres, & puisque ceux qui n'ont point d'enfans, donnent leur bien aux étrangers, à condition de porter leur nom, quelle iniure est-ce faire aux peres, quand leurs enfans veulent auoir leur bien sans porter leur nom ? veu que la sainte Escriture estime à si grand bon heur de laisser apres nous des enfans qui perpetuent nostre nom. *Benedictus Deus qui non est passus vt deficeret successor familiæ meæ, & vocaretur nomen meum in Israël*, & peu auparauant *Posteritatem familiæ meæ delere non debeo* : & peu apres, *vt suscitem nomen defuncti in hæreditate sua, ne vocabulum eius de familia sua, ac fratribus & populo deleatur*, dans Ruth chap. dernier. Ie concluray donc, que celuy-là ne merite pas l'heredité du pere, qui dédaigne de se qualifier son enfant en refusant de porter son nom.

D'ailleurs, est-ce pas grand dommage, que par cette folle fantaisie, l'honneur des beaux-
56 *Inconuenient qui en arriue.*
faits du temps passé, enregistrez aux histoires, sont éteints & ostez à la famille & posterité des vaillans hommes, à cause de ce changement des noms ? Et quant est des beaux faits d'apresent, l'honneur en demeure aux terres, & non aux familles ; si bien que la terre, sous le nom de laquelle ils seront connus, ayant changé de Maistre, la posterité d'vn étranger achepteur d'icelle, se les attribuë à succession de temps.

Cét inconuenient concerne principalement l'interest des familles particulieres : mais en
57 *Autre inconuenient.*
voicy vn public & fort considerable, à sçauoir qu'au moyen de cette mutation ordinaire des noms, on ne connoist plus les races, pour discerner, soit les anciennes d'auec les nouuelles, soit les nobles d'auec les roturieres, soit pour reconnoistre les parens d'auec les étrangers. Pource que le Gentil-homme, qui n'est nommé ny connu, que par le nom de sa terre mesme qui a approprié ce nom à sa famille, ayant vendu sa terre, veut tousiours retenir ce mesme nom, & sa posterité pareillement: & le roturier, qui l'a acheptée, en prend aussi le nom & le titre, & l'approprie pareillement à sa famille, & ainsi à succession de temps la posterité roturiere de cét achepteur se dira estre de la race noble du vẽdeur: qui est l'inconuenient q

les Empereurs ont remarqué en la loy qu'ils ont faite, pour défendre le changement de nom, *ne sordidæ stirpis homines splendidis & ingenuis natalibus audeāt subrogari, l. vn. C. de mutat. nominis.*

58 Raison de l'imposition des noms & surnoms.
Car enfin comme les premiers noms (que les Latins appelloient *Prænomina*, & nous propres-noms) seruent pour distinguer les personnes d'vn mesme surnom & famille : aussi les seconds noms (que les Latins appellent *cognomina*, & nous surnoms) sont imposez pour distinguer les familles & remarquer les parentez.

59 Des articles De & Du mis auant les noms.
Il y a vn peu plus d'excuse en la vanité de nos modernes traisneurs d'épée, qui n'ayans point de Seigneurie, dont ils puissent prendre le nom, adioustent seulement vn *De* ou vn *Du* deuant celuy de leurs peres : ce qui se fait en guise de Seigneurie. Car c'est pour faire vn genitif possessif au lieu du nominatif : ainsi que les Italiens nous font bien connoistre, & pareillement les Gascons és noms des gens de lettres, qu'ils terminent communement en *I*. les mettans au genitif Latin, comme par exemple, on appelloit de mon temps à Tholose ce docte President du Faur (qui a si bien écrit) le President Fabri. Or comme *Fabri* en Latin, aussi *du Faur* en François est vn genitif & quand on dit *Pierre du Faur*, il faut sous-entendre par necessité le nom de Seigneur, ou quelque autre, qui se puisse lier à ce genitif, comme quand au Latin on dit *Petrus Fabri*, il faut suppléer ce mot *Dominus*; autrement ce seroit vne incongruité contre cette regle de Grammaire, qu'on appelle la regle d'apposition.

60 De mesme.
Ceux donc qui mettent ces particules au deuant de leur nom, veulent qu'on croye que leur nom vient de quelque Seigneurie qui estoit d'ancienneté en leur maison : de sorte que c'est tousiours s'attacher à la terre, & la preferer à l'homme, contre la raison de la loy *Iustissime. D. D. Ædil. edicto.* & contre la regle de Ciceron aux Offices, que *non domo dominus, sed domino domus honestanda est.* Mais quoy? nostre nouuelle Noblesse ne pense pas que ceux-là soient Gentils-hommes, dont les noms ne sont annoblis par ces articles ou particules, bien que les Chroniques nous témoignent, qu'anciennement les plus notables familles de ce Royaume ne les auoient pas. Mais cela est venu de degré en degré, comme l'ambition croist tousiours.

61 D'où est venu qu'on prend le nom des Seigneuries.
Du commencement il n'y auoit que les Roys qui quittassent leur surnom, à cause que leur Majesté les éleue au dessus des autres hommes : les Ducs & Comtes voulurent faire le mesme, quand ils vsurperent les droicts de souueraineté : les Barons & autres moindres Seigneurs en ont fait autant à succession de temps ; & à la fin cela est venu à ce comble d'absurdité, que les moindres Seigneurs l'ont aussi voulu pratiquer : notamment ceux qui ayans esté pauures, ou estans nez de parens pauures, sont deuenus riches, ont tasché en changeant leur nom, d'abolir la memoire de leur ancienne pauureté : comme nous lisons dans Lucian d'vn Sauetier, nommé *Simon*, qui estant deuenu riche, voulut estre appellé *Simonides*.

62 Du nom de guerre.
Voila pour les noms des Seigneuries : & quant aux noms de guerre, c'est la verité, que le pauure soldat, qui allant à la campagne, ne veut pas laisser ses mains ny ses pieds à la maison, y laisse bien volontiers son vray nom, se faisant appeller *la Vigne*, *la Fonteine*, *la Pierre*, *la Haye*, ou de tel autre nom de guerre, afin que si par cas fortuit en passant pays il demeure accroché à vn arbre, sa race n'en soit des-honorée, & s'il échappe ce hazard, & qu'il rapporte ses oreilles en son pays, reprenant le nom qu'il y auoit laissé, il ne se trouue point sous iceluy au papier rouge des Preuosts. Ainsi les Courtisanes & filles de ioye, dit Plaute *in Pœnulo*,

------Hodie mutant nomina,
Vt faciant, indignum genere, quæstum corpore.

63 Que le nom de guerre deuroit estre defendu.
Chose qui neantmoins deuroit estre étroitement defenduë aux soldats. Car, outre que quand ils meurent en lieu où ils ne sont connus que sous ce nom emprunté, ils laissent en grande incertitude leurs femmes & leurs heritiers, d'où il arriue de grands inconueniens ; outre encore l'impunité qu'ils se proposent sous la couuerture de ce faux nom, qui les rend beaucoup moins retenus de mal faire, il est certain qu'en fait de guerre ils ne sont pas curieux d'honneur, ny si apprehensifs de des-honneur, comme si estans signalez & reconnus par leur vray nom, ils se proposoient, que dans leur pays toute leur race, & notamment leur posterité aura part à leur gloire, ou à leur honte.

64 Noms des soldats anciennement grauez en leurs armes.
Aussi lisons-nous dans Vegece liu. 2. chap. 18. que tant s'en falloit que les soldats Romains eussent cette licence de changer leurs noms, qu'au contraire ils estoient tenus les faire grauer ou écrire au derriere de leur bouclier : afin que s'ils l'abandonnoient, ils fussent des-honorez : Reglement qui fut renouuellé par Iulian, chef de l'armée de l'Empereur Domitian, en la guerre qu'il faisoit en Dace, comme Dion remarque en sa vie. Aussi Festus & Ciceron liu. 2. *D. Diuinat.* nous rapportent que *In delectu militum, primi vocabantur, qui erant pulchri nominis.*

FIN.

Δόξα Θεῷ δρᾶσ' ἂν δὲ Θεός με μνήμονα αὐτῷ,
τῷ βίῳ ἔντι τέλη, βιβλίῳ ὥστε τέλη.

TABLE ALPHABETIQVE
DES MATIERES PRINCIPALES
CONTENVES EN CE TRAITE'
DES ORDRES.

B

Table des Matieres.

Table des Matieres.

Table des Matieres.

Table des Matieres

Table des Matieres.

Table des Matieres.

Table des Matieres.

Q

R

Table des Matieres.

FIN.

www.ingramcontent.com/pod-product-compliance
Ingram Content Group UK Ltd.
Pitfield, Milton Keynes, MK11 3LW, UK
UKHW020921180726
13838UKWH00002B/684